T0208000

التعامل مع الضغوط النفسية

Stress Coping

رقم الايداع لدى دائرة المكتبة الوطنية
(2008/4/1412)

155.28
أبو أسعد ، أحمد عبد اللطيف
احمد عبد اللطيف أبو أسعد ، أحمد نايل العزيز- عمان : دار الشروق ،2008
( )ص
ر.أ: 2008/4/1412 :
الواصفات: الإرشاد النفسي//اختبارات الشخصية/

● تم إعداد بيانات الفهرسة الأولية من قبل دائرة المكتبة الوطنية

ISBN 978-9957-00-359-3 (ردمك)

- التعامل مع الضغوط النفسية Stress Coping.
- تأليف :الدكتور أحمد نايل العزيز، الدكتور أحمد أبو أسعد.
- الطبعة العربية الأولى :الإصدار الأول2009

- جميع الحقوق محفوظة ©.

دار الشروق للنشر والتوزيع
هاتف : 4624321/4618191/4618190 فاكس: 4610065
ص.ب :926463 الرمز البريدي :11118 عمان – الأردن
Email: shorokjo@nol.com.jo

دار الشروق للنشر والتوزيع
رام الله-المصيون :نهاية شارع مستشفى رام الله
هاتف : 2975633-2991614-2975632 فاكس: 02/2965319
Email: shorokpr@planet.com

جميع الحقوق محفوظة، لا يسمح بإعادة إصدار هذا الكتاب أو تخزينه في نطاق استعادة المعلومات أو نقله أو إستنساخه بأي شكل من الأشكال دون إذن خطي مسبق من الناشر.

All rights reserved. No part of this book may be reproduced, or by any means, electronic or mechanical, including photocopying, recording or by any information storage retrieval system, without the prior permission in writing of the puplisher.

● الإخراج الداخلي وتصميم الغلاف وفرز الألوان والأفلام :
دائرة الإنتاج/ دار الشروق للنشر والتوزيع
هاتف: 4618190/1 فاكس4610065/ ص.ب. 926463 عمان (11118) الأردن

التعامل مع الضغوط النفسية

Stress Coping

تأليف

الدكتور أحمد نايل الغرير

الدكتور احمد عبد اللطيف أبو أسعد

2009

الإهداء

إلى من ....

هي دائما معي دافعي إلى الإنجاز ...

والتحدي والشموخ .. النقية التقية ..

روح أبي الحبيب ....، نايل

رحمه الله وأسكنه فسيح جناته

إلى روح والدي العزيز ... عبد اللطيف

رحمه الله وأسكنه فسيح جناته

المحتويات

الفصل الثالث

الضغوط والفئات

(الأطفال - النساء - المعاقين- المرضى)

بسم الله الرحمن الرحيم

تمهيد

قصة هذا الكتاب بدأت من ملاحظة المؤلفين لندرة الكتب التي تتضمن هذا الموضوع، على الرغم من أهميته، ويأتي هذا الكتاب لمعالجة هذا النقص في المكتبة العربية بوضع كتاب كمقدمة حول الضغوط النفسية، ولا بد لهذا الموضوع أن يأخذ طريقه إلى المكتبة العربية، علما أن هذا الموضوع من أهم الموضوعات التي تهم الإنسان في العصر الحديث، لما له من أهمية وتأثير على حياة الأفراد والجماعات.

وقد حاول المؤلفين جاهدين توضيح معنى الضغط النفسي في ضوء التعريفات ووجهات النظر المتعددة وأهمية دراسة مثل هذا الموضوع والتعرف على مظاهره وأشكاله ومصادره الخارجية والداخلية وأثارها على الشخصية، وتم التطرق إلى بعض النظريات والنماذج التي تفسر الضغط النفسي، وكذلك التعليق ببعض التفسيرات وتوضيح المطلوب للتعامل مع الضغوط النفسية وإدارتها بصورة تخفف على الإنسان من معاناته ومساعدته في مواجهتها والتغلب عليها.

كذلك خصص القسم الأكبر من هذا الكتاب في الحديث عن كيفية التعامل والتكيف مع الضغوط النفسية التي يمكن أن يواجهها الإنسان العادي في مراحل عمره المختلفة.

أملين من العلي القدير أن نكون قد وفقنا في إبلاء هذا الموضوع الحق المطلوب والمعرفة الواضحة، لإيصالها إلى القارئ العربي أينما كان، الذي ظل إلى زمن قريب موضوعا غريبا على المكتبة العربية والإنسان العربي، رغم أننا وفي كل لحظة من حياتنا نتعرض لمستويات وأشكال مختلفة من الضغوط النفسية التي تهاجمنا وتؤلمنا وأحيانا مدمرة لحياتنا.

والله ولي التوفيق

المؤلفين

كلمة لا بد منها ...

تشكل الضغوط النفسية الأساس الرئيس الذي تبنى عليه بقية الضغوط الأخرى ، وهو يعد العامل المشترك في جميع أنواع الضغوط الأخرى مثل : الضغوط الاجتماعية ،ضغوط العمل (المهنية) ، الضغوط الاقتصادية ، الضغوط الأسرية ، الضغوط الأسرية ، الضغوط العاطفية.

والضغوط لا تتكاثر في مجتمع معين بل لا يكاد يخلو منها أي مجتمع سواء راقي متحضر أو متخلف فقير .. في السويد أعلى معدلات للمعيشة والدخل يقابلها في الوقت نفسه أعلى إحصاءات للجنون والانتحار .. وفي إنجلترا الشباب المترامي على الأرصفة يتعاطون المخدرات ..وفي الولايات المتحدة الهيبز يألفون جمعيات للقتل .. والعقلاء لا يكتفون بالقتل الفردي إنما يقتلون بالجملة .. هتلر في ألمانيا وبوتين في القوقاز .. وقنابل أمريكا فوق هيروشيما وناجازكي .. حروب وقتل ودمار وصراعات في العراق وأفغانستان والصومال والسودان .. انه عالم مجنون فعلا .. عالم فقد سيطرته على كل شيء.. يدفع الثمن غاليا صحته وعقله وماله وأولاده وعفته.. عالم يضحي في كل شيء مقابل طلب بسيط .. الهدوء والاستقرار والطمأنينة .. ورغم كل ما يفعله يصعب عليه أن يوفرها .

فماذا يفعل ..؟

وأين يذهب ..؟

الفصل الأول

مدخل عام

مقدمة ومغهوم ومصادر

وآثار وأنواع الضغط النفسي

مـقدمـة:

يعتبر موضوع الضغط النفسي "Stress" ونتائجه على الأفراد من الموضوعات الهامة التي شغلت بال العلماء والباحثين في مجالات الصحة العامة وعلم النفس والتربية ومختلف العلوم الإنسانية، وذلك لما تتركه من آثار ونتائج خطيرة ومدمرة على حياة الناس أفرادا وجماعات، ويرى المتخصصون في هذا المجال أن الضغط النفسي هو واحدة من مشكلات العصر الحديث، وبدا واضحا بأنه يقلق المجتمعات في الجوانب السياسية أو الاقتصادية أو الاجتماعية وتفاعلاتها المتعددة وإفرازاتها، وما ينتج عنه من أمراض صحية كثيرة مثل أمراض القلب وارتفاع ضغط الدم والقرحة ... الخ.

فمنذ القدم وتحديدا بداية العصر الإسلامي كانت الممارسة الطبية لدى الأطباء والعلماء المسلمين حول البحث النشط عن العوامل النفسية التي تساعد على الشفاء أو تعوق منه ويعتبر اهتمام الشيخ ابن سينا والرازي وغيرهم بالعوامل المعجلة بالشفاء والصحة بما فيها العادات الشخصية الطبية والاعتدال في المأكل والمشرب والإيمان والسلام النفسي والنوم الجيد ما هو إلا دليل قوي على أنهم أدركوا التداخل والتفاعل الحيوي بين الصحة النفسية والمرض الجسمي أي بين ما هو نفسي وما هو جسماني، وهذه الصلة لا تزال تمثل إحدى التحديات المعاصرة أمام العلوم الطبية والنفسية الحديثة، وقد أصبح من الموضوعات الأثيرة والمثيرة معا في الممارسة الطبية والبحث النفسي في مجالات الطب البشري والطب السلوكي ومدخلها في ذلك دراسة ما يسمى الضغط النفسي كمدخل لفهم ما يسمى بالأمراض السيكوسوماتية (psychosomatics) أو السيكوفيسيولوجية (psycho physiological).

وقد أدى الاهتمام بالجوانب النفسية لهذه الأمراض إلى كثير من النتائج الايجابية فيما يتعلق بتطور دراسة هذه الأمراض من حيث تشخيصها وعلاجها ومن ثم فلم تعد البديهة الطبية المعاصرة تستسيغ معالجة هذه المجموعة من

الأمراض بصفتها أمراضا جسمية خالصة يجب أن يقتصر علاجها على معالجة الجوانب الجسمية فقط كما لم يعد من المقبول للممارس الطبي أن يتحاشى التعامل مع هذه الأمراض عندما ينظر إليها على أنها أمراض غير حقيقية وترد بكاملها إلى أصول نفسية غير معلومة. المقبول الآن هو النظر أليها بصفتها أمراض جسمية تلعب العوامل النفسية دورا سببياً هاما في أحداثها وتطور أعراضها ومن ثم علاجها وضبط ما بصحبها من أخطار على الصحة العامة للمريض والى بعض جوانب هذا التقدم خاصة فيما يتعلق بما تلعبه العوامل السلوكية أي النفسية من خلال الضغوط في نشأة هذه المجموعة من الأمراض.

إذ تشير الإحصاءات العالمية أن (80%) من الأمراض الحديثة سببها الضغوط النفسية وان (50%) من مشكلات المرضى المراجعين للأطباء والمستشفيات ناتجة عن الضغوط النفسية، وان (25%) من أفراد المجتمع يعانون شكلاً من أشكال الضغط النفسي.

وتشير الإحصاءات الأمريكية أن (50%) أو أكثر من الأفراد في الولايات المتحدة يعانون من عرض على الأقل من أعراض الاضطرابات النفس جسمية، وأن (75%) من هؤلاء الأفراد يعانون من أمراض ناتجة عن الضغط النفسي كالقرحة واضطرابات المعدة وسرعة دقات القلب والصداع الشديد والشقيقة وارتفاع ضغط الدم وآلام الظهر.

فالضغوط النفسية Stress إذاً إحدى الظواهر في حياة الإنسان تظهر في مواقف الحياة المختلفة، مما يتطلب من الفرد توافقا أو إعادة توافق مع البيئة، ولأهمية موضوع الضغوط النفسية فقد ركز كثير من علماء الطب وعلم النفس والتربية وعلم الاجتماع والعلوم الأخرى على وضع عدة تعريفات للضغط النفسي.

وفي مجال التربية والتعليم كان لموضوع الضغط النفسي حيزاً هاماً، إذ نشط الكثير من الباحثين في السنوات الأخيرة في دراسة موضوع الضغوط لدى الطلبة والمعلمين والإداريين والمهنيين الآخرين.

مدخل عام

مفهوم الضغط النفسي

ما زال مفهوم الضغط النفسي من أكثر المفاهيم غموضا، وهناك صعوبة في تحديد تعريفه ودراسته بشكل دقيق، وذلك لارتباطه بعدة مفاهيم متقاربة من حيث المعنى، وارتباطه كذلك باتجاهات نظرية مختلفة، ولم يتوصل العلماء والباحثين إلى اتفاق محدد حول معنى "الضغط النفسي"، إذ ما زال هذا المصطلح غامضا ويحتاج إلى مزيد من البحث والدقة والتحديد. جميعنا بلا استثناء نتعرض يوميا لمصادر متنوعة من الضغوط الخارجية بما فيها ضغوط العمل والدراسة والضغوط الأسرية وضغوط تربية الأطفال ومعالجة مشكلات الصحة والأمور المالية وتكاثر الأعباء الاجتماعية أو الانتقال لبيئة جديدة والعجز عن تنظيم الوقت أو السفر والصراعات الأسرية وتكاثر الأعمال المطلوب إنجازها والأزمات المختلفة التي قد نتعرض لها على نحو متوقع أو غير متوقع. كما نتعرض يوميا للضغوط ذات المصادر الداخلية وأعني هنا بعض أنواع الطعام أو كمية ما نأكله منه يوميا والمضاعفات المرضية وأنواع الأدوية والعقاقير التي نتعاطاها والقلق النفسي والاكتئاب والآثار العضوية والصحية السلبية التي تنتج عن أخطائنا السلوكية في نظام الأكل او النوم أو التدخين والتعرض للملوثات البيئية .

بعبارة أخرى فإن قائمة الضغوط النفسية واسعة وممتدة وتشمل بالنسبة للإنسان العادي خبرات ومواقف متنوعة نستجيب لها في حالة تزايدها وتراكمها وفي حالة العجز عن التعامل مع بعض نتائجها السلبية بالمرض والاضطراب نفسيا كان أو عضويا.

إن هذا المفهوم الذي شاع استخدامه في علم النفس والطب النفسي، تمت استعارته من الدراسات الهندسية والفيزيائية، حينما كان يشير إلى (الإجهاد Strain، والضغط Press، والعبء Load).

هذا المفهوم استعاره علم النفس في بداية القرن العشرين عندما انفصل عن الفلسفة وأثبت استقلاليته كعلم له منهج خاص به. وأيضاً جرى استخدامه في الصحة النفسية والطب النفسي على يد (هانز سيلي) الطبيب الكندي في العام

1956م عندما درس أثر التغيرات الجسدية والانفعالية غير السارة الناتجة عن الضغط والإحباط والإجهاد.

زملة الضغط العام وطاقة التكيف:

" هانز سيلي" Hans selye الطبيب الكندي من أوائل الأطباء الذين بحثوا هذا الموضوع و أعطاه أرضية علمية وافية حوالي عام 1956، فقد لاحظ منذ فترة مبكرة أن المرضى يشتركون بالرغم من تعدد مصادر المرض والشكوى لديهم في خصائص متماثلة وأعراض مرضية متشابهة بالإضافة إلى الأعراض النوعية التي تصف وترتبط بالمرض الخاص بكل منهم فجميع المرضى يعانون من ضعف الشهية والوهن العضلي وفقدان الاهتمام بالبيئة ومن ثم افترض " سيليا" أن الأمراض المختلفة تشترك في إحداث زملة من الأعراض أطلق عليها زملة الضغط العام بالإضافة إلى الأعراض النوعية الخاصة بكل مرض.

ولكي يتحقق من ذلك عرض سيلي الفئران في معمله في كندا إلى أنواع مختلفة من المجهدات كالبرودة الشديدة أو الحقن بمواد سامة. وما استجابت به الفئران في مثل هذه المواقف، ويلخص في واقع الأمر استجاباتنا جميعا نحن البشر عندما نواجه خطرا معينا أو ضغطا نفسيا مستمرا.

فقد ردت جميع الفئران بغض النظر عن مصادر الضغط الواقع عليها بان حشدت جميع وظائفها الجسمية بطريقة انعكاسية فنشطت الغدد وتضخمت الغدة الادرينالية بشكل خاص، وتزايد إطلاق الأدرينالين منها، ونتيجة لهذا النشاط غير العادي في إفرازات الأدرينالين تتحول الأنسجة إلى جلوكوز يمد الجسم بطاقة لتجعله في حالة تأهب دائم وهو شيء يحدث لدينا جميعا في المواقف الانفعالية.

وقد اثبت سيلي أن استمرار تعرض حيواناته للضغوط المعملية سيجعلها عاجزة عن المقاومة طويلا. فالضغط يمثل بالنسبة لها في البداية مشقة تتطلب مزيدا من حشد الطاقة تمر عليها ثانيا بعد ذلك فترة مواءمة واعتياد كمحاولة للتكيف مع مصادر الضغط ومقاومتها ولكن ذلك قد يستمر لفترة تشعر الحيوانات بعدها بالإجهاد والإرهاق ثم أخيرا تنفق وتموت.

إن مقدرة الجسم على التكيف المبدئي والتوافق للضغوط سماها "سيلي" طاقة التكيف وقد اثبت إن استمرارية التعرض للضغوط يؤدي تدريجيا إلى فقدان هذه الطاقة وانهيارها ومن ثم تضعف - في الحالات البشرية - قدرة الجسم على المقاومة فتحدث الأمراض والوفيات المبكرة .

وتستجيب للضغوط أولا الأعضاء الضعيفة من الجسم فهي التي تكون مستهدفة بشكل أسرع من غيرها للمرض مما يفسر التأثير النوعي للضغوط على حدوث أمراض دون أمراض أخرى ففي حالة فشل الجهاز المناعي تحدث الأورام السرطانية وتحدث السكتة القلبية عندما تفشل الدورة الدموية، والشرايين عن أداء وظائفها المعتادة وتحدث أمراض المعدة عندما يفشل الجهاز الهضمي عن أداء وظائفه المعتادة بسبب قلة كمية الدم التي تصله نتيجة للتوتر الذي تثيره هذه الضغوط.

ويعتبر عالم الفسيولوجية والتر كانون "Walter Cannon" أول من اهتم تاريخيا بمثل هذه المصطلحات، إذ استخدم في بداية القرن العشرين مصطلح التوازن الجسمي "Homeostasis" للتدليل على نزعة الكائن الحي بالاستعانة على مصادرها للمحافظة على حالة الاتزان، فالكائن الحي يدرك الخطر في البيئة والاستجابة تكون أما الدفاع أو الهرب " Fight or Flight".

وتعود جذور هذا المصطلح إلى بدايات القرن العشرين (Spiellberger، 1979) وأطلقت عليه مسميات عدة، إذ تشير قواميس اللغة إلى أن هذا المصطلح مرادف للشدة (Strain) وتعني الإجهاد أو التوتر، وتعني باللاتينية التعرض للضغوط (Cold، 1988)، واستعمل في اللغة الإنجليزية لأول مرة "Distress" أي الكرب و "Hardship" أي الضيق و "Adversity" أي الشدة. وقد شاع استخدامه في علم النفس والطب النفسي، وتمت استعارته من الدراسات الهندسية والفيزيائية، حينما كان يشير إلى (الإجهاد Strain، والضغط Press، والعبء Load)).

والضغوط مفهوم يشير إلى درجة استجابة الفرد للأحداث أو المتغيرات البيئية في حياته اليومية، وهذه المتغيرات ربما تكون مؤلمة تحدث بعض الآثار

الفسيولوجية. مع أن تلك التأثيرات تختلف من شخص إلى آخر تبعاً لتكوين شخصيته وخصائصه النفسية التي تميزه عن الآخرين، وهي فروق فردية بين الأفراد وعرفها (mecanik) بأنها تلك الصعوبات التي يتعرض لها الكائن البشري بحكم الخبرة والتي تنجم عن إدراكه للتهديدات التي تواجهه.

ويشير كانون (Cannon) إلي أن حدوث الضغط النفسي يؤدي إلى حالة انعدام توازن الكائن الحي بشكل اكبر في الحدود الطبيعية، إذ حال إدراك الكائن الحي للمهدد يستثار الجسم ويحفز بواسطة الجهاز العصبي السمبتاوي والغدد الصماء، حيث تحدث مضاعفات وآثار فسيولوجية،وتعتبر الاستجابة التكيفية سريعة نحو التهديد وتحث الجسم على مهاجمة الموقف المسبب للضغط أو الهرب، وقد يكون الضغط النفسي سببا في حدوث مشكلات صحية نتيجة الخلل في الوظائف الفسيولوجية والانفعالية، وأحيانا قد تؤدي إلى الوفاة.

ويرى كانون ما يلي:

< أن الضغط رد فعل عند الشعور بالخوف

< أن المخاوف الجسدية والنفسية ينتج عنها ردود فعل عاطفية ترافقها استجابات نفسية حركية وتحديدا إثارة الجهاز السمبثاوي

< عند إثارة الجهاز السمبثاوي يزداد معدل التنفس وضربات القلب ويرتفع ضغط الدم وتتسع حدقة العين ويرتفع معدل السكر في الدم

< أن ردود الفعل تجعل الإنسان على استعداد دائم إما للقتال او الهروب كاستجابة للخوف

< مثال تعرض قطة لنباح كلب فرجوعا إلى مستويات التحليل السلوكي فان استجابة القطة إما بالهرب بحثا عن الأمان او مواجهة الكلب.

< ويرى كانون بأن البيئة لها أثر في طبيعة او ردود فعل الجسدية لأي خطر او خوف يتعرض له الفرد.

< ويرى كانون بأن العبء الملقى على القلب يقل عندما يستطيع الأفراد الاستجابة للضغط بأداء نشاط جسدي إما في حالة كون الضغط

والإجهاد مزمن او شديد فإنه بذلك يشمل آليات الجسد الساكنة وقد تؤدي الإثارة الطويلة إلى تدمير الجسد وتحطيمه.

ويؤكد لازاروس (Lazarus، 1966) على وجود تداخل بين مفهوم الضغط النفسي والقلق الذي يعتبر كنتاج للضغط النفسي، إذ أن هناك علاقة ثنائية بين الفرد والبيئة وهذه العلاقة متبادلة في كلتا الحالتين، ويؤكد إن الضغط النفسي نتاج لعملية تقييم المواقف المهددة والتي يتميز بها الفرد عن الآخر.

وقدم سيلي (Selye، 1976) أعمالا لتوضيح مفهوم الضغط النفسي، ونتيجة لتجاربه حول آثار الضغوط النفسية فسيولوجيا،لاحظ إن تعرض العضوية للضغوط بشكل متكرر يظهر استجابات فسيولوجية عليها، وهي استجابة غير محددة بمصدر، مما يؤدي إلى الاحتراق النفسي ويؤكد سيلي أن الشخص القلق الذي يفقد احترام الذات أكثر عرضة للضغط النفسي من الشخصية الاستقلالية.

وقد طور علماء آخرون مفهوم سيلي للضغط النفسي ليشمل استجابة الفرد للمهددات النفسية كالضوضاء وعبء العمل وفقدان الوظيفة والانتقال من مكان لآخر وخبرات أخرى نصفها عادة على أنها عوامل مسببة للضغط النفسي.

وبالرغم من شيوع الضغوط النفسية وتعرض غالبية الأفراد لها، إلا أن الضغط النفسي كمفهوم ورغم إضافات كل من سيلي ولازاروس (Selye، Lazarus) إلا انه ما زال يواجه صعوبة في تعريفه ودراسته بشكل دقيق، مما يتيح مجال واسع للباحثين لتوجيه اهتماماتهم بالمفهوم وعلاقته بالمفاهيم الأخرى ذات العلاقة والتي تعتبر نواتج واضحة للضغوط النفسية.

وقد تعددت التعريفات التي أطلقها العلماء والباحثين حول الضغط النفسي ولكنها تتمحور حول أبعاد ونماذج محددة، فمنها من يستند على أن الضغوط النفسية عبارة عن مثير "Stimulus" ومنها ما يعتبر استجابة "Response" ومنها ما يستند إلي التفاعل ما بين المثير والفرد، وهناك علماء ركزوا على نموذجين عند تعريف الضغط النفسي وهما النموذج الفسيولوجي "Physiological" والنموذج النفسي "Psychological".

والضغط النفسي كما يعرّفه سيلي (Selye، 1983) بأنه " الاستجابة غير المحددة للجسم تجاه أي وظيفة تتطلب منه ذلك سواء كانت سببا أو نتيجة لظروف مؤلمة أو غير سارة".

ويعرفه لازاروس (Lazarus، 1984-1966) "بأنه نتيجة لعملية تقييميه يقيم بها الفرد مصادره الذاتية ليرى مدى كفاءتها لتلبية متطلبات البيئة، أي مدى الملائمة بين متطلبات الفرد الداخلية والبيئة الخارجية".

ويرى لازوراس أن التفاعل بين الفرد والبيئة يعتمد على ثلاثة مراحل للتقييم: وهي التقييم الأولي والتقييم الثانوي، وإعادة التقييم، ففي التقييم الأولي يرى الفرد أن مواجهته للموقف الضاغط يتضمن بعض المخاطر الشخصية، حيث يتساوى التقييم الأولي مع تساؤلنا" أنحن في مشكلة أم لا" والنتيجة أن الحدث قد يفسر بأنه مصدر للضغط والتهديد، أما التقييم الثانوي فإنه يجيب على التساؤل" ماذا يمكن أن نفعله من أجل هذه المشكلة" وفي هذه النقطة يقارن الفرد بين مهاراته التكيفية وبين المتطلبات الخارجية، فإذا كانت المهارات المناسبة للمتطلبات يحدث قليل من الضغط أو قد لا يحدث على الإطلاق، أما إذا كانت المهارات أقل، فمن المحتمل أن ينتج الضغط، وفي النهاية، في عملية إعادة التقييم ، يستخدم الفرد التغذية الراجعة لمدركاته الجديدة أو لنتائج جهود مواجهته السابقة لاختبار دقة كل من التقييم الأولي والثانوي.

< ولذا فقد رأى لازوراس أن الضغط يزيد ليس من حوادث الحياة نفسها ولكن نتيجة تقييم أولى للحوادث من قبل الفرد نفسه، فأي حدث ضاغط قد يفهم كموقف ضاغط من فرد وليس من جميع الأفراد، كما أن نفس الفرد قد يفسر أحداثا متشابهة كمواقف ضاغطة في وقت ما، ولكنه لا يفسرها هكذا في أي وقت آخر.

< فمثلا الامتحان القريب يسبب الضغط عندما يشعر الطالب أن معرفته غير كافية، ولكن لا يحدث ذلك عندما يشعر انه مطمئن حول أدائه.

ويعرفه البيلاوي (1988) على انه الحالة التي يتعرض فيها الفرد لظروف أو مطالب تفرض عليه نوعا من التكيف، وتزداد هذه الحالة إلى درجة الخطر كلما ازدادت شدة الظروف والمطالب أو استمرت لفترة طويلة. وترى السمادوني (1993) أن الضغوط النفسية حالة نفسية تنعكس في ردود الفعل الجسمية والسلوكية، الناشئة عن التهديد الذي يدركه الفرد عندما يتعرض للمواقف أو الأحداث الضاغطة في البيئة المحيطة.

ويعرف جبريل الضغط النفسي بأنه: تلك الحالة الوجدانية التي يخبرها الفرد، الناتجة عن إحداث وأمور تتضمن تهديدا لإحساسه بالحياة الهانئة، وتشعره بالقلق فيما يتعلق بمواجهتها (جبريل، 1995، ص1467-1468).

ويستخدم مصطلح الضغط النفسي لدى كثير من العلماء كمرادف لمعنى القلق والإحباط والصراع والدفاع وبعض الانفعالات كالغضب والخوف إلا أن هذا المصطلح (الضغط) أصبح مألوفا وجزءا من مصطلحات هذا العصر له معنى خاص به، وتعتبر الضغوط النفسية ظاهرة إنسانية ينتج عنها خبرة حادة مؤلمة بحيث يظهر تأثيرها بشكل على السلوك كما يظهر تأثيرها على التكيف (Spence، et. al، 1998).

وعموما لا يمكن القول أن شخصا يعاني من ضغوط ما لم يكن هناك مصدر لهذه الضغوط، واستجابات من جانب الفرد وبدون هذين العاملين لا يكون هناك موقف ضاغطة (عوض، 2001).

ويشير (منصور، 2000؛ عوض، 2001) أن الآثار السلبية للضغط النفسي تمثل في حالة الاحتراق النفسي الشديد والشعور بالضيق والمشاعر غير السارة واللامبالاة وقلة الدافعية للعمل.

إذا فالضغط هو: عبارة عن شدة أو صعوبة جسدية أو عقلية أو انفعالية تحدث بسبب مطالب أو ضغوطات بيئية أو موقفية أو شخصية مثل أن تتوتر المرأة عندما تتأخر عن عملها بسبب أزمة سير وهي قلقة لأنها تأخرت عن اجتماع هام وهناك ضغوطات تبقى فترة أطول وتتضمن معاناة اكبر مثل أن يمرض أحد أفراد الأسرة

مرضا عضالا أو أن يتعرض جندي لفترات طويلة من القتال في الحرب وعموما يحدث الضغط أكثر عندما تحدث الأحداث فجأة مثل الموت المفاجئ.

مقدار الضغط المناسب

إن الضغط النفسي يمكن أن يقسم إلى نوعين أساسين وهما: ضغط إيجابي Positive Stress وهو محفز للفرد، وضغط سلبي Negative Stress وهو يسبب الكرب والضيق للفرد.

الضغط ظاهره فرديه فعندما يتأثر بعض الناس بضغط ما فان البعض الأخر يكون غير متأثر وهذا يعتمد على ما ندركه فقد ندرك المثيرات كحوادث ضاغطة أو لا، وللإجابة على السؤال السابق نقول إن كمية معينة من الضغط ستساعدنا على إن ننجز بفاعليه، ويوضح الرسم التالي الانجاز الذي نحتاجه فالزيادة أو النقصان يؤثر على مستوى الوظيفة ويظهر المحور الأفقي المثيرات والحاجات ابتداء من المستوى المنخفض إلى المستوى المرتفع، أما المحور العامودي فيظهر مستوى الانجاز حيث أن المستوى المنخفض جدا ينتج أيضا وظيفة غير فعاله أي عندما

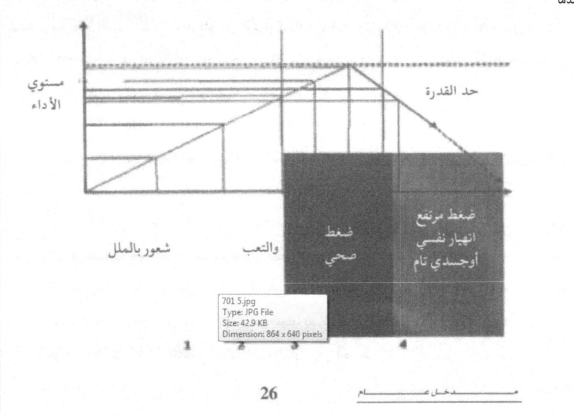

مدخل عام

يكون الأمر يتحدى قدراتنا فسنفشل في إظهار جهدنا ، إذا فكمية من المثيرات والمحفزات تزيد من انجازنا فمثلا الدروس المعتدلة من الرياضة تحقق الفعالية وتساعد الشخص على أن يتحدى اللاعبين الآخرين ويصل إلى قمة الفعالية وبالتالي فان المدرب الماهر هو الذي يدفع لاعبيه لنيل أفضل انجاز يتناسب مع قدراتهم، لكن السؤال الذي يتبادر إلى الذهن ألان هو كيف تقرر أن تكون المحفزات كافيه؟ وكيف تعرف تأثير مستوى المتطلبات عليك؟ وللإجابة على هذا السؤال فان ذلك يتطلب منا اكتشاف طريقة تكون عبارة عن مفتاح من خلاله نجد كيف تكون المحفزات مناسبة لنا، وهذا يتطلب أن نقوم بقدر من العمل حتى نقيم كيف سننجز بشكل أفضل وكذلك نحتاج أيضا إلى أن نختبر ليس فقط نتيجة العمل لكن أيضا كيف نشعر خلال العمل وهل سنشعر بالتحدي أو بالضغط؟ وهل انفعالاتنا ايجابيه أو سلبيه؟ ونحتاج بالنهاية أن نقرر بان كمية من الضغط كافيه أو أنها كثيرة جدا وسيتم اتخاذ هذا القرار بناءا على أبعاد الصحة الستة المذكورة سابقا وهي الصحة الجسدية والعقلية والانفعالية والروحية والاجتماعية والبيئية، فإذا كان الشخص يمتلك تلك الإبعاد فهذا سيجعله يشعر بالطاقة والاستمتاع بالحياة ويساعده على أن يتعامل مع متطلبات العمل الإضافي.

أنواع الضغوط النفسية

بداية نقول بان الخطوة الأولى لتقليل مستوى الضغط عموما تكون بعمل قائمه لأنماط وكمية الضغوطات في الحياة ويكون ذلك عن طريق كتابة مذكرات تساعدك على فهم الضغوطات التي تعاني منها وشدة تلك الضغوطات وكيف تستجيب لها، فإذا قررت أن لديك ضغوطات كثيرة فانك تحتاج إلى أعمال تقوم بها للتخلص من تلك الضغوطات، فمثلا قد تحتاج إلى عمل خطه لتسيطر على تلك الضغوطات الممكنة ولكن لسوء الحظ لن تكون قادر على أن تسيطر على تلك الضغوطات لان بعض الأشياء التي تسبب لنا الضغط تأتي دون تحذير. وفي هذا المجال صنف البعض الضغوطات التي نعاني منها إلى ثلاثة أصناف:

1) ضغوطات يمكن التنبؤ بها مستقبلا ويمكن السيطرة عليها.

2) ضغوطات يمكن التنبؤ بها ولا يمكن السيطرة عليها.

3) ضغوطات لا يمكن التنبؤ بها ولا يمكن السيطرة عليها.

وهذا يعني أن هنالك ضغوطا تحدث دون توقعنا ويمكننا العمل مع الصنف الأول والثاني حيث يمكننا عمل مذكره لعدة أسابيع للتعرف على أسباب الضغط من مثل الناس والمواقف والحوادث المختلفة، وبعد التعرف على هذه الضغوط يمكننا تقدير فيما إذا تستلزم هذه الضغوط عمل خطه للتعامل معها.

وتتعدد الضغوط النفسية تبعا لتعدد مدارس علم النفس، وتخصص علماء النفس ويشير الخطيب(2003) إلى أن هنالك عدة أنواع منها:

1. ضغوط غير حادة: وينتج عنها استجابات طفيفة مع مجموعة علامات الضغط وأعراضه التي من السهولة ملاحظتها.

2. ضغوط حادة: وينتج عنها استجابات شديدة القوة لدرجة أنها تتجاوز قدرة الفرد على المواجهة، وتختلف هذه الاستجابات من شخص إلى أخر ولا يشير بالضرورة إلى وجود أمراض عقلية أو جسمية، وإنما هي استجابات عادية تشير إلى ضرورة التدخل.

3. ضغوط متأخرة: وهي لا تظهر دائما أثناء وقوع الحدث إنما تظهر بعد فترة

4. ضغوط بعد الصدمة: وهي ناتجة عن حوادث عنيفة وشديدة وعالية وتترك أثارها على الكائن الحي بشكل طويل المدى.

ومن المهم المعرفة بأن الضغوط النفسية أصبحت جزءا من الحياة اليومية مما يحتم علنا التعرف على مسببات الضغوط النفسية بهدف التخفيف من حدتها.

ويذكر (ولكنسون وآخرون،1997) إن بعض الباحثين قاموا بوضع استراتيجيات للتوافق مع الضغوط النفسية تنقسم إلى التوافق المتمركز حول المشكلة والتوافق المتمركز حول الانفعال، فالتوافق المتمركز حول المشكلة فيه يقيم الفرد الموقف الضاغط ويفعل أي شيء حياله، أما المتمركز حول الانفعال فيه يركز الفرد على الاستجابة الانفعالية للمشكلة فيحاول تخفيف القلق حيال المشكلة بدون التعامل الحقيقي مع الموقف. ومعظم الناس يستخدمون التوافق المتمركز حول المشكلة.

كما أشار سيلي (Selye، 1976) إلى نوعين من الضغط النفسي هما:

أولا: الضغط النفسي السيئ "Bad Stress" وهذا يزيد من حجم المتطلبات على الفرد ويسمى كذلك الألم "Distress" مثل فقدان عمل أو فقدان عزيز.

ثانيا: الضغط النفسي الجيد "Good Stress" وهذا يؤدي إلى إعادة التكيف مع الذات أو البيئة المحيطة كولادة طفل جديد أو سفر في عمل أو بعثة دراسية.

وتحدث سيلي (Selye) عن نوعين آخرين من الضغط النفسي هما:

أولا: الضغط النفسي الزائد "Hyper Stress" وينتج عنه تراكم الأحداث السلبية للضغط النفسي المنخفض بحيث تتجاوز مصادر الفرد وقدراته على التكيف معها.

ثانيا: الضغط النفسي المنخفض "Over Stress" ويحدث عندما يشعر الفرد بالملل وانعدام التحدي والشعور بالإثارة.

ويؤكد سيلي (Selye، 1976) أن الإنسان عادة ما يعاني في حياته من نوع أو عدة أنواع من الضغوط الأربعة المذكورة سابقا.

وقد ميز لازاروس وكوهن (Lazarus & Cohen، 1977) بين نوعين من الضغوط:

أولاً: الضغوط الخارجية "External Environmental Stress" والتي تعني الأحداث الخارجية والمواقف المحيطة بالفرد وتمتد من الإحداث البسيطة إلى الحادة.

ثانياً: الضغوط الداخلية (الشخصية) "Internal "Personal" Stress" والتي تعني الإحداث التي تتكون نتيجة التوجه الإدراكي نحو العالم الخارجي والنابع من فكر وذات الفرد.

وتتخذ الضغــوط النفسية شكليـن أساسين أشار إليهما كل من بروهان (Bruhan, 1989) حيث الضغوط الإيجابية والتي تنتج عن زيادة العبء المصاحب

للترقية في السلم الوظيفي، والضغوط السلبية التي أشار إليها سيلي (Selye,1976) وهذه تنتج عن الفشل في الوظيفة أو العمل.

أن الضغوط يمكن أن تتنوع وتتشكل بحيث تشمل كافة مناحي الحياة التي يعيشها الإنسان والتي يمكن وضعها ضمن الأنواع التالية:

ضغوط العمل: وهذه ناتجة عن إرهاق العمل ومتاعبه في الصناعة، أولى نتائجه الجوانب النفسية المتمثلة في حالات التعب والملل اللذين يؤديان إلى القلق النفسي حسب شدة أو ضعف الضغط الواقع على الفرد..وآثار تلك النتائج على التكيف في العمل والإنتاج، فإذا ما استفحل هذا الإحساس لدى العامل في عمله، فسوف تكون النتائج: التأثير على كمية الإنتاج، أو نوعيته، أو ساعات العمل، مما يؤدي إلى تدهور صحة العامل الجسدية والنفسية وغالبا ما يؤدي إلى سؤ تكيف مهني.. ومن أولى تلك الأعراض، هي زيادة الإصابات في العمل والحوادث، وربما تكون قاتلة فضلاً عن زيادة الغياب أو التأخر عن العمل، وربما يصل إلى الانقطاع عنه وتركه نهائياً.

الضغوط الاقتصادية: فلها الدور الأعظم في تشتيت جهد الإنسان وضعف قدرته على التركيز والتفكير وخاصة حينما تعصف به الأزمات المالية أو الخسارة أو فقدان العمل بشكل نهائي، إذا ما كان مصدر رزقه، فينعكس ذلك على حالته النفسية، وينجم عن ذلك عدم قدرته على مسايرة متطلبات الحياة.

الضغوط الاجتماعية: معايير المجتمع تحتم على الفرد الالتزام الكامل بها، والخروج عنها يعد خروجاً على العرف والتقاليد الاجتماعية وبالتالي يحدث إشكاليات لتلك المخالفات التي تصبح قوى ضاغطة على الفرد وتسبب له أزمات واختلالا يؤثر في تعاملاته وعلاقاته الاجتماعية.

الضغوط الأسرية: تشكل بعواملها التربوية ضغطاً شديداً على رب الأسرة وأثراً على التنشئة الأسرية، فمعظم الأسر التي يحكمها سلوك تربوي متعلم ينتج عنه التزام وإلا اختل تكوين الأسرة وتفتتت معايير الضبط ونتج عنه تفكك الأسرة إذا ما اختل سلوك رب الأسرة أو ربة البيت.

30

الضغوط الدراسية: على طالب المدرسة في مختلف المراحل الدراسية ضغطاً شديداً في حالة عدم استجابته للوائح المدرسة أو المعهد أو الكلية، فهو مطالب بأن يحقق النجاح في الدراسة، لإرضاء طموحه الشخصي الذاتي أولاً، ورد الجميل لأسرته التي خصصت من دخلها المادي كنفقات الدراسة ثانياً فضلاً عن المؤسسة التعليمية التي صرفت الأموال المتمثلة في مستلزمات الدراسة كتوفير المدرسين المتخصصين والاحتياجات المادية العلمية في العملية التعليمية..

الضغوط العاطفية بكل نواحيها، النفسية، الانفعالية، فإنها تمثل لبني البشر واحدة من مستلزمات وجوده الإنساني. فالعاطفة لدى الإنسان غريزة اختصها الله عند البشر دون باقي المخلوقات. فعندما يعاق الإنسان في طلب الزواج والاستقرار العائلي بسبب الحاجة الاقتصادية أو عدم الاتفاق مع شريك الحياة وتتعثر جهوده في الاستقرار الزوجي، يشكل ذلك ضغطاً عاطفياً، تكون نتائجه نفسية، مما يجعله يرتبك في حياته اليومية وتعامله وفي عمله أيضاً.. إلى أن يجد الحل في التوصل إلى تسوية مشاكله.

مصادر الضغط النفسي

ينشأ الضغط النفسي نتيجة التفاعل ما بين الفرد ومجموعة العوامل الخارجية أو الداخلية البيئية منها والشخصية والتي تتمثل في العوامل الجسمية والعقلية والانفعالية، إذ يؤكد (Danzi,1986) على أن الضغط النفسي ينشأ من عوامل جسمية مثل تلف في أحد أعضاء الجسم، وعوامل عقلية وانفعالية مثل القلق والخوف، ويرتبط الضغط النفسي بأفعال وانفعالات سلبية وإيجابية فمثلا قد يصبح الفوز بجائزة ضاغطا لاحتمالية كسب الجائزة أو خسارتها.

وقد تنشأ الضغوط من داخل الشخص نفسه نتيجة الأزمات التي يعيشها، وتسمى ضغوطاً داخلية، أو قد تكون من المحيط الخارجي، مثل العمل، العلاقة مع الأصدقاء والاختلاف معهم في الرأي، أو الاضطرابات الأسرية أو المشكلات العائلية أو خلافات مع شريك الحياة، أو الطلاق، أو موت شخص عزيز، أو خسارة مالية تجارية، أو التعرض لموقف صادم مفاجئ. تسمى ضغوطاً خارجية.

وعلى العموم فإن الضغوط سواء أكانت داخلية المنشأ نتيجة انفعالات أو الحالة النفسية وعدم قدرة الفرد على البوح بها وكبتها، أو ضغوطاً خارجية متمثلة في أحداث الحياة، فإنها تعد استجابات لتغيرات بيئية.

فأحداث الحياة اليومية تحمل معها ضغوطاً يدركها الإنسان عندما يساير باستمرار المواقف المختلفة في العمل أو التعاملات مع الناس أو المشكلات التي لا يجد لها حلولاً مناسبة، أو تسارع أحداث الحياة ومتطلباتها، وهي تحتاج إلى درجة أعلى من المسايرة لغرض التوافق النفسي، وربما يفشل في هذه الموازنة الصعبة، فحتى أسعد البشر تواجههم الكثير من خيبة الأمل والصراعات والإحباط والأنواع المختلفة من الضغوط اليومية، ولكن عدداً قليلاً منهم نسبياً، هم الذين يواجهون الظروف القاسية.

يتعرض الإنسان للضغوط المختلفة باستمرار ويستطيع أن يعيد توازنه بشكل سريع حال انتهاء الموقف الضاغط أو مدى قدرته على المواجهة والتحمل، فالشخصية الإنسانية ذات خصائص يتميز بعضها عن البعض الآخر، فبعض العوامل الضاغطة تشكل عبئاً على أنماط معينة من الشخصيات، في حين تستطيع أنماط أخرى تحملها ومن ثم تصريفها بالشكل الذي لا يترك أثراً لدى الفرد، وأيضاً تتدخل المكونات البيولوجية في قدرة التحمل وقوة أجهزة الفرد البدنية.

أما مصادر الضغوط فيمكن تصنيفها إلى ستة مصادر تتمثل في:

إن مسببات الضغط يمكن تصنيفها إلى مسببات داخلية كوظائف الأعضاء، والطبيعة الشخصية كالعقل وما يحمله من أفكار، ومسببا خارجية كالأمور الشخصية والمعيشية والظروف البيئية.

وتعتمد مسببات التوتر على: التجارب السابقة، ونمط الشخصية، البرمجة السابقة للوعي.

ويمكن تقسيم الضغوط إلى العوامل التالية:

أولا: أحداث ومشكلات نفسية داخلية:

الانفعال في درجات معقولة يحمي الإنسان من الخطر ويعبئ طاقاته للعمل والنشاط ويدفعه على مقاومة الأخطار والأعداء لمواجهة المستقبل فتلك وظيفة لا بأس بها من الوظائف التكيفية والصحية للانفعال فالخوف لدى المريض المصاب بارتفاع ضغط الدم قد يكون قوة دافعة له لكي يحد من الصوديوم في طعامه ولكي يتذكر تعاطي أدويته بانتظام والخوف لدى المريض المصاب بالسكر يدفعه على المستوى اليومي تقريبا إلى الاهتمام بوزنه ومراقبة طعامه جيدا والانتظام في أخذ كمية الأنسولين المطلوبة. وخوف الطالب من الامتحانات يدفعه للمذاكرة مبكرا، ويدفعه لحضور المحاضرات بانتظام، وهكذا قد تصبح حياتنا كئيبة وموحشة، ويصبح نشاطنا فيها غير مجدي وممل إن خلت من بعض الانفعالات والمشاعر الطيبة كالحماس، وحب العمل، والتعاون مع الآخرين، والتقدير، والقدرة على التحكم في المشاعر السلبية.

لكن في حالات كثيرة قد تتحول الانفعالات إلى مصدر من مصادر الاضطراب في الحياة النفسية والاجتماعية للفرد بما فيها وظائفه البدنية وما يرتبط بها من صحة أو مرض كما في حالات القلق والاكتئاب النفسي والإصابة بالأمراض النفسية المختلفة.

ثانيا: الظروف والمشكلات الصحية:

تنشط الغدد وتتضخم الغدة الادرينالية بشكل خاص ويتزايد إطلاق الأدرينالين منها عندما نواجه ضغوطا أو مشكلات صحية. ونتيجة لهذا النشاط غير العادي في إفرازات الأدرينالين تتحول الأنسجة إلى جلوكوز يمد الجسم بطاقة لتجعله في حالة تأهب دائم. وهو شيء يحدث لدينا جميعا في المواقف الانفعالية وقد أثبت "سيلي" أن استمرار تعرض حيواناته للضغوط الصحية (بما في ذلك تعريضها لبرودة شديدة أو لدرجات عالية من الحرارة أو بحقنها بفيروسات) يفقدها القدرة على المقاومة طويلا. فالمرض يمثل بالنسبة لها في البداية مشقة تتطلب

منها مزيدا من حشد الطاقة تمر عليها ثانيا فترة مواءمة واعتياد كمحاولة للتكيف مع مصادر الضغط ومقاومتها ولكن ذلك قد يستمر لفترة تشعر الحيوانات بعدها بالإجهاد والإرهاق ثم أخيرا تنفق وتموت.

كذلك تبين أيضا أن ظهور الأمراض النفسية يرتبط بأنماط الضغوط النفسية التي يعاني منها الفرد فبداية ظهور وتطور الأمراض النفسية تجئ إثر التعرض للتغيرات الحياتية كالفشل الدراسي أو وفاة أحد الأقارب أو توقع الانفصال عن الأسرة أو تغير الدخل المفاجئ نتيجة للفصل عن العمل وينطبق هذا على الأمراض النفسية الخفيفة كالقلق والاكتئاب النفسي والأمراض العقلية الشديدة كالانتحار والفصام.

وهكذا نتبين من الأدلة السابقة أن المرض يعتبر مصدرا أساسيا للضغط النفسي ويعتبر أيضا نتيجة منطقية للشعور بتزايد الضغوط مما يفسر تزايد نسبة تعرضنا للأمراض الخفيفة أو الشديدة في أوقات الأزمات أو أثناء الامتحانات أو السفر أو تزايد الأعباء التي تتطلب مزيدا من العمل الإضافي والتركيز الشديد.

ثالثا: الظروف والمشكلات الاجتماعية وأحداث الحياة اليومية:

تعتبر الحياة مع الجماعة والانتماء لمجموعة من الأصدقاء أو لشبكة من العلاقات الاجتماعية المنظمة من المصادر الرئيسية التي تجعل للحياة معنى ومن ثم توجهنا عموما للصحة والكفاح ، والرضا وقد بينت حديثا دراسات هارفارد التي قام بها "مكللاند McClelland" وزملاؤه أن اضطراب العلاقات الاجتماعية قد يلعب دورا مدمرا للصحة. وللتحقق من هذه الفكرة درس "مكللاند" وزملاؤه دورا ما يسمى بالدافع للانتماء أي الرغبة في تكوين أسرة وعلاقات اجتماعية والتواجد مع الأصدقاء والالتقاء مع الآخرين والتزاور معهم بانتظام وتشير نتائجهم على وجه العموم إلى أن الدافع القوي للانتماء الاجتماعي وتقبل الحيلة مع جماعة وتقبل الآخرين لنا جميعها أكثر ارتباطا بالصحة في جانبها النفسي وجانبها العضوي معا.

ولكن قد تكون السيطرة هنا الدافع بدرجة قوية سلبية وكمثال على التأثير المرضي لهذا الدافع الدراسات التي أجريت على مرض السكر (أي المعتمد على

الأنسولين) فقد سجل مرضى السكر بالمقارنة بغير المرضى به درجات عالية على دوافع الانتماء معنى هذا أن وجود حاجة قوية لدى هذه الفئة من المرضى للانتماء والمجاملات الاجتماعية والتزاور (وهي من الخصائص المرتبطة بهذا الدافع) تضعهم في مأزق إضافي يساعد على إعاقة العلاج فهم نتيجة لهذه العلاقات الاجتماعية وتحت تأثير الضغوط الاجتماعية التي يتعرضون لها أكثر من الآخرين (بسبب ميولهم ودوافعهم للانتماء) يضطرون في أحيان كثيرة إلى تناول الأطعمة بكميات لأكثر والى التخلي عن الروتين الصارم الذي يتطلبه علاج هذا المرض من حيث النظام الغذائي ومن الطبيعي أن يؤدي ذلك إلى العجز عن ضبط نسبة السكر في الدم ومن ثم خلق شروط غير صحية تساعد على استفحال المرض.

رابعا: ظروف وضغوط العمل والإنجاز الأكاديمي:

والضغوط في جانبها الأكاديمي والدراسي تعوق التعلم الكفء ويمكن أن تؤدي إلى الفشل الأكاديمي والعجز عن الإنجاز وكراهية الدراسة وما يصحب ذلك من إحباط نفسي واضطرابات انفعالية وعقلية متعددة المصادر.

وعادة ما لا ننتبه لتأثير الضغوط على سلوكنا فنتركها ونتجاهل تأثيرها لكن عندما تظهر نتائجها في شكل الإصابة بالأمراض والدخول في حماقات اجتماعية وعندما نجدها قد التهمت صحتنا وعلاقتنا ومتعنا الشخصية ومقدرتنا على بذل الطاقة للنجاح والتفوق عندئذ قد نذهب لأهل الخبرة والتخصص لنطلب منهم النصيحة والعلاج ولأن ذلك يحدث في فترات متأخرة فقد يتعذر القيام بعلاج نتائجها المأساوية على حياتنا ومن هنا تأتي أهمية الانتباه المبكر للضغوط قبل تحولها لمصدر إضافي من مصادر الضغط والتوتر ولهذا نجد علماء النفس والأطباء والمهنيين المهتمين بالصحة النفسية والعقلية للفرد يؤيدون دائما أن الضغوط النفسية والاجتماعية لا يمكن علاجها بالطرق التقليدية التي نستخدمها في مجال الأمراض النفسية بل من الأفضل التنبه لها للوقاية من أخطارها ونتائجها السلبية على سلوكنا وحياتنا .

خامسا: التطورات التكنولوجية والإعلامية ومتطلبات العولمة

إذ تعتبر وسائل الإعلام وما تتضمنه من مدخلات حسية وسمعية وبصرية وما يتوفر من مستلزمات تكنولوجيا حديثة بأجهزتها ومعداتها مثل الحاسوب والفيديو والتلفزيون المبرمج وشبكة المعلومات الانترنت، والتدفق الثقافي المفتوح كلها أصبحت مصادر ضغط نفسي للفرد سواء من يستخدمها أو من يجهل استخدامها

ويشير ستيلي (Suttely,1981) إلى أن الضغط النفسي ينشأ نتيجة تفاعل الفرد مع البيئة، وذلك عندما يفسر الفرد المثيرات كحاجات ملحة بالنسبة له والتي تتجاوز المصادر المتوفرة مثل المطالب الاجتماعية (Social Demand) والثقافية (Cultural Demand) والنفسية (Psychological Demand) والفسيولوجية (Physiological Demand) مما يشكل عبئا ثقيلا ولها دلالات كمصادر أساسية لضغوط نفسية إيجابية أو سلبية.

ويؤكد جرينبج (Grennberg,1984) أن الضغوط النفسية رد فعل فسيولوجي وسيكولوجي وانفعالي ناتج عن استجابات الأفراد للتوترات البيئية والصراعات والأحداث والمواقف والمثيرات الضاغطة المتباينة.

وقد صنف الباحثون الضغوط النفسية إلى ثلاثة جوانب، الفردي والاجتماعي والوظيفي، فالجانب الفردي قد يكون وزنه أكثر من المعالجة لحالات الضغط النفسي وكذلك الاستعداد الشخصي للاستجابة لمصادر الضغط النفسي بشكل عام، بينما ضغط العمل يكون أكثر وزنا عند دراسة الضغط من خلال بيئة العمل، أما الجانب الاجتماعي فيتمثل في المواقف الاجتماعية المثيرة للضغط، مثل نظرة المجتمع للعمل الذي يقوم به الفرد، وقد أجرى ايدجارتون (Edgarton,1977) دراسة بينت أن النقد ونوعية الدعم الاجتماعي وتوقعات المجتمع أسباب ضغط للمعلم وما ينجم عنه من توترات ومعاناة.

وقد أوضح ميلر (Miller,1979) مصدرين للضغوط هما:

الضغوط الداخلية: وهي نابعة من المعتقدات والأفكار الخاطئة مثال ذلك افتراضات معلم بضرورة معرفته لكل الإجابات ونماذج السلوك المثالي في كل

وقت، وهذه افتراضات غير واقعية ويجب أن يعرف المعلم التربوي انه إنسان ليس كاملا، فهو يشعر ويقابله حاجات متعددة ومشاكله اليومية كثيرة ومحاولة أن يعيش فوق مستوى قدراته الشخصية يؤدي حتما إلى الضغوط.

الضغوط الخارجية: المواقف المسببة للضغط مثل ضغوط القيم والمعتقدات والمبادئ والصراع بين العادات والتقاليد التي يتمسك بها الفرد وبين الواقع مما يسبب له ضغوطا عالية، وتتحدد الضغوط بالموقف الذي يسبب الصراع بين القيم والواقع.

كما حدد مجبرايد (Mcbride,1983) الضغوط في مجموعتين البيئية والشخصية.

كذلك تعتبر البطالة وارتفاع معدل الطلاق والجريمة والتقاعد المبكر والتغير في الأنشطة والعادات الشخصية والموت جميعها مصادر تسبب الضغوط النفسية.

وتعتبر وسائل الإعلام وما تتضمنه من مدخلات حسية وسمعية وبصرية وما يتوفر من تكنولوجيا حديثة بأجهزتها ومعداتها مثل الحاسوب والفيديو والتلفزيون المبرمج وشبكة المعلومات، والتدفق الثقافي المستمر كلها أصبحت مصادر ضغط نفسي للفرد سواء من يستخدمها أو من يجهل استخدامها.

سادسا:أنماط الشخصية personality Types

يبدو منطقيا أن شخصيتنا ستؤثر -إذا لم تحدد -الكيفية التي نستجب فيها بشكل كامن للأحداث الضاغطة والناس ولا تواجه معظم الأدلة عن تأثيرات ألشخصيه في الضغط هذه الاعتقاد وأكثر من ذلك فان المنظرين يؤكدون الأهمية النسبية للشخصية أو كيف تؤثر في الضغط النفسي في حياتنا وهنالك كم جوهري من الأدب حول أنماط الشخصية الميالة للضغط مقابل الشخصية المقاومة للضغط النفسي وتثبت البحوث أن بعض منا يكون أكثر ميلا أو مقاوما للضغوط النفسية بسب شخصياتنا وفي الواقع فان الشخصيات يمكن أن تصنف إلى مجموعات والتي تكون أكثر ميلا أو اقل للضغط النفسي .

نمط السلوك (أ) والضغط النفسي .

إن احد معظم العلاقات ألموثقه بشكل واسع بين الشخصية ،السلوك والضغط النفسي هو العلاقة بين الشخصية ذات النمط (ا) والضغط النفسي والتي كان رائدين فيها فريدمان وروزنمان Friedman and Rosen man إحصائيا القالب في فرسان فرانسيسكو فهما أول من وصف نمط السلوك (أ) بين مرضاهما . فقد وصفا الشخص الذي يعاني من السلوك (أ) على انه الذي يحاول دائما أن ينجز بشكل متطرف (overachiever) وخاصة في التنافس مع الآخرين وعلى الرغم من أن أصحاب النمط (أ) يضعون أنفسهم تحت ضغط شديد على أساس منتظم فأنهم لا يستجيبوا لهذا الضغط بقلق وأكثر من ذلك فأنهم يتعاملون مع هذه التحديات المفروضة على الذات بثقة وتتضمن الشخصية ذات النمط A الخصائص الآتية .

1- التنافس (competitive). فأصحاب النمط (أ) يرغبون في تحقيق الفوز في أي شيء فهم يقحمون تنافسهم أو طبيعتهم التنافسية في مساعيهم الترويحية والرياضية لتصبح الأحداث الرياضية تنافسيه.

2- العدوان اللفظي verbally aggressive)) فبالإضافة إلى أن كلامهم يكون مندفعا في الغالب فإنه يكون أيضا مفعما بالكلمات العدوانية.

3- التحفز والجدية (hard-driving) يتجاوز أصحاب النمط (أ) الحدود التي يقف عندها معظم الناس فهم ينجزون بشكل اعتيادي واجبين أو مهمتين أو أكثر بشكل آني وتكون جداولهم مليئة بالمهمات أو الأعمال وهم يقفزون من مهمة إلى أخرى بدون وقت أو بوقت قليل. ولان أصحاب هذا النمط يكافئ في الغالب على جهودهم فأنهم يعملون ساعات طويلة ويأخذون عملهم إلى البيت .

4- عدم القدرة على الاسترخاء unable to relax. حتى في الوقت الذي يكونوا في إجازة فأنهم يميلون إلى الشعور بالذنب بسبب عدم بشيء ما منتج.

5- يملكون وقتا جديا ويحرصون على قيمته very time conscious . يمتلك اصطحاب النمط (ا) وقتا بحيث لا يمر يومهم دون عمل فهم

يتقيدون بالجدول الزمنية بمرونة قليلة ويكرهون أضاعه الوقت فانتظارهم في السوق وفي مطاعم الوجبات السريعة يدفعهم إلى الإثارة لأنهم لا يتحملون بالصبر.

6- يغضبون بسهوله Easily Angered . يتأثر غضب أصحاب النمط (ا) بسهوله وهذا الغضب أو الشعور القوي بالضيق يتجاوز أو يقطع كل العوائق.

7- يمتازون بالعدوانية: في حين أن الغضب يعد عاما ويمكن أن يوجه إلى الأحداث أو الأشياء فان العدوانية تتركز على الناس فأصحاب هذا النمط من السلوك عدوانيون والناس الآخرون يعدون هدفا لغضبهم .

بالإضافة إلى ذلك فان أصحاب النمط (أ) يظهرون أيضا لغة جسمية وأنماط كلام تختلف بشكل واضح عن الذين لا يعانون من هذا النمط وتظهر الأعراض الآتية في لغة الجسم وأنماط الكلام عند أصحاب النمط (أ) عندما يستجيبون للمواقف الضاغطة المتوقعة:

ا) توتر في العضلات الوجهية تكون عضلات الوجه والرقبة والجبهة متوترة بشكل واضح.

2) إغلاق قبضة اليدين.

3) تكشيرة تعبر عن الضيق في عضلات الوجه .

4) استخدام كلمات عدوانيه وخاصة بصوت مرتفع .

5) مقاطعة كلام الآخرين.

6) السرعة في إنهاء حديث الآخرين وإنهاء مقابلتهم .

وهذا الارتباط المزمن لكل من المادة (الاعتقادات والسلوكيات) والأسلوب الذي يعبرون فيه يميز أصحاب النمط(أ) وتعد شخصيات النمط (أ) في العادة من الشخصيات الناجحة في المجتمع أن عملهم الجاد وحافزهم الخيالي وتنافسهم يكافئ بنجاحهم المالي وإثارة إعجاب رفاقهم بهم والذين يندهشون في الغالب من الكيفية التي يؤكدون فيها مستواهم العالي من النشاط ولسوء الحظ فان هناك ثمن يدفعه أصحاب هذا النمط لذلك .

واندهش فريدمان وروزنمان من وجود تطابق أو بعض العلاقة بين وجود هذه الصفات في شخصية النمط (أ) وبين الخطر المتزايد لمرض الشريان التاجي وبمراجعة السجلات الطبية لمرضهم ،اختبرا فيما إذا كان أصحاب هذا النمط يطورون مرض القلب التاجي (CHD) أم لا بمعدل يفوق أولئك الذين يكونوا أكثر هدوءا ويمتلكون شخصية أكثر استرخاء، ويسمى هذا المرض أيضا مرض الشريان التاجي ويتضمن تلف أو انغلاق في ألاوعيه الدموية التي تغذي عضلة القلب بالدم.

ووجد فريدمان وروزنمان أن أصحاب النمط (أ) قد تعرضوا في الحقيقة لمعدل أعلى من مرض القلب التاجي مقارنه بالمرضى الذين لا يعانون من نمط(أ) وقد ضبطت بحوثهم العوامل الأخرى المرتبطة بمرض القلب التاجي مثل الحمية ضعف التمارين ،التدخين وارتفاع ضغط الدم وقد أصبح عملهم معروفا ومرسوما بعبارة نمط السلوك(أ) وأصبح مرادفا للناس العدوانيين والتنافسيين والمحفزين بقوه وقد اكتشفت بحوثهم والدراسات الأخرى وجود علاقة قويه بين نمط السلوك (أ) والخطر المتزايد للإصابة بمرض القلب والموت المبكر .

شخصية النمط (ب)

استمر فريدمان وروزنمان في عملهم وحددا نمطا ثابتا من أنماط الشخصية وهو النمط (ب) وهو نمط معاكس أو مغاير للنمط (أ) ويمتاز أصحاب الشخصية ذات النمط (ب) بأنهم أكثر استرخاء وأكثر سهوله ولكنهم ليسوا تنافسيين كما لدى أصحاب الشخصية (أ) ولا يميلون إلى إلحاحية الوقت والغضب، وقد وجد فريدمان وروزنمان انه في الأفراد الذين يخلون من العوامل الخطرة الأخرى المسئولة عن مرض القلب التاجي (كالسكري، وارتفاع الضغط، وارتفاع نسبة الكولسترول) فان أصحاب الشخصية (ب) لديهم حماية ضد أمراض القلب.

ومن الصفات الأخرى التي يمتاز أصحاب الشخصية (ب) أنهم اقل قياما بالشجارات اليومية مقارنة بالصحاب الشخصية (أ) لأنهم لا يحبطون بسهوله. وتوضح الدراسات الحديثة عن نمط السلوك (أ) الضغط النفسي والنشاط الوعائي

القلبي وجود علاقات محدده بين هذه المتغيرات وفي حين أن الشخصية ذات النمط (أ) اعتقد إنها عامل مسبب في ارتفاع ضغط الدم فان الأدلة ألحديثه تقترح أن هذا الأمر ليس بالحالة وعلى الرغم من هذه ألنزعه لدى أصحاب النمط (أ) والتي تمتاز باستجابات مرتفعه تحت ظروف تجريبية فان هذا التغيرات لا تمثل مستويات اعلي من ضغط الدم تحت ظروف عاديه لذا فان هناك ارتباطا قويا بين الارتفاعات الدائمة في ضغط الدم والناس الذين يمكن أن تتميز شخصياتهم بالعدوانية والغضب وبسبب عدم الثبات في النتائج والمشكلات في البحوث المرتبطة بأصحاب النمط(أ) فان بعض الباحثين حاولوا عزل عوامل النط (أ) التي ترتبط بشكل دال بأمراض القلب الوعائية.

وقد أشارت الدراسات إلى أن هناك عاملان يتنبئان بكل متغيرات النمط(أ) وهما: الغضب، والعدوانية، فالغضب يوجه بشكل عام إلى أي شيء وأما العدوانية فتوجه بشكل خاص إلى الناس ويبدو الغضب أكثر كرد فعل لموقف أما العدوانية فهي سمه متأصلة ومن الصعب عزل وقياس كل سمه بشكل مستقل وتدعم الأدلة أن هناك علاقة بين الغضب والعدوانية ونتائج الصحة السلبية .وقد وجد أن هناك علاقة دالة بين درجة العدوانية وشدة المرض في دراسة وليامز وآخرون (Williams Etal) على المجموعة من الأفراد الذين يعانون من تصلب الشرايين وفي الأشخاص الأصحاء فان مستوى العدوانية ارتبط بشكل دال بالنوبة القلبية والموت الناجم عن المرض القلب التاجي بالإضافة إلى ذلك فان معدلات الموت من كل الأسباب ارتبطت بشكل دال بالمستويات العالية العدوانية.

إذا الشخصية ذات النمط ب يتصفون بما يلي:

- أكثر استرخاء
- ليسوا تنافسين
- لا يميلون إلى إلحاحية الوقت والغضب
- لديهم حماية ضد أمراض القلب
- اقل قياما بالشجارات اليومية لأنهم لا يحبطون بسهولة

الشخصية ذات النمط (ج) The Type c personality

وصف كل من توميشوك ودريهر Temoshok and Dreher في كتابهما السلوك ذا النمط (ج) والسرطان نمطا أخر للشخصية وهو النمط الميال للسرطان .وأصحاب هذا النمط من الشخصية يستجيبون للفشل المتكرر والضغط والاستسلام وتطوير شعور بالعجز واليأس من مشكلاتهم وأكثر من الاستجابة للقلق والانفعال الكبير فان أشخاص النمط (ج) يظهرون كبتا وغياب الانفعال وتستطيع أن تميز ألشخصيه ذات النمط (ج) كشخصية متناقضة تماما مع الشخصية ذات النمط (أ) وفي حين أن أصحاب النمط (أ) يمتازون بالغضب والعدوانية فان أصحاب النمط (ج) لا يظهرون هذه السمات ولا يكبتون انفعالاتهم فقط ولكن أيضا يستسلمون لمصيرهم وبينت الدراسات أن هناك علاقة بين هذا النمط والسرطان ويصف شميل وايكر (schmale and lker) اليأس على انه مؤشر على حدوث سرطان العنق . وفي دراستهم قابلا (68) أفراد يشتبه في انه لديهن خلايا سرطانية في عنقهن وأجريت هذه المقابلات مع هذه النساء قبل تشخيصهن بان لديهن يأس وتنبأ الباحثين بالنساء اللاتي يطورن المرض بناء على مستوياتهن العليا من العجز ومن بين (28) من اللاتي شخص بشكل نهائي على أنهن يعانيان من سرطان العنق فان (19) كان لديهن مستويات عاليه من اليأس وتم التبوء بأنهن طورن المرض .

ودرس سيلجمان (sligman) أيضا اليأس والعجز وجد أن هذه عبارة عن استجابات متعلقة للفشل وقد سمى سيلجمان هذا بالعجز المتعلم وبشكل عام فان هنالك ثلاث عناصر للشخصية العاجزة واليائسة وهي:

1) المكون المعرفي: فالناس الذين يعانون من العجز لا يؤمنون بأنهم يمكن أن يتخلصوا من مشكلاتهم وينجحوا عندما يفشلوا لمرة واحده .

2) المكون الانفعالي: فالفشل المتكرر وضعف الاعتقاد في قدرتهم للتخلص من مشكلاتهم يؤدي إلى اكتئاب مزمن .

3) المكون السلوكي: فالاكتئاب وضعف الإيمان في قدراتهم على التخلص من مشكلاتهم يخلق خمول قصور ذاتي وفشل في المحاولة للتغيير .

42

وأكثر من المواجهة ومحاولات للتخلص من مشكلات فان أصحاب هذه الشخصية يميلون إلى الاستسلام الذي يظهر في المال الضعيف للتخلص من المرض.

ويعارض أيزنك (Eysenck) استخدم كلمه سببي لوصف العلاقة بين صفات الشخصية وتطور السرطان ويعتقد أيزنك أن صفات الشخصية مثل ألشخصيه (ج) تتفاعل مع العوامل الخطرة الأخرى مثل التدخين والتعرض لمولدات السرطان الخارجية وهذه العلاقة تبدو صحيحة فيما يتعلق بالتطور والانتشار المستمر للسرطان وفي تمييزه ألشخصيه العاجزة واليائسة كشكل من العجز المتعلم فتح سيلجمان الباب لإمكانية ألقدره على التغيير وفي كتابه التفاؤل المتعلم يصف سيلجمان كيف يمكن أن يغير الناس من شخصياتهم العاجزة ليائسة وثبت أن الإرشاد المختلف والمساعدة النفسية ومعالجات التأمل وإحياء أملهم والشعور أكثر بالتفاؤل عن قدراتهم للتخلص من مشكلاتهم وأمراضهم ومثل هذه المعالجات ثبت إنها تحسن استجابة المناعة والتي تسهل عمليه المعالجة .

إذا الشخصية ذات النمط ج يمتازون ب:

- هم النمط الميال للسرطان بسبب تطويرهم لليأس.
- يستجيبون للفشل المتكرر والضغط والاستسلام وتطوير شعور بالعجز واليأس من مشكلاتهم.
- يظهرون كبتا وغيابا للانفعال.
- يمتازوا بأنهم شخصية متناقضة تماما مع الشخصية أ فهؤلاء لا يظهرون الغضب العدوانية بل يستسلمون لمصيرهم.
- يمتازوا بالاستسلام.

الشخصية المحتملة (القوية)The hardy personality

حددت كوباسا وآخرون (kobasa Etal) نمط شخصيه أخر وهو الشخصية المحتملة وكمثل الشخصيه (ب) فان الشخصية المحتملة أو القوية تواجه الضغط

والمرض بشكل أفضل، ودرس كوباسا (430) مشرفا ومشرفه ومديرا تنفيذيا في المؤسسة الينوى للهاتف، وقد تقدم جميع المفحوصين لبطارية اختبارات صممت لقياس ضغطهم ومستويات مرضهم وأعطى كل شخص درجة ضغط كلية ودرجة مرض كليه بناء على هذه الدرجات -مجموعه بمستوى ضغط / مرض عالي ومجموعه مرض منخفض /ضغط كمالي وتم استبعاد جميع مفحوصين الضغط المنخفض من الدراسة.

ولتقسيم صفات الشخصية لدى أفراد الضغط المرتفع طبقت كوباسا عدة اختبارات نفسية وعند تحليل النتائج وجدت كوباسا أن بعض المفحوصين امتلكوا سمات شخصية معينة حمتهم من مخاطر وأضرار الضغط النفسي، وقد سمت هؤلاء الأفراد بالمحتملين أو الأقوياء وهؤلاء الأفراد المحتملون يعملون أكثر من العيش في الضغوط اليومية للحياة فهم ينجحون ويتقدمون حتى الضغط ويمتاز أصحاب الشخصية المحتملة بالخصائص الآتية: ضغط دم منخفض، يعانون من المرض في أوقات نادرة انخفاض في الجلسيريدات الثلاثية، شخصياتهم سعيدة ويعانون من انخفاض في الكرب النفسي، الالتزام، والضغط والتغيير.

ويشير الالتزام إلى الشعور بالهدف والمعنى في الحياة والعلاقات.وتصف كوباسا هذا بقولها يكون الفرد ملتزم بذاته أكثر من الابتعاد أو الاغتراب عنها. فالأفراد الملتزمون هم أكثر انخراطا بشكل فعال في الحياة وتميز كوباسا هذا البعد بالحيوية مقابل الخمول.

إن ما يرتبط بالالتزام بشكل تام هو الضغط، وهو الشعور بتحمل المسؤولية في الحياة والناس الذين يملكون ضغطا يشعرون بأنهم فاعلون ولا تفرض عليهم الأشياء، وهذا ما يسمى بمركز الضغط الداخلي الذي درس لعدة سنوات ووجد روتر (Rotter) الرائد في هذا المجال أن الناس الذين يمتلكون مركز ضبط داخلي يشعرون بالمسؤولية في حياتهم وهؤلاء الناس يؤمنون يتخذوا خطوات لضمان تكيفهم.

وحتى في المواقف التي يكون فيها اتخاذ القرارات فوق مستواهم فان الأفراد الذين يملكون درجات ضبط عالية يعتقدون أن لديهم الكلمة النهائية عن

الأحداث التي تؤثر في حياتهم، والأفراد الذين يشعرون بأن لديهم ضبط في حياتهم يملكون القدرة بشكل أفضل لمواجهة ضغوط عالم العمل، أما الصفة الثالثة للشخصية المحتملة والمرتبطة بالاحتمال والقوه فهو التحدي والذي يرتبط بالكيفية التي يدرك فيها الناس التغيير، فالأفراد المحتملون (الأقوياء) يرحبون بالتغيير وينظرون إليه كجزء طبيعي في الحياة، فهم يفهمون أنه لا يوجد أحد يتخلى عن التغيير وبدلا من ذلك فإنهم ينظرون إلى التغيير على انه ثابت في الحياة، والناس المحتملون (الجر يئون) هم مرنون ويستطيعون التكيف مع تغيرات الحياة. وطور مادي (maddi) نموذجا في الاحتمال يقوم على بحوثه الأولية مع كوباسا واستخدمه في برامج التدرب على الاحتمال. وفي نموذج مادي فإن الانهيار في التكيف (العقلي، السلوكي، أو الجسمي) يعزى إلى التأثيرات المتراكمة للشد الزائد (الاستجابة المستمرة للضغط النفسي) الناتج عن استمرار الظروف الضاغطة ويمكن أن تجعلنا التأثيرات المتأصلة أكثر حساسية للشد (strain). فالتعامل الجريء وممارسات الصحة القوية يمكن أن تعيق التقدم في الظروف الضاغطة إلى انهيار التكيف. وفي هذا النموذج فان مادي يميز الاحتمال (القوه) كتعامل قوي فالتعامل القوي يتكون من الاعتقادات القوية والدعم الاجتماعي القوي وفي هذا النموذج فان الاعتقادات القوية هي ثلاثة: (الالتزام commitment ، التحدي challenge، والضبط (control أما الدعم الاجتماعي فهو التشجيع والمصادر المساعدة التي يقدمها الآخرون لك لمساعدتك على التعامل وتعد ممارسات الصحة القوية سلوكيات صحية كالتمارين الرياضية والاسترخاء والتغذية الجيدة . وبنى لازاروس وفو لكمان Lazarus And folk man نموذجا بناء على النموذج كوباسا وبخاصة ما يتعلق بمفهوم التحدي حيث بينا دوره في الشخصية واستجابة الضغط النفسي .

إذا الشخصية المحتملة القوية يتصف أصحابها بما يلي:

> تواجه الضغط والمرض بشكل أفضل مثل شخصية ب

> ولديهم ضغط دم منخفض ويعانوا من المرض في أوقات نادرة.

> شخصياتهم سعيدة.

> يعانوا من انخفاض في الكرب النفسي.

> لديهم التزام: بمعنى التزام في الشعور بالهدف والمعنى في الحياة والعلاقات، والالتزام بشكل فعال في الحياة والحيوية وتحمل المسؤولية في الحياة.

> لديهم تغيير وتحدي: يعني الترحيب بالتغيير والنظر إليه كجزء طبيعي في الحياة ولديهم مرونة وتكيف مع تغيرات الحياة.

> بمعنى لديهم: التزام- سيطرة- تغيير.

الشخصية اللاعقلانية واللامنطقية

Irrational Illogical personality

ناقش ألبرت أليس (albert Ellis) مؤسس العلاج السلوكي الانفعالي العقلاني مجموعه صفات ألشخصيه التي سماها بالاعتقادات اللاعقلانية التي تقف وراء نظريته عن الضغط النفسي والسلوك العصابي ويعتقد أليس أن الناس والأشياء لا تجعلنا نشعر بشكل شيء ونسلك بشكل عصابي وبدلا من ذلك فان أفكارنا السلبية واعتقادنا غير المنطقية عن هؤلاء الناس والأشياء هي الأساس لضغطنا وعصاباتنا وتقوم نظرية العلاج الانفعالي العقلاني على النموذج (ABC) لاليس . وفي هذا النموذج فان وجود حدث منشط (A) يثير سلسله من الاعتقادات غير المنطقية وهذه الاعتقادات (B) تسبب عدة نتائج سلبيه (عقليه ، انفعاليه ،جسميه سلوكيات واجتماعية) c- وهي في الأساس عبارة عن B+A. وحدد أليس من خلال بحثه العيادي مع المرضى مجموعة من الاعتقادات غير العقلانية الشائعة عن الحياة ومثل هذه الاعتقادات تشكل الأساس لنظام الاعتقادات غير عقلانيه التي تعطي نظره مشوهة عن تقييم المواقف الضاغطة بشكل متوقع وقسم والين وآخرون (walen El) الاعتقادات غير العقلانية التي اشر إليها أليس إلى أربع مجموعات هي على النحو الآتي:

1) العبارات المهولة: awfulizing statements وهي المبالغة في التأثيرات السلبية للموقف وهذه المجموعات يشار إليها بالمهولين (awfulizers)المفجعين catastrophizers)).

2) ينبغي /يجب / يلتزم فرض المطالب غير العقلانية على الذات والآخرون ويشار إلى الناس الذين ينظرون إلى العالم بهذه الطريقة بالملزمين أي أن كل شيء يجب أن يكون بهذه الطريقة.

3) التقييم للعبارات والتقدير: وتتضمن أن بعض الناس أو الأشياء ليس لها قيمه أو الانجاز في الوقت الضائع .ويشار إلى الناس في هذه المجموعة بالمقيمين حيث يشرون إلى الناس أو المواقف بأنها لا تستحق القيمة أو أنا مضيقه للوقت.

4) عبارات الحاجة -تحديد متطلبات غير واقعيه غير قابلة للتحقق لغاية السعادة.

فالناس الذين ينظرون إلى العالم بهذه الطريقة هم الناس المحتاجون، فهم يجدون بشكل ثابت عيبا بأي شيء ولا يشعرون بالسعادة .فليس ثمة شيء جيد بالنسبة لهم ويؤكد أليس إن الناس الذين يمتلكون الأفكار اللاعقلانية وغير منطقيه السابقة هم أكثر عرضة للضغط النفسي والعصاب من الآخرين بسبب تشويههم أو نظرتهم المشوهة للعالم التي تخلق المزيد من المواقف الضاغطة . فالمثيرات والمواقف البسيطة نسبيا تتطور إلى مثيرات ضاغطة بالنسبة إلى الناس الذين يملكون نطاقا غير منطقي. وهؤلاء الناس غير قادرين على رؤية الجانب المشرق أو رؤية الموقف بطريقة أكثر عقلانية، وفي محاولة لفهم نظرية أليس للاعتقادات غير العقلانية فمن المهم إدراك أن كل منا يمتلك بعض هذه الآراء في وقت أو في آخر، ولكن الناس الذين يمتلكون عددا من هذه الاعتقادات ينظرون إلى العالم بشكل منتظم إلى العالم بهذه الطريقة غير العقلانية مما يجعلهم أكثر ميلا للضغط النفسي .

دور حديث الذات السلبي في نظرية العلاج الانفعالي العقلاني.

إن المظهر الأساسي في مفهوم أليس هو دور حديث الذات السلبي فقد لاحظ أليس أن عملاءه ينهمكون في أنماط كلام صوتية تعزز أية اعتقادات غير عقلانية حيث كرر عملاءه رسائل سلبية عن الحدث الضاغط لنفسهم، بالإضافة إلى ذلك فهم يوجهون العديد من أنماط الكلام السلبية داخليا مما يجعل أنفسهم هدف الحديث السلبي للذات .

لأن حديث الذات السلبي إذا استمر وراء الموقف الضاغط يحول الأفكار عن المثير الضاغط الأولي إلى المثير الضاغط الثانوي، فحديث الذات السلبي هو مصدر الضغط الثانوي عندما يستمر الشخص في تكرار هذه الرسائل الذاتية السلبية بعد أن يكون الحدث المنشط قد انقضى، وفي المعنى فان حديث الذات السلبي المستمر يقوض تقدير الذات ويمكن أن يصبح بمثابة النبوءة المحققة لذاتها .

الشخصية القلقة -الانفعالية The anxious reactive personality

تمتاز الشخصية القلقة -الانفعالية التي اقترحها غير دانو وآخرون (Girdano Etal) بنفس الميزات التي تمتاز بها الشخصية غير العقلانية التي وصفها أليـــس، وتخلق الشخصية القلقة الانفعالية ردة فعل قلق ذاتيه مستمـرة تحـافظ على الاستجابة للضغط النفسي، حتى بعد أن يختفي المثير الضاغـط وأصحـاب هذه الشخصية يماثلون مفجعي أليس (catastrophizers) ومهولي والين (walen s awfulizers) فهم أكثر حساسية للمثيرات الضاغطة ويبدءون بالضغط، بتوقع أن الأسوأ سيحدث، وكمثل الاعتقادات غير العقلانية عند أليس فان الأفكار غير العقلانية المفجعة عن المثير الضاغط المنشط يمكن أن لا تثير فقط استجابة الضغط النفسي ولكنها يمكن أن تعمل أيضا كأحداث منشطة دون وجود المثيرات الضاغطة -الأصلية وهذه هي حلقة في التغذية الراجعة للقلق التي يحافظ فيها القلق المعرفي على الاستجابة الضغط النفسي .

الإدراك والضغط النفسي Perception and stress

ناقش أليس، كوباسا، فريدمان، وروزنمان وآخرون ما تم إثباته من أن أنماط الشخصية وأنماط سلوك الشخصية ترتبط بمستويات الضغط والمرض المتزايدة وعلى الرغم من انه لا يوجد احد قد تأكد بالضبط من أن الشخصية تتطور ومن المدى الذي فيه العوامل البيولوجية والنفسية في شخصيتنا فإنه من المؤكد القول بأن إدراكنا للعالم من حولنا يرتبط بشخصياتنا .

وباستثناء المثيرات البيئية غير السارة، فان معظم المثيرات الضاغطة تمثل الناس أو المواقف التي تعلمنا أن تعدها ضاغطة فالناس والأشياء التي تمثل مثيراتنا الضاغطة تم تعلمها طوال الحياة، وهي فريدة جدا فما ندركه على انه ضاغط قد يدركه شخص آخر على انه ليس كذلك.

أسباب أخرى للضغوط النفسية:

1- المهنة: فساعات العمل الطويلة والمسؤوليات الصعبة والعمل الذي يتطلب انتباها شديدا ويعرض العامل للخطر كعمل المراقبين الجويين أو الممثلين الذين لا يعرفون ما هي النتائج التي سيعطيها النقاد لهم.

2- التوتر المرتبط بالدور: مثل ربة أسرة وأم لأربعة أطفال وعاملة وقد ترعى والديها وطالما الناس قادرون على إدارة الموقف والسيطرة فهم بذلك يستطيعون التخفيف من الضغوطات وإبقائها في حدودها.

3- العلاقات بين الأشخاص: عند وجود علاقات تتصف بالصراع والتضارب وخاصة مع الزوج.

4- الانتقال والتغيير: التغيير وهو نوع من الضغط لبعض الناس وتتطلب معظم التغييرات تكيفا مع الموقف الجديد مثل الأبوة أول مرة /تغيير العمل /التقاعد /وحتى الأحداث السارة يمكن أن تسبب الضغط والأزمات القلبية.

5- أزمات الحياة: والأزمات تمثل فترة من عدم الثبات والاستقرار وتتطلب التكيف معها واتخاذ القرارات مثال الطلاق العنف الأسرى وفي بعض

الأحيان تتطور الأزمة من سلسلة من الأحداث الأصغر الداخلية والخارجية التي لم يعد بالإمكان التعامل معها وتحملها مثل حمل غير مخطط له والتعرف على الجيران المزعجين وكسر يد ابنهم الصغير

6- إجهاد الحروب: تجربة الجنود وهم معرضون للموت أو الجرح يوميا والخوف من الوقوع في الأسر ومشاهدتهم لآخرين وهم يصابون كل ذلك يسبب لهم بالتوتر واليقظة الدائمة والكوابيس ويبقى ذلك معهم لسنوات طويلة.

ويحدد فونتانا (Fontana,1989) أسباب الضغط النفسي في مجال المهنة والتي ترتبط بشكل مباشر في الوظيفة أو العمل وقد أوردها الفرماوي(1993) على النحو التالي:

1- غموض الدور Unclear role specification إذ أن الدور غير الواضح أو الغامض يتسبب في عدم القدرة على تحديد أولويات العمل والوقت الكافي للإنجاز.

2- صراع الدور Role Conflict إذ أن تعارض الواجبات في العمل يؤدي إلى الصراع، فالمعلم الذي يساعد ويرشد الطلبة يتعارض دوره كمسئول عن الضبط والنظام أو جانب إداري في المدرسة. وهذا يصور تناقض في الدور مما يؤدي إلى شعور بالصراع الداخلي ونقد الذات.

3- التوقعات غير الواقعية من الذات Perfectionism إذ أن التوقعات غير الواقعية أحد الأسباب الهامة المؤدية إلى الشعور بالضغط والتوقعات غير الواقعية ترتبط بالدور غير الواضح وصراع الدور مما يؤدي إلى فقد الواقعية الذي ينتج عنه الفشل في التعرف على حدود العمل أو إمكاناته.

4- ضعف القدرة على التأثير في وضع القرارات Powerlessness مما ينتج عنه مستويات عالية من الإحباط المؤدية إلى الضغوط.

5- فقد تأييد الزملاء Isolation From Colleagues Support إذ أن افتقاد المعلم لدعم زملاء المهنة ينتج عنه عدم الطمأنينة أو عدم الاستقرار وعزلة تؤدي إلى الضغط.

50

6- عبء العمل وضغوط الوقت Over Work & Time Pressures إذ أن العمل الزائد والإحساس بضغط الوقت يقع وقع تهديد وضغط للمعلم مما يشكل حالة من الإرباك في العمل.

7- الرتابة والشعور بالملل Lakes Of Variety إذ أن الواجبات والمهام المرتبطة بالرتابة والملل وسيرها على نفس النسق تؤدي إلى الضغط في العمل.

8- سوء الاتصال والتواصل Poor Communication إذ أن ضعف الاتصال والتواصل بين العاملين عامل هام ومسبب للضغط، ويخلق جو من عدم الوضوح في القول أو الهدف.

9- القيادة (الإدارة) غير المناسبة Inadequate Leadership إذ أن القيادة غير المناسبة ولا تلبي احتياجات العاملين تخلق صراع بين الزملاء وتسبب مزيد من الضغوط.

10- صعوبة إنجاز العمل Inability Of Finish a Job إذ أن ضغوط الوقت وسوء التنظيم ومجال العمل تسبب الضغط.

11- مهام العمل Task-Related Work إذ أن المهام اليومية التي تواجه العاملين وصعوبتها قد تسبب ضغط للعاملين.

12- صعوبة التعامل مع الجمهور Difficult Clients إذ أن التعامل المباشر مع الجمهور يؤدي إلى حدوث احتكاك إن صراع مما يؤدي إلى ضرر غير متوقع يؤدي إلى الضغط.

13- قلة فرص التدريب Insufficient Training إذ أن تعقد مهام المهنة يحتاج إلى مهارات جديدة، مما يشعر العاملين بالنقص والحاجة إلى التدريب، ويسبب الضغوط في مجال العمل.

14- التوحد الانفعالي مع العملاء Emotional Involve Emanate With Client إذ أن الفرد يحتاج دائماً إلى مشاعر الحب والمودة أو التعاطف، فالأفراد الجيدون هم الذين يستطيعون عزل مشاعرهم الشخصية أو الذاتية

حتى لا تتدخل في أمور العمل، أي تحديد المشاعر، ومتى تظهر ؟ وهذا بحد ذاته عامل مسبب للضغط النفسي.

15- مسؤوليات ترتبط بطبيعة العمل Responsibilities Of The Job إذ أن زيادة المسؤوليات المرتبطة بالعمل تؤدي إلى مزيد من الضغوط المهنية.

آثار ومظاهر الضغوط النفسية

عادة ما تترك الضغوط النفسية آثارا سلبية ومدمرة أحيانا ومهددة لحياة الأفراد وسعادتهم، وترتبط الضغوط النفسية بالخبرات الحياتية المختلفة وطبيعة عمل الأفراد، وتلعب دورا هاما وكبيرا في حدوث ظاهرة الاحتراق النفسي (Burnout) والتي تعتبر اخطر الآثار الناجمة عن الضغوط النفسية، وتصنف آثار الضغوط النفسية إلى ما يلي:

أولا: الآثار الجسمية (Physiological Effect) وتشمل فقدان الشهية وارتفاع ضغط الدم وتقرحات الجهاز الهضمي واضطرابات الهضم والإنهاك الجسمي والربو والصداع والحساسية الجلدية.

ثانيا: الآثار النفسية (Physiological Effect) وتشمل التعب والإرهاق والملل وانخفاض الميل للعمل والاكتئاب والأرق والقلق وانخفاض تقدير الذات.(Taylor,1986)

ثالثا: الآثار الاجتماعية (Social Effect) وتشمل إنهاء العلاقات والعزلة والانسحاب وانعدام القدرة على قبول وتحمل المسؤولية والفشل في أداء الواجبات اليومية المعتادة.

رابعا: الآثار السلوكية (Behavior Effect) ((الحركية)) وتشمل ما أشار أليه لازاروس (Lazarus,1966) كالارتجاف وزيادة التقلصات العضلية واللعثمة في الكلام وتغيرات في تعبيرات الوجه والأقدام والأحجام، وكذلك اضطراب عادات النوم ونقص الميول والحماس والشك في الزملاء كما أشار إليها الفرماوي(1991). وتشير (صفاء الأعسر، 1961) إلى أن مارينا (Marina) أوردت مجموعة من الآثار الناجمة عن الضغوط النفسية

وتتمثل في حالات الغضب وعدم القدرة على التركيز وارتفاع ضغط الدم والنظرة السوداوية للحياة.

خامساً: الآثار المعرفية (Cognitive Effect) وتشمل اضطراب وتدهور في الانتباه والتركيز والذاكرة وصعوبة في التنبؤ وزيادة الأخطاء وسوء التنظيم والتخطيط.

ويرى أندرسون (Anderson,1978) أن الشد الفسيولوجي والكرب العاطفي وسيطرة انفعالات كالقلق والخوف والهلع والغضب والكراهية والرفض والاكتئاب والضجر وعدم الكفاءة والشعور بالذنب والوسواس والأفعال القهرية والاستجابات الهستيرية من الآثار المترتبة على الضغوط النفسية.

ومن الآثار المترتبة على الضغوط النفسية أمراض القلب واضطرابات المعدة وهذا ما أكده كل من كوبر و مارشال (Coopr & Marshal,1983) وماسلاش (Maslash,l1981) ويسكوبف (Weiskopf,1980) وجميعهم أشاروا إلى أن الضغوط تؤدي إلى التلف الجسمي.

ويشير (طلعت منصور وفيولا الببلاوي،1981) إلى أن الآثار السلبية للضغط النفسي تتمثل في حالة الاحتراق النفسي والتوتر الشديد والشعور بالضيق والمشاعر غير السارة واللامبالاة وعدم الاكتراث وقلة الدافعية للإنجاز في العمل، ويؤدي التعرض المستمر والمتكرر للضغوط إلى آثار سلبية تجعل الفرد عاجز عن اتخاذ القرارات والتفاعل مع الآخرين وظهور اضطرابات سيكوسوماتية واختلال وظيفي "Des functioning" مما يؤدي إلى اعتلال الصحة النفسية، وهذا يؤدي آبى الإنهاك والاحتراق النفسي (Burnout) والذي يتمثل في حالات التشاؤم واللامبالاة وقلة الدافعية وفقدان القدرة على الابتكار والقيام بالواجبات بصورة آلية تفتقر إلى الاندماج الوجداني.

ويؤكد كيسر وبولزنسكي (Koiser، Polezynsky، 1982) إلى أن السلوك ألانسحابي والعدوانية وانخفاض الابتكارية لدى المعلم وقدرته على إدارة الفصل، وانخفاض قدرته على استخدام الفنيات التربوية في التدريس وضعف مستوى

الأداء، جميعها آثار ناتجة عن التعرض للضغوط النفسية. ويؤكد هاريس (Harris، et، al، 1985) على أن الضغوط تؤثر على طلاب الصف فتؤدي إلى اضطراب الطلبة وتكوين اتجاهات سالبة اتجاه المدرسة واختلال نظام الطلاب وعدم الراحة والتعب المستمر.

وكذلك تؤدي الضغوط إلى عدم اهتمام المعلم بالعمل وانخفاض قدرته على مواجهة التحديات (Prick,1988) والشعور بالإحباط والإنهاك النفسي (Maslash، 1980).

ومن الآثار المترتبة على الضغوط النفسية أعراض الاكتئاب والشعور بالتهديد وفقدان الأمن والغضب الزائد والانسحاب من المواقف وفقدان الشهية والحساسية والقلق والاهتمام بالنفس والإنهاك الجسمي وارتفاع ضغط الدم.

وتشير الدراسات إلى ما يلي:

> يوجد ضغط ايجابي ويحتاجه كل فرد لتحقيق قدر كبير من النجاح في حياته ويعتبر حافزا لمواجهة التحديات اليومية، ويقود الفرد إلى العمل وتحسين أدائه وتقديم أفضل ما لديه وكمثال على ذلك يعزو المؤلف نجاح كل الرياضيين في المسابقات الرياضية إلى الضغوط التي سماها ايجابية.

> إن أسوأ الضغوط التي يتعرض لها الإنسان وأكثرها ارتباطا بالتوتر والاضطراب النفسي هي تلك التي تحدث للفرد المنعزل الفاقد للمساندة الوجدانية وللصلات والدعم الاجتماعي والمؤازرة.

> هناك علاقة وطيدة بين الضغط وجهاز الكمبيوتر حيث تشير الدراسات إلى أن العاملين في مجال الكمبيوتر يتعرضون إلى إجهاد بصري يمثل نصف مجموع الحالات المرضية بينهم.

وجميع الدراسات والبحوث تكاد تجزم على أن للضغوط آثار نفسية تتمثل في الآتي:

< اضطراب إدراك الفرد.

< عدم وضوح إدراك الفرد.

< عدم وضوح مفهوم الذات.

< ضعف الذاكرة والتشتت.

< المتعرض للضغوط يصبح أكثر قابلية للمرض النفسي والعقلي والجسمي، المرض، الخوف، الحزن، الاكتئاب، الشعور

بالخجل والغيرة، اضطراب النمو، عجم الثقة في النفس، الخ..

< يغمس المتعرض للضغوط في سلوكيات عدوانية تخريبية.

< تأثيرها على القرارات: تفقد الأفراد قدرتهم على اتخاذ وصنع قراراتهم.

< تأثيرها على الانفعالات والعواطف: ينغمس المتعرض للضغوط في سلوكيات عدوانية تخريبية.

< تأثيرها على القرارات: تفقد الأفراد قدرتهم على اتخاذ وصنع قراراتهم.

< تأثيرها على العائلات:التفكك الأسري، ارتفاع معدلات الطلاق عدم تحقيق توازن بين متطلبات الأسرة والعمل والأصدقاء.

التكيف مع الضغوط النفسية

يختلف الأشخاص في قدرتهم على الكيف مع الضغط، طبقاً لسماتهم الشخصية ولموقف الضغط، والظروف المرتبطة به.

أولاً: سمات الشخصية والتكيف

1. السن: يكون الأطفال وكبار السن ـ عادة ـ أقل قدرة في التكيف مع الضغوط. ويُعزى ذلك لدى الأطفال، إلى نقص

الخبرة، وضعف التّحمل وعدم النضج الانفعالي؛ أما كبار السن، فلأن الأمل في البدء من جديد أمر صعب عليهم، فهم دائماً

ينشدون الاستقرار ويتجنبون المغامرة، التي قد تلقي عليهم بضغوط يصعب التكيف معها.

2. النوع: لا يُعد النوع عاملاً مهماً في مواجهة الضغوط والتكيف معها، فهناك ضغوط تحتملها المرأة أكثر من الرجل، مثل قدرتها على العيش منفردة بعد فقد شريك العمر؛ بينما يصعب ذلك للرجال، وإن كان هناك بعض البيئات الاجتماعية، التي تركز على تنمية "الاعتمادية" لدى المرأة، بما يجعلها أضعف في مواجهة الضغوط والتكيف معها.

3. النضج: وهو قدرة الشّخص على إعمال عقله بدرجة فعالة، والسيطرة على انفعاله، مع تحمله المسؤولية، والتصرف بواقعية تجاهها بما يجعله إيجابياً في موقعه. ولا شك أن الشخص الناضج بهذا المعنى، أقدر على التكيف مع الضغوط من غيره.

4. الثقة بالنفس: ينجح الشخص الواثق من نفسه بدرجة مناسبة، في تكيفه مع الضغوط، بينما الذي تزيد ثقته بنفسه بصورة مرضية، كمريض الهوس (Mania)، أو جنون العظمة، وهو ما يُطلق عليه علمياً "الاضطراب الضلالي" (Delusional Disorder)، فلا يستطيع التكيف، ويسيء التصرف في مواجهة الضغوط. وتُبنى الثقة بالنفس لدى الأسوياء ـ عادة ـ على رصيد الخبرة لديهم، وقوة الإرادة، وغياب الصّراعات الداخلية، خاصة العدوان الداخلي ضد النفس، الذي يضعف ثقة الشخص بنفسه، ويجعله يهزم في مواجهة الأحداث.

ثانيا: العوامل المرتبطة بالضغط، وتأثيرها في التكيف:

وتشمل هذه العوامل طبيعة الضغط وحدّته، وهل سبق للشخص أن تكيف مع مثل هذا الضغط أم لا؟ لأن الضغط، الذي سبق التكيف معه، يسهل إعادة التكيف معه في وقت قصير، كما أن توقع الضغط يخفف من وطأته، مما يسهّل التكيف معه، وكذلك المدة التي يستغرقها الضغط، وهل هو ضغط قصير المدى أم طويلة؟ وكل هذه العوامل تؤثر في التكيف مع الضغط.

ثالثاً: العوامل المرتبطة بالبيئة

مثل المساندة الاجتماعية، التي يلقاها الشخص المعرض للضغط، وما يقدمه المحيطون به لتخفيف أثار الضغط عليه.

الفصل الثاني

الإطار العلمي

(نماذج ونظريات في الضغط النفسي)

نظريات الضغط النفسي Theories Of Stress

اهتمت جميع النظريات في علم النفس بالإشارة إلى طبيعة الضغط النفسي وتفسير الانفعالات ذات العلاقة والارتباط معه، و أكدت هذه النظريات على اثر الضغط النفسي في الجوانب الوظيفية السيكولوجية والمعرفية والانفعالية والسلوكية، ورغم الاختلاف ما بين اتجاهات كل نظرية من النظريات، إلا أن هناك اتفاق عام ما بينهما على اثر الضغط النفسي على صحة الفرد وتوازنه وتكيفه.

ويعتبر اتجاه المدرسة المعرفية أحد الاتجاهات الرئيسية في تفسير الضغط النفسي، إذ تتميز النظرية المعرفية (Cognitive Theory) على أهمية التفكير في التعامل مع الضغط النفسي، وتستند المدرسة المعرفية في تفسير الاستجابة للضغط النفسي، إلى الفكرة التي تنادي بأن المعنى الخاص لموقف ما هو الذي يحدد الاستجابة الانفعالية تجاهه، فطبيعة الاستجابة الانفعالية تتوقف على مدى إدراك الذات.

وحيث أن الانفعالات عبارة عن نواتج لمفاهيم وأفكار حول الذات ومحيطها، فان هناك إمكانية لضبط هذه العوامل التي تحدث اضطراب انفعالي. ويشير نموذج جلاس وسنجر (Class & Singer,1981) أن أي موقف مثير للضغط النفسي يتطلب من الفرد إدراك الأحداث المثيرة ومستوى شدتها واستمرارها.

أما نظرية العوامل الاجتماعية (Social Factors Of Stress) في تفسيرها للضغط النفسي فترى أن علاقة الفرد في بيئته الاجتماعية قد تشعره بالاغتراب، وهذا يؤدي بدوره إلى شعور بالخسارة والعزلة وعدم الوضوح واللامعنى مما يشكل ضغط نفسي عليه، وبذلك فان البيئة الاجتماعية تؤثر مباشرة في الخبرة الشخصية وينتج عن هذا التفاعل ما بين الفرد والبيئة مشكلات تكون سببا في حدوث الضغط النفسي.

أما نظريات الوظائف الانفعالية (Theories Of Emotional Functioning) فالضغط النفسي يفسر في اغلبها على الاستجابة الانفعالية، فالإحباط الناتج عن تعرض الفرد للضغط النفسي، يؤدي إلى حدوث مشكلات انفعالية كالغضب والعدوان والانزعاج، ويؤكد العالمان دولارد وميلر (Dollard & Miller، 1950) أن الفرد الذي يواجه الضغط النفسي لا يساعد الآخرين ولا يشارك بشكل إيجابي في الأمور الاجتماعية مما يؤكد أهمية الانفعالات في حياة الفرد.

الضغوط لسيلي ('Stress Theory Selye)

قدم هذه النظرية عالم الفسيولوجيا هانز سيلي (Hanz Selye,1956) وتم إعادة صياغتها مرة أخرى عام 1976، ويعتبر الأب الحقيقي لنظرية الضغط النفسي الحديثة ويؤمن بأن درجة معتدلة أو متوسطة من الضغط النفسي تؤدي إلى اضطراب التوازن الجسمي.

وقد أطلق سيلي (Selye,1976) على هذه النظرية بعد صياغتها متلازمة التكيف العام General Adaptation Syndrome "GAS" إذ يؤكد أن التعرض المستمر أو المتكرر للضغوط يؤدي إلى تأثيرات سالبة على حياة الفرد، مما يفرض متطلبات فسيولوجية أو اجتماعية أو انفعالية أو نفسية أو الجمع بينهما، وهذا يؤدي بالفرد إلى حشد كل طاقاته لمواجهة تلك الضغوط، وهنا يدفع ثمنها في شكل أعراض فسيولوجية.

وزملة التكيف العام هي: سلسلة من الاستجابات الجسمية لمهاجمة المرض، ويطلق عليها عامة، لأن الاستجابات الفسيولوجية الثلاثة التالية والتي تحدث في العديد من المواقف الضاغطة وهي:

1- تضخم أو اتساع الغدة الادرينالية.

2- انكماش الغدة الصعترية(غدة صغيرة صماء قرب قاعدة العنق) والجهاز اللمفاوي المسئول عن مقاومة الأمراض.

3- القرح الهضمية.

وقد وصف سيلي (Selye,1976) نظريته في ثلاثة مراحل وهي:

أولا: مرحلة رد الفعل التحذيرية (التنبيه للأخطار). (The Alarm Reaction) وتمثل هذه المرحلة خط الدفاع الأول لضبط الضغط النفسي، فعندما يتعرض الفرد للخطر أو التهديد الجسمي مثل المرض والجروح وفقدان القدرة على النوم، أو أي تهديد نفسي مثل إنهاء علاقة حميمة، والغضب من سلوك غير مرغوب فيه، فان ردة فعل الجسم تكون واحدة حيث تبدأ من الإشارات العصبية والهرمونية في الجسم لتعبئة الطاقة اللازمة للطوارئ فتزداد دقات القلب ويرتفع ضغط الدم، وتتوتر العضلات ويزداد إفراز العرق ويزداد إفراز الأدرينالين لذا سيحاول الفرد مواجهة مصدر الضغط النفسي. . ومن ناحية فسيولوجية يقوم الجهاز العصبي السمبثاوي والغدد الأدرينالينية بتعبئة أجهزة الدفاع في الجسم، إذ يزداد إنتاج الطاقة إلى أقصاه لمواجهة الحالة الطارئة ومقاومة الضغوط ، وعندما يتخلص الفرد من التهديد، فان الجسم يعود إلى مستوى منخفض من الإثارة وهذه الحالة هي ما يمكن تسميتها بحالة التوازن الداخلي، ويعتقد سيلي (Selye,1976) أن الموت قد يحدث أثناء هذه المرحلة فيما إذا كان الضغط النفسي شديد جدا.

ثانيا: مرحلة المقاومة (The Stage Of Resistance) هنا مرحلة مواجهة مصدر الضغط النفسي من قبل الفرد، فيهيئ الفرد نفسه للمواجهة، ولكن انشغال الفرد مع مصدر الضغط النفسي فسيولوجيا ونفسيا يجعله أكثر حساسية لمصادر الضغط الأخرى، مما يعرضه لتطوير اضطرابات نفسية وجسمية مثل التقرحات في جهاز الهضم وضغط الدم والربو القصبي...الخ وتنشأ هذه الاضطرابات نتيجة المحاولات للتعامل مع مصادر الضغط النفسي. وفي حال أن المحاولات لتحقيق المطالب التي يتضمنها مصدر الضغط النفسي غير فعالة وغير كافية، فان حالة الإثارة المستمرة تبدو غير منتظمة في هذه المرحلة، مما يؤثر سلبا على القدرة على التركيز واتخاذ قرارات منطقية، وتزداد المقاومة في هذه المرحلة.

ثالثا: مرحلة الإنهاك "The Stage Of Exhaustion" تنخفض قدرة الفرد على التعامل مع الضغوط النفسية فيصبح مصدر الضغط مسيطرا، مما يجعل الفرد غير قادر على حماية وجوده تحت المستويات العالية والمستمرة من الضغط النفسي، وتضعف المقاومة، لا يمكن لجسم الإنسان الاستمرار بالمقاومة إلى ما لا نهاية، إذ تبدأ علامات الإعياء بالظهور تدريجياً وبعد أن يقل إنتاج الطاقة في الجهاز العصبي السمبثاوي يتولى الجهاز العصبي الباراسمبثاوي الأمور فتتباطأ أنشطة الجسم وقد تتوقف تماماً. وإذا ما استمرت الضغوط يصبح من الصعوبة التكيف لها لتؤدي إلى اضطرابات نفسية مثل الاكتئاب أو أمراض جسمية تصل حد الموت.وإذا لم يعود الجسم لفترة النقاهة أثناء هذه المرحلة قد يؤدي ذلك للموت.

وقد تتكرر المراحل الثلاثة للضغط عند سيلي مرات عديدة في اليوم الواحد، كلما واجه الفرد موقفا ضاغطا. وكل مرحلة من هذه المراحل تقابل مرحلة نمائية من مراحل الحياة، فمرحلة الإنذار بالخطر تقابل مرحلة الطفولة التي تتميز بالمرونة والتعلم، أما مرحلة المقاومة فهي تقابل مرحلة الرشد التي تتميز بالثبات ومقاومة التغير، ومرحلة الإنهاك تقابل مرحلة الشيخوخة التي تتميز باللعب والإنهاك في النهاية.

من الواضح أن هذه النظرية تفسر بشكل واضح الأثر الناتج عن الضغوط النفسية التي يتعرض لها الأفراد ودرجة مقاومة المواقف المسببة للضغط، وهذا يعطي انطباع واضح بأهمية النظرية في تفسير الضغوط النفسية.

العجز المتعلم "Learned Helplessness Theory"

طور هذه النظرية العالم سيلجمان (Seligman,1979)، وقد أكد على أن تعرض الفرد لحالة العجز تجعل سلوكه غير تكيفي، إذ أن عزوف الفرد عن القيام بأية محاولة أو استجابة تخلصه من الوضع المزعج القائم يمثل ردة فعل غير تكيفيه، وترى هذه النظرية أن الضغط النفسي نتاج للشعور بالعجز المتعلم، ويرى هذا النموذج أن هناك ثلاثة أبعاد للتفسير المعرفي الذي يساعد في فهم درجة عمق،

وتناقض، وطول مدة الشعور بالعجز مما يساعد في التنبؤ بإمكانية حدوثه وفي فهمه، وهذه الأبعاد هي:

أولا: عزو الفشل لأسباب داخلية (العزو الداخلي) أو خارجية (العزو الخارجي). "Internally-Externality".

ثانيا: اتساق العزو لدى الفرد بالثبات "Stability" أن مسببات الأمور سوف تبقى هي في كل الأحوال.

ثالثا: مدى انطباق التفسير على مجال واحد في الحياة أو شموليته في عدة مجالات. وقد أكدت أبحاث سيلجمان وآخرون (Seligman,1975) أن التفسيرات الداخلية والثابتة والشمولية هي التي تقود إلى التراجع في الدافعية والمعرفة والتكيف الانفعالي، وتكون النتيجة شعور بالاكتئاب أكثر تكرارا واشد عمقا أطول مدة.

ويرى سيلجمان (Seligman,1975) وميلر وسيلجمان (Miller & Seligman,1975) أن الفرد إذا عزا النقص في قدراته إلى عوامل ثابتة، يصعب تغييرها، فانه سوف يعتقد أن جهده الشخصي لن يعدل الموقف، ولذا فان مصادره الذاتية ستكون غير كافية لمجابهة الضغط النفسي، مما يولد لديه مزيدا من الشعور الذاتي بالضغط النفسي.

ويرى سيلجمان (Seligman,1975) إلى أن حالة العجز المتعلم تؤدي إلى آثار تعليمية ودافعيه وانفعالية، ويتمثل الأثر الدافعي بعزوف الفرد عن المبادرة والمحاولة، أما الأثر التعليمي فيتمثل في أن الفرد يتعلم أن سلوكه غير ذي جدوى وان النتائج التي يرغب بها لا تعتمد على سلوك يقوم به، فالفرد يتعلم هنا أن النتائج التي يتعرض لها تحدث بشكل مستقل عن أفعاله، أما الأثر الانفعالي فيتمثل في أن فقدان القدرة على التحكم والسيطرة على مجريات الأمور يؤدي إلى استجابات انفعالية سلبية.

ومن الاقتراحات لمواجهة العجز المتعلم لدى الفرد يقدم زيمباردو وفلويدرش (Zimbardo & Floydruch,1977) منهجية من خلال أشعار الفرد بإمكانيته التحكم في

البيئة وإتقان المهارات الضرورية في وقت مبكر يؤدي إلى تحصين الفرد ضد العجز أو التقليل من آثاره، وكذلك من خلال الزيادة في الوضوح المعرفي والتنبؤ قدر الإمكان يساعد في التقليل من الضغط النفسي والقلق.

وان تعرض الفرد لاستمرار المواقف الضاغطة يؤدي إلى عجزه عن القيام بأي نشاط أو سلوك في مواقف لاحقة، مما يحتم عليه الاستسلام للضغوط النفسية الناتجة عن العمل.

الإدراك لسبيلبرجير (Spilberger Theory)

يعتبر سبيلبرجير (Spelberger,1979) واحد من العلماء الذين وضعوا تفسيراً للضغوط النفسية (Stress) معتمداً على نظرية الدوافع، إذ يرى أن الضغوط تلعب دوراً في إثارة الاختلافات على مستوى الدوافع في ضوء إدراك الفرد لها، ويحدد نظريته في ثلاثة أبعاد رئيسية:

الضغط (Stress) القلق (Anxiety) التعليم (Teaching))

وفي ضوء هذه الأبعاد يحدد محتوى النظرية فيما يلي:

> التعرف على طبيعة الضغوط وأهميتها في المواقف المختلفة.

> قياس مستوى القلق الناتج عن الضغوط في المواقف المختلفة.

> قياس الفروق الفردية في الميل إلى القلق.

> توفير السلوك المناسب للتغلب على القلق الناتج عن الضغوط.

> توضيح تأثير الدفاعات السيكولوجية لدى الأفراد المطبق عليهم برامج التعليم لخفض مستوى القلق.

> تحديد مستوى الاستجابة.

> قياس ذكاء الأشخاص الذين تجري عليهم برامج التعليم ومعرفة قدرتهم على التعلم.

وهذه النظرية ترتكز على المتغيرات المتعلقة بالمواقف الضاغطة وإدراك الفرد لها، حيث أن الضغط يبدأ بمثير يهدد حياة الفرد وإدراك الفرد لهذا المثير أو

التهديد ورد الفعل النفسي المرتبط بالمثير، وبذلك يرتبط برد الفعل على شدة المثير ومدى إدراك الفرد له.

نموذج لازاروس وفولكمان (Lazarus & Folkman,1988)

ويركز هذا النموذج على الضغط النفسي كعملية تكيفيه ديناميه متبادلة ويرى أن الضغط النفسي علاقة متبادلة بين الفرد والبيئة يقيمها الفرد على أنها مرهقة وتتجاوز مصادره وتعرض صحته للخطر، ويشير لازروس وفولكمان إلى فائدة التقييم النفسي للخبرات التي تشكل ضغطا من وجهة نظر دينامية نشطة، وترى وجهة النظر هذه أن جسم الإنسان يبذل جهدا ويستجيب للتكيف وإعادة التوازن حال تعرضه للخطر، مما يؤكد أن التكيف عملية نشطة ومستمرة وليست عملية سلبية وجامدة.

وقد أشار لازاروس وكوهن (Lazarus & Cohen، 1977) إلى النموذج المسمى بالتقييم المعرفي (Cognitive Appraisal Model) والذي يشمل التقييم الأولي والتقييم الثانوي.والتقييم الأولي يشير إلى وصف الفرد للموقف على انه مهدد وخطير ويكون على صورة إدراك لذلك الموقف.أما التقييم الثانوي يشير إلى استعمال الوسائل والعمليات المعرفية للتعامل مع الضغط النفسي والمواجهة وهذا يتفق مع كل من أليس (Ellis) وبيك (Beck)، ويوضح لازاروس (Lazarus، 1977) بان الأحداث والمواقف المسببة للضغط النفسي خارجية تقع في محيط الفرد وداخلية تمثل الجانب الشخصي والتي تتكون من التصور الإدراكي نحو العالم الخارجي.

وقد أشار لازاروس وروسكي (Lazarus & Roskies، 1980) إلي أن هناك ثلاثة أساليب أو نماذج يمكن العمل من خلالها للتكيف مع حالات الضغط النفسي وهي:

1- حل المشكلات (Problem Solving) والتي تعني عملية منظمة تشتمل على خطوات متسلسلة للاستبصار عند تفكير الفرد بحل المشكلة التي تواجهه.

2- الإدراك المعرفي (Cognitive Reappraisal) وهذا من الأساليب الفعالة التي يستطيع الفرد من خلالها تعلم التفكير الواقعي والتخلص من التشوهات الإدراكية في مواجهة المشكلات.

3- الاسترخاء (Relaxation Training) وهذه من الأساليب الفعالة التي تعمل على إزالة التوتر من العضلات والتخلص من الضغط الناتج عن المشكلات المحيطة بالفرد.

نموذج برات لضغوط المعلم Teacher Stress Model,1978 Pratt))

لقد استعرض برات في هذا النموذج المواقف المسببة للضغط التي تواجه المعلم، وقد حددها في ثلاثة مصادر رئيسية:

أولا: المواقف خارج البيئة المدرسية: وهي عبارة عن تلك الأحداث التي تقع خارج إطار العمل محدثة أثرا على أداء المعلم في عمله وكفاءته وعطاءه وتشمل أعمار التلاميذ، مستويات الأسرة الاقتصادية والاجتماعية وأعمار المعلمين وجنسيتهم... الخ.

ثانيا: المواقف داخل البيئة المدرسية: وهي عبارة عن تلك الأحداث التي تقع داخل حدود المدرسة والعمل وتشمل علاقة الزملاء في المدرسة، خصائص الطلبة مثل العدوانية والنشاط الزائد وعدم التعاون، مشكلات النظام والضبط المدرسي والفصل الدراسي، مشكلات ترتبط بالإدارة.

ثالثا: المواقف الذاتية للمعلم: وتشمل سمات وقدرات وإمكانات واتجاهات المعلم ورضاه أو عدم رضاه عن المهنة ومستوى الدافعية والإنجاز ... الخ. ويعتبر هذا النموذج هاما حيث يحدد مصادر الضغوط التي يواجها المعلم من أبعادها المختلفة دون إغفال جانب فيها ويركز على الجانب المهني للمعلم.

نموذج باول ورايت (Powell & Enright,1990)

يعتبر من النماذج الحديثة لإرشاد حالات الضغط النفسي إذ انه يوضح كيفية حدوث الضغط النفسي والمثيرات التي تحدث في البيئة الداخلية والخارجية وتؤثر

على الفرد ونتائجها وكيفية التعامل مع تلك النتائج ومواجهة الضغط النفسي، ويتشكل النموذج من الخطوات التالية:

أولا: المثيرات البيئية وتشمل مثيرات خارجية: (أحداث الحياة، المحيط الاجتماعي، ظروف العمل، البيئة الطبيعية)ومثيرات داخلية: (اتجاهات، سمات، انفعالات، مزاج وخبرات وحاجات)

ثانيا: التهديد نتيجة حدوث تأثيرات ونتائج سلبية مما يؤدي إلى نوع من عدم التوازن بين الفرد والبيئة مؤديا إلى ضغط نفسي مستمر.

ثالثا: إستراتيجية مواجهة الضغط النفسي والتعامل مع المواقف للعودة إلى حالة التوازن والتكيف وذلك لحل المشكلة.أما في حالة فشل الفرد في التعامل مع المشكلة ومواجهتها، فذلك يعني عودة إلى حالة سوء التكيف والتأثيرات السلبية على المدى البعيد.

نظرية الذات لروجرز

نظرية الذات لكارل روجرز (Self- Theory Rogers 1951)

تركز على استبصار الفرد بذاته والخبرات التي خبرها فأنكرها أو حرفها، ثم على محاولة التقريب بينها، وأحداث التطابق بين الذات والخبـــرات، ممـــا يعطي الفرد الفرصة لنمو سليم ومتوافق ويصبح إنسانا سويا ومتكـــامل الأداء " Full Function"، وترتبط هذه النظرية بما يسمى بالإرشاد والعلاج المتمركز حول المسترشد(Client Centered Counseling).

وتتلخص التصورات الرئيسية لهذه النظرية في الذات "Self" كمركب كلي منظم ومتماسك، والمجال الظاهري "Phenomenal Field" والذي يمثل عالم الخبرة المتغير باستمرار، والفرد (الكائن العضوي)"Organism" وهو الفرد بكيانه عالمه ودوافعه كما يدركه أو يعتبرها جانبا من سلوكه.

وقد اهتم روجرز بالجماعات من خلال العلاج الجماعي الذي مارسه مع المسترشدين بشكل فعلي عام 1970، حيث انتشر أسلوب العلاج الجماعي بشكل واسع وظهرت فائدته لتعم المجتمع بكل فئاته.

إذ يصف روجرز " Rogers " الإرشاد والعلاج الجماعي بأنه يقدم مساعدة للأفراد والجماعات في مواقف الاضطراب النفسي والصراع والضغوط، وان لكل فرد قدرات داخلية يمكن استخدامها لفهم ذاته وتعديل مفهومه عن ذاته وتعديل سلوكه واتجاهاته نحو الآخرين، وهذا يحتاج إلى تواصل بين المرشد والمسترشد من خلال تهيئة الجو المناسب للتخلص من الضغوط النفسية، وهنا يقوم المسترشد بتوجيهه نحو النضج الانفعالي وحل مشكلاته بنفسه.

ويلخص روجرز وميدور (Rogers Meador,1973) وباترسون (Patterson,1980) أن عملية الإرشاد تمر في عدة مراحل يمكن تلخيصها في نقاط محددة هي مرحلة الانفتاح على النفس، واكتشاف النفس، والتواصل مع النفس، والمساعدة في أحداث تطابق مع النفس.

وخلاصة القول بان النظرية تحقق أهداف الإرشاد للحالات ممن يواجهن ضغوط نفسية من خلال الممارسة الإرشادية التي تتيح الفرصة للتعبير عن المشاعر والانفتاح على النفس واكتشافها والتواصل معها وتقبل المشاعر ومفهومها عن الذات، وبشكل أكثر تطابقا مع الواقع وتوظيف للأداء والطاقات بشكل أفضل.

النظرية السلوكية

أما النظرية السلوكية "Behavior Theory" فتقوم على منهج أو طريقة التعلم بمناهجه، إضافة إلى إدخال العمليات المعرفي متعلم، وان لكل استجابة مثير، والعلاقة بين السلوك والمثير أما إيجابية أو سلبية، وان الشخصية عبارة عن منظمات سلوكية متعلمة ثابتة نسبيا وتتمايز من خلال الأفراد، وان هناك قوانين تحكم السلوك الإنساني كالتعزيز والعقاب والانطفاء والتعميم وتعتبر هامة في تعديل السلوك.

ويشير هانسن (Hansen,1982) إلى أن الإرشاد السلوكي يركز على حل المشكلات ويهتم بتعديل السلوك المضطرب وضبطه، ويفترض أن معظم مشكلات الفرد عبارة عن مشكلات في التعلم، وان الأعراض النفسية هي تجمع

لعادات سلوكية متعلمة بشكل خاطئ وهناك إمكانية لتغيير أو لتعديل السلوك المتعلم.

كذلك أعطت النظرية السلوكية اهتماما للجانب المعرفي وإدخاله في حيز العلاج والإرشاد وهو ما يعرف بالعلاج السلوكي المعرفي. "Cognitive Behavior Theory" والتي تعني طريقة الإدراك الذاتية للفرد عن الأحداث وتفسير السلوك الشخصي وأنماط التفكير والتقرير الذاتي ، وهذا ما يعرف بالبناء المعرفي "Restructure Cognitive" وقد عرضه لازاروس "Lazarus,1990" كنموذج متعدد الوسائل "Multi modal Behavior" ينظر إلى المشكلة بتفاعل مكوناتها مع بعضها البعض، وهذه المكونات تشمل : السلوك-الوجدان- الإحساس-التحليل-المعرفة-العلاقات الشخصية-العقاقير، وهو أسلوب بسيط وسهل ونتائجه جيدة ويستخدم في إرشاد الجماعات الطلابية والمعلمين.

ويتضمن الإرشاد السلوكي مجموعة من الخطوات الرئيسة تشترك فيها غالبية الأنظمة وهي دراسة السلوك " Assessment Behavior" أي تقدير وتحديد السلوك (Kanfer & Saslo,1969) وصياغة الأهداف بصورة واقعية (Krumboltz,1966) والاستراتيجيات الإرشادية التي تحدث تغييراً في السلوك وتحقيق الأهداف "Strategic" والتقويم "Evaluation".

وبذلك يمكن لهذه النظرية أن تحقق أهداف الإرشاد للحالات ممن يواجهن ضغوط نفسية من خلال ممارسة الأنماط الصحيحة من السلوك والتعرف على أنماط السلوك الخاطئ والذي يسبب المواقف الضاغطة وأن إحداث تغيير أو تبديل في سلوك المعلمة من شانه أن يحقق حلول لمشكلاتها، فالإرشاد السلوكي هنا هو إحلال السلوك الملائم والمرغوب مكان السلوك غير الملائم والمكروه من خلال أساليب و فنيات مختلفة يتبعها المرشد والمسترشد.

النظرية المعرفية "Cognitive Theory"

فهي تفترض بان تفكير الفرد هو المسؤول عن انفعالاته وسلوكه وان الإرشاد المعرفي وتنظيم استراتيجيات تعيد تشكيل الأفكار التي أدت إلى أخطاء معرفية وانفعالية.

ويؤكد "Beck" أن ردود الفعل الانفعالية ناتجة عن النظام المعرفي الداخلي، وان عدم الاتفاق بين الداخل والخارج يؤدي إلى الاضطرابات النفسية.

ويؤكد بيك " 1976،Beck " على الجوانب المعرفية والاضطرابات التي تحدث لدى الفرد والعمل على التفكير وبشكل واقعي لحل المشكلة الناتجة عن حالة التشويه الإدراكي لتلك الاضطرابات.

ويؤكد (1985)على مساعدة المرشد لإعادة صياغة المشكلة بحيث تؤدي إلى فكرة إيجابية، فالمشكلة إذ لم يتحرك الفرد نحو حلها تبقى داخل نفسه حتى ينطلق هو إلى الآخرين لحلها.

فالمرشد النفسي إذا يعمل على تفعيل الخبرات التي يعيشها المسترشد، ويفسرها من خلال التعرف على الأفكار السلبية والجوانب ذات العلاقة بها المعرفية السلوكية والوجدانية، والتعامل معها واستبدالها بأفكار أكثر واقعية وقبولا واقرب إلى التحقيق مما يساعد الفرد على اختيار البدائل المناسبة، فالإرشاد هنا يعمل على مساعدة الفرد بشكل واقعي واقرب إلى الحقيقة.

وهذا ما يساعد الحالات في معرفة الخبرات والأفكار السلبية التي تواجههن في الحياة وتسبب لهن الضغوط النفسية، مما يتيح الفرصة من خلال الإرشاد وتقديم الأسلوب الأنسب لاختيار البدائل الممكنة لتصحيح نمط التفكير بشكل أكثر واقعية.

الاستجابة المعرفية للضغط

> الجوانب المعرفية قادرة على تحويل الاستجابات إلى ضغط من خلال: إما التنبؤ بمسببات الضغط أو القدرة على التحكم بالضغط.

> فيما يتعلم بتنبؤات الضغط وجدت الدراسات أن الجرذان تستجيب فسيولوجيا وبشكل أقل عند تعرضها لصدمة ناتجة عن إشارات لوميض من الوضوء فالتنبؤ يتيح لنا البدء بالتدبر حتى قبل مسببات الضغط، فالجرذان التي لها القدرة على إيقاف صدمة الضغط على اللوح لديها

استجابة اقل للضغط من الجرذان المتعرضة لنفس الصدمة ولم يكن لها الفرصة لإيقاف الصدمة وباستعراض نظريات ونماذج الضغط النفسي السابقة وما وضحته من تفسيرات لظاهرة الضغط النفسي، وتأكيدها على أهمية التقييم النفسي للخبرات الضاغطة وهذا ما أشار إليه تايلور (Taylor،1986)، فانه يمكن القول بان تفسيرات الضغط النفسي ترد العوامل السلبية لحدوث الضغط النفسي إلى ما يلي:

أولا: وجود عبء إدراكي معرفي زائد مهدد.

ثانيا: مواقف ومثيرات بيئية وخبرات حياتية مرهقة.

ثالثا: حالة من العجز المتعلم.

رابعا: حالة من الاضطراب الانفعالي الداخلي والخارجي.

الفصل الثالث

الضغوط والفئات

الأطفال – الكبار – النساء – العمل- فئات
التربية الخاصة
(صعوبة التعلم ، اضطرابات سلوكية)

لضغط في مرحلة الطفولة والمراهقة من المدرسة (6-12سنه)

المهمة التطورية الرئيسية لهذه المرحلة هي تطور الصناعة (تعني الإحساس بالإنتاجية) حيث يطور الطلاب إحساس بالكفاءة والجدارة ويتعلمون ضرورة العمل الجاد ويثبتون بالأشياء التي بدؤوها وتضع المدرسة الطلاب مع وضع لم يحد فيه الوالدان هما مصدر الرعاية والانضباط بل يصبح المعلم هو مصدر الرعاية نجد أن بعض الطلاب لم يحصل وان انفصلوا عن مصدر رعايتهم الأساسي لحد ألان ويمرون في وقت صعب بسبب انفصالهم وتعودهم على المدرسة كما نجد أن بعض الأطفال الآخرين الذين كانوا في مراكز رعاية فبل المدرسة أو رعاية يوميه بسبب عمل كلا الوالدين قد يجدوا التكيف سهل حيث أن هناك فرصه للتفاعل مع أطفال آخرين وتكون عملية الانفصال عن والديهم سهله مما يسهل التكيف مع المدرسة الابتدائية

هناك فروق شامله بين البيت والمدرسة ومرافق رعاية الطفل فالمدرسة تعرف الأطفال على عالم رسمي من التعليم بقواعد صارمة وتنظيمات وتوقعات للعمل ويبدأ الطلاب بالتنافس من اجل العلامات وأضافه إلى ذلك يتم البدء بتصنيف الأطفال مع إن هذا بالنسبة للعددين فان هذا التصنيف قد بدا في مرحلة ما قبل المدرسة ويتعلم الأطفال ما الذي ترمز إليه المجموعات (A . B. C)

إن المدارس تزود الطلاب ببيئة غنية من الأوضاع والخبرات الأكاديمية والاجتماعية والرياضية والترويحية ينمو فيها الطلاب

المدارس كمسببات للضغوط النفسية school as stressor

قد تكون المدارس مسببات محتمله للضغوطات ألنفسيه وقد حدد أليس المصادر التالية للضغوطات في المدرسة :

< الإفراط في التأكيد على التسريع الأكاديمي: حيث انه ليس كل الطلبة قادرون على التعامل مع عملية الضغط الأكاديمي وقد يحتاج إلى وقت لكثر وعمل مرهق كي يستطيعوا النمو .

المسؤولية والتعرض للمحاسبة بناءا على نتيجة الامتحانات .

> المنافسة حيث أن التركيز على التنافس وليس على تحسين الذات قد يكون سبب للضغط.

> فرط التأكيد على التقويم وخاصة التقويم المبني على الامتحان يمكن أن يضيف ضغوطات نفسيه أضافه إلى الخبرة المدرسية.

> كما وجد أن التفاعلات مع المعلمين والرفاق هي في الغالب مصادر للضغوط النفسية، الاتصال والتعرف إلى المعلمين والرفاق وكون الفرد مقبولا من قبلهم يمكن أن يكون مصدر للضغط خاصة الطلاب الذين لديهم فكره متدنية عن الذات من الناحية الأكاديمية وينظروا لدواتهم أنهم غير أذكياء وهذا يكون مصدر للضغط خاصة في أجواء المدارس التي يكون فيها التنافس واضحا بالإضافة إلى أن هناك ضغوط من اجل تحقيق توقعات الآخرين (الوالدين) في المدرسة مما يسبب ضغط نفسي عند الأطفال، إن الأطفال الذين لم تتم تهيئنهم للمدرسة يمكن أن يقاسوا أول طعم مر للفشل، ولذلك يمكن أن تكون التأثيرات مدمره وباقية لفترة طويلة بعض هؤلاء الطلاب لا يستطيعوا السير جنبا إلى جنب مع البقية والعديد ينقطع عن المدرسة لشعورهم انه ليس باستطاعتهم النجاح يجد العديد من الطلاب الجوانب الاجتماعية في المدرسة مسببات الضغوط النفسية لأنهم غير جاهزين لمشاركة أي شيء أو إنهم مختلفون عن الآخرين وهم هدف للإيذاء والسخرية التكيف مع مسببات الضغوط النفسية في مرحلة الطفولة باستخدام RS)الخمسة: coping with (childhood stressors vsing the five (RS

مساعدة الطلاب في تعليم التكيف مع الضغوط النفسية ليس دائما سهلا أن أفضل طريقه يعلم فيها الوالدان والمربون الأطفال على التكيف الضغوط النفسية باستخدام RS) الخمسة هي توظيف طريقه حركيه تشمل كون من يقوم بالتعليم نموذج للدور يتم توقير نموذج للدور يضمن الالتزام بالفهم والعمل، وإذا بدأ المربون باستخدام RS)) الخمسة بأنفسهم فهذا سيخلق جوا عائليا وأسلوب حياة مقاوم

للضغوط النفسية والأطفال الذين يكبرون في هذه البيئة يتعلمون من خلال الملاحظة ونمذجة الدور والنشاطات وإدارة الضغوط النفسية، كما أن التحدث مع الأطفال عن الضغوط النفسية واستراتيجيات التكيف RS)) الخمسة وهو أن نتحدث لهم في أوقات ملائمة عن أوضاع يحتمل أن تسبب الضغوط النفسية مما يساعدهم على التكيف مع مسببات الضغط ويمكن أن ينخفض احتمالية تكرار حدوث نفس المشكلة مستقبلا.

ويمكن مساعدتهم في تجريب بعض النشاطات من تلقاء أنفسهم حيث يتعلم الأطفال من العمل خاصة إذا قام الوالدان بتسهيل ظروف التعلم بدلا من أن نعمل لهم الأشياء ولذا فإن على الوالدين والمربين أن يهيئوا الفرص ويعطوا تعليمات واضحة وبسيطة، كما أن عليهم أن لا يحاولوا تسريع نموهم، فلا يتم دفعهم خلال فترة الطفولة، حيث أن الأطفال الذين يتم دفعهم بسرعة لا يسمح لهم بان يكونوا أطفال، ويوضعوا في تنافس أكاديمي رياضي اجتماعي قبل أن يكونوا جاهزين من الناحية التطورية ولذا فان هؤلاء الأطفال غالبا ما يلومون أنفسهم بسبب المشكلات التي هم غير مسؤولون عنها.

مساعدة الأطفال على التكيف مع الضغط النفسي باستخدام RS)) الخمسة:

أولا: إعادة التفكير RETHINK ساعد الأطفال على اختيار الطريقة التي ينظر من خلالها إلى مسببات الضغوط النفسية المحتملة في حياتهم، فأحيانا تغير أفكارهم غير المنطقية وغير المعقولة عن الأشياء قد يبدد الضغوط النفسية

ثانيا: التخفيض reduce)) ساعد الأطفال في أن يقطعوا الكم الهائل من مسببات الضغط في حياتهم ساعد في إدارة وقتهم ومستوى التزامهم

ثالثا: الاسترخاء relax)) ساعد الأطفال في تعليم الاسترخاء وزودهم بفرص للنشاطات التي تحتوي الهدوء والاسترخاء

رابعا: الإطلاق أو التحرير release)) ساعد الأطفال في التحرر من نتائج الضغوط النفسية والشد العصبي للمهم مخارج صحية وأمنه من الضغوط النفسية والشد العصبي.

خامسا: إعادة التنظيم(reorganize)) اعمل مع الأطفال في بناء أساليب حياة صحية ومتكاملة كن نموذجا للدور للأداء عالي المستوى في المجالات العقلية، العاطفية، الجسمية، الروحية، والاجتماعية الأشياء التي يستطيع الوالدان عملها لتعليم أطفالهم عن الضغوط النفسية: things parents can do to teach their children about stress .

> أعط أطفالك الإذن بالاسترخاء.

> تذكر أن الأطفال ليسوا راشدين.

> حاول أحيانا ضبط خطة طفلك اليومية.

> الحزم الأبوي قد يكون مسلطا لا داعي له.

> حاول أن لا تقارن أسرتك بأسر أخرى.

> صادق على شرعية مشاعر ابنك بالخوف أو الابتهاج.

فترة المراهقة:

المهمة الرئيسية المرتبطة بالمراهقة هي تطور هوية الذات اكتشاف من هو، وتقبل هذا في حين أننا في نفس الوقت نشعر بأنه تتجاذبنا بيئات من الاتجاهات المختلفة التي هي سببا للضغط النفسي عند المراهق العادي، ونحن ننتقل من الطفولة إلى الرشد خلال المراهقة فإن أجسامنا وعقولنا تنمو وتتغير، وخلال صراعنا نعرف من وإلى أين نذهب، وفي هذه المرحلة نسمع عن سوء استخدام الكحول والمخدرات من قبل المراهقين والايدز والحمل في سن المراهقة والسلوك المنحرف، إن معظم المراهقين يمرون في هذه الفترة الزمنية وينتقلون إلى سن الرشد المبكر أقوياء متكاملين.

فنحن نجرب أشياء ونعرض أنفسنا لخبرات جديدة لكي نتبني هذا الاكتشاف، والمبدأ الأساسي هو أن نبقى مركزين على أهدافنا وأحلامنا .

النضج: puberty

إحدى التأثيرات الغامرة في هذه المرحلة من التطور هو النضج، فالنضج هو مصطلح بيولوجي يستخدم لوصف عدد واحد من الإحداث الفسيولوجية التي تتسم بها هذه المرحلة في الحياة.

النضج الجنسي والضغوط النفسية :

يميل الراشدون إلى حماية المراهقين من الضغوط بمحاولة تجنب موضوع الجنس نهائيا، فهم يعتقدون أننا إذا لم نتحدث عن الجنس فانه سيختفي، والعديد من الناس يعملون على تحويل الطاقة الجنسية عند المراهقين في اتجاهات أخرى كالعمل المدرسي ، الرياضة، والأمور الاجتماعية .

من الأمور الرئيسية لفهم هذا الأمر إدراك أمر واحد أمام المجتمع وهو أن نعترف بصدق وأمانة للشباب أن الجنس قوة جبارة في حياتهم الشابة، إننا نفضل أن يعيد المراهقون توجيه هذه الطاقة الجنسية إلى مساعي ومطالب أخرى وإنكار وجود شي أسوأ، إن الرسائل المختلفة التي يتلقاها المراهقون عن الجنس يمكن أن تكون مصدرا حقيقيا للضغط النفسي، فأجسامهم تقول لهم: نعم ومجتمع الراشدون يقول لهم: لا، ثم تأتي وسائل الإعلام ،الموسيقى، التلفاز، الأفلام.... والذين يستهدفون المراهقون فيقول لهم: أنه أمر مقبول وطبيعي.

إن هذه معضلة قاسية يصعب العمل خلالها حتى لو كان الشخص من ثقافة منفتحة.

المجازفة بالانتحار لدى المراهقين suicide risk factors

إن العلماء عن تفسيرات للانتحار وذلك بدراسة كل شيء من المراحل العمر إلى ترتيب الولادة في الأسرة، ومع ذلك لم يجدوا إجابات شاملة ولكن تعرفوا إلى خصائص معينة توثر في احتمالية الانتحار.

1- العمر: age

لوحظ في الثلاثين السنة الأخيرة أن نسبة الانتحار بين المراهقين وسن الرشد المبكر قد تضاعفت ثلاث مرات لكن طلاب الجامعة فكروا بالانتحار بنسبة النصف لمن هم لا يدرسون في الجامعة من حياهم ونسب الانتحار في المدارس التي يكون فيها التنافس عاليا لا تختلف كثيرا عن تلك التي تكون اقل شده.

2- الجنس:sex

الرجال ينتحرون أكثر من النساء ولكن النساء يحاولون الانتحار أكثر من الرجال أربع إلى ثماني مرات ويميل الرجال إلى استخدام سكاكين والمسدسات بينما تستخدم النساء السم والعقاقير.

3- العرق: race

نسبة الانتحار أعلى عند البيض لكنها ألان أصبحت ترتفع عند الشباب السود في إحياء الأقليات.

4- الحالة المزاجية: marital status

نسبة الانتحار متدنية عند المتزوجين وأعلى عند المنفصلون والمطلقون والأرامل وعلى العموم الأشخاص الذين يسكنون لوحدهم عندهم أعلى نسب من المجازفة بالانتحار .

5- الحالة الوظيفية: employment

العاطلون عن العمل أعلى نسبه في الانتحار من الذين يعملون.

6- الصحة الجسمية: physical heath

الأشخاص الذين ينتحرون أكثر احتمالا بان يكونوا مرضى.

7- المرض العقلي:mental illness

الكآبة ،الفصام، الاضطرابات النفسية الأخرى يرتبط مع المجازفة بالانتحار.

8- الإسراف في شرب الكحول : heavy drinking

هذا السلوك المدمر للذات يزيد الانتحار بشكل كبير .

9- محاولات الانتحار السابقة: previous suicide attempts

الإفراد الذين حاولوا قتل أنفسهم تكون احتمالية المحاولة ثانيه بمقدار أضعف.

10- الخسارة أو الفقدان:loss

الطلاق وموت شخص محبوب أو إنهاء علاقات أخرى يزيد من خطر الانتحار.

11- ضغوطات الحياة : life stresses

الأشخاص الذين يقومون بالانتحار يكونوا ناقدي أحداث رئيسية عالية التكرار أو الذبذبة في الحياة الولادة الطلاق سن اليأس التقاعد.

12- الصراع بين الأشخاص: interpersonal conflict

الصراع الشديد طول المدى مع أفراد العائلة والأشخاص الآخرين لها يزيد من خطر .

13- إشارات التحذير من الانتحار:suicides warning signs

عاده ما يفكر المرء بالانتحار منذ وقت وقد يعمل شيئا يكون إشارة تحذير على احتمال الانتحار وقد يعطوا إيحاءات لفظيه أو سلوكيه لما يخططون له أن المؤشرات الأكثر تكرارا عندهم الكآبة المتزايدة يبدو حزينا ومنقبض الصدر، الملل المتواصل، الهروب، الشعور بالتفاهة والإحباط، الانسحاب عن الأصدقاء والنشاطات المعتادة، السلوك العنيف والعدواني والثار ،تغيرات في عادات الأكل والنوم، تهديدات خاصة بالانتحار، التوقف فجاه عن الصدمات، ازدياد استخدام الكحول والمخدرات، علاقة حب فاشلة، إهمال غير معتاد في المظهر الشخصي، صعوبة في التركيز، الشكوى من اعرض جسميه كالصداع والإعياء، تغير جذري في الشخصية، إعطاء تعابير لفظيه مثل (لا فائدة) (لا شيء يهم)، قد يوزع ممتلكاته المفضلة،قد يصبح مرحا بشكل مفاجئ بعد الشعور بالكآبة.

المدرسة والضغوط النفسية: school and stress

المهمة الرئيسية للمراهقين هي المصالحة مع الذات واكتشاف من هم فعلا، وما الذي يهتمون به، إنها وقت الصراع مع كون الشخص الذي تمثله ذاتك فعلا وما يرغب المجتمع في أن تكون عليه، ويحدث هذا السرور إلى حد كبير في

المدرسة، وكمراهقين تنتقل خلال المدرسة المتوسطة إلى المدرسة العليا ثم إلى الكلية وغرفة الصف وساحة المدرسة أو حرم الجامعة والملاعب يمكن إن تحدث قدرا كبيرا من الضغط، ولفهم تأثير المدرسة كمسبب محتمل للضغط النفسي يمكن أن تنظر بها على أنها المكان الذي تدخل الضغوط من أجل النجاح الأكاديمي والرياضي والاجتماعي إلى ذهن الفرد، إن النجاح السابق في المدرسة الابتدائي في العمل الصفي وتكوين الصدقات ورياضة الشباب يجعل الانتقال إلى المدرسة المتوسطة أو العليا أسهل لأنه ببساطة يمثل استمرار لنماذج النجاح السابق، ورغم النجاح السابق إلا أن خبرة المراهق المدرسية مختلفة بشكل كبير، فالبيئة الفيزيائية لمعظم المدارس المتوسطة والعليا مختلفة جدا فيزيائيا كل شي فالبنايات اكبر ، والمداخل والأروقة حتى المقاعد والكراسي تكون اكبر، وتعطي إحساسا بالتهويل، كما أن بعض المدارس الثانوية تخدم الطلاب في مجتمعات مختلفة إضافة إلى التغيرات الفسيولوجية التي تحدث في أجسامهم نتيجة النضج، فانك ستحصل على بعض الإحساس لما يواجه الأطفال في هذه المرحلة من حياتهم، إضافة إلى الضغوط الأكاديمية والرياضية والاجتماعية، التي هي جزء من المدرسة وعندها سوف تحصل على الإحساس بمقدار الضغط الذي يواجه المراهق.

الضغوط لدى الأطفال

تتنوع الضغوط لدى الأطفال ولعل منها ما سنذكره فيما يلي على سبيل المثال لا الحصر:

المشكلات الجسمية والصحية التي يمكن أن يتعرض لها الأطفال:

> تأخر بروز الأسنان بسبب القصور الدرقي.

> تأخر ضبط عملية الإخراج.

> الرضاعة الصناعية وفقدان الاتصال بين الأم والطفل.

> البدانة ويؤثر فيها الوراثة والطعام ،وتؤثر على القلب لوجود مواد دسمة فيها، هناك علاقة بين التلفاز والسمنة.

> زيادة الاستكشاف الجنسي والتعرض للتحرش الجنسي.

> ارتفاع درجة الحرارة والإصابة بالأمراض المعدية وكثرة السقوط والتعرض للجروح.

> ضعف في الحواس.

> عدم نمو أعضاء الجسم بشكل متساوي وبالتالي التأثير على المظهر العام.

> النشاط الزائد والحركة الزائدة.

المشكلات المعرفية التي يمكن أن يتعرض لها الأطفال:

> ظهور الألفاظ النابية لدى الأطفال.

> عدم تعلم الكلام أو النطق منذ الصغر.

> التأتأة.

> ثنائية اللغة بمعنى أن الطفل يتعلم لغتين مما يؤثر ذلك على حديث الطفل وتعلمه لاحقا.

> ضعف الدافعية للمدرسة وظهور صعوبات في القراءة.

المشكلات الانفعالية التي يمكن أن يتعرض لها الأطفال ومنها:

> حدوث تعلق غير آمن ووجود أطفال غير متعلقين بحيث لا يتمكنوا من التفريق بين الآباء والآخرين في المنزل وهم لا يبكون عندما يغادر آباؤهم الغرفة ، أما التعلق غير الآمن فيكون هؤلاء الأطفال اعتماديين جدا على والديهم ولذلك لا يسمحون لهم بالابتعاد عن ناظريهم كليا ومن الأعراض لذلك الصراخ

> قلق الانفصال: خاصة إذا يريد الأب أن يغادر المنزل ويترك الطفل وحيدا أو إغلاق الباب لذلك يبكي الرضع إذا استمر الانفصال لمدة طويلة قد يحدث يأس لدى الطفل.

> عدم الثقة بين الأطفال وآبائهم بسبب الحرمان والفقدان الأبوي، التوتر والشدة من قبل الآباء، تعرض الأطفال لخبرات عنيفة ومخيفة كالإساءة الجنسية، النقد وعدم الاستحسان من قبل الآباء ،ممارسة الحماية

الزائدة حيث لا تسمح بتطوير الاستقلالية ،تشجيع الدلال والتسامح الزائد لأنه لا يتم إعدادهم لمواجهة الاحباطات.

> الإساءة للأطفال من قبل الآباء عن طريق التجاهل والاعتداء وهؤلاء يكون غير مخطط لمجيئهم، أو أن الآباء أسيء لهم وهم يكررون ما حدث معهم.

المشكلات الاجتماعية التي يمكن أن يتعرض لها الأطفال ومنها:

> هنالك مشاكل عديدة لأسر الأب الواحد فمن مشاكل الأسر الواحد التي تديرها الأم: الدخل قليل والعناية غير ملائمة، أما الأسر التي يرأسها الأب فليس هنالك وقت كافي له للجلوس مع أبنائه وقد يشكو من الفقر.

> تأثير غياب الأب على الابن الذكر مشاعر دونية أكثر واقل جهد واقل ثقة ويؤثر الانفصال على الطفل في سنواته المبكرة.

> تأثير غياب الأم على البنت ليس بنفس تأثير الغياب على الولد وتتأثر الفتاة أكثر بالمراهقة.

> يتداخل الطلاق مع النمو النفسي الاجتماعي ويستجيب الأطفال للطلاق بشكل مختلف وأبناء المطلقين أكثر احتمالية للزواج في عمر مبكر وأن يطلقوا والبعض لديهم حزن واكتئاب وآخرين لديهم عدم أمن والبعض يلوم ذاته والبعض ينشغل بالمصالحة بين الوالدين والبعض يشعر بالغضب والاستياء والبعض يشعر بالعدوانية.

> مشاكل تحدث لزوج الأب والأم وجود توقعات غير واقعية مثل قدرتهم على الموائمة بالزواج الجديد ويتوقعوا الحب بسرعة والأولاد لا يتقبلوه ويحد صعوبة في التعامل مع أطفال تعلموا من والدين آخرين ،ويجدوا نقدا باستمرار وعليهم التعامل مع شبكة العلاقات الجديدة المعقدة.

وفي المراهقة قد تحدث مشكلات عديدة أيضا ومنها:

المشكلات الجسمية والصحية:

> حب الشباب.

> فقدان الشهية العصبي والشره العصبي والسمنة.

> البكور الجنسي والتأخر الجنسي.

> العادة السرية وما يرافقها من مشاعر ذنب.

> التعرض للاغتصاب.

> صغر وكبر حجم العضو التناسلي أو الصدر.

> عدم الانتظام في الدورة الشهرية.

> الإصابة بالأمراض الجنسية نتيجة لعدم النظافة.

> الحمل دون زواج ودون قدرة على التربية.

> تعاطي المنشطات.

المشكلات المعرفية التي يمكن أن يتعرض لها المراهق ومنها:

> الشعور بالمثالية (يعتقد أن له دور كبير في تغيير العالم).

> النفاق (اختلاف بين ما يقوله وما يفعله).

> التسرب من المدرسة.

> زيادة المعتقدات غير المنطقية حول الذات والآخرين.

> الاعتماد على الحفظ وعلى الامتثال للآخرين.

> الاستغراق في أحلام اليقظة.

> ضعف الدافعية والانتباه والتركيز للدراسة .

> الخرافة الشخصية (يعتقد المراهق أنه مميز ومتفرد عن الآخرين).

> عدم الوصول إلى التفكير المجرد،

المشكلات الانفعالية التي يمكن أن يتعرض لها المراهق ومنها:

> التعصب ومنه التعصب الديني.

> الحساسية الزائدة للنقد.

> تدني اعتبار الذات.

> الهرب من البيت.

< السلوك المنحرف.

< الاكتئاب والانتحار.

< حدوث اضطرابات نفسية كالاكتئاب والقلق.

< حدوث صراعات كالصراع بين القيم.

< عدم تنظيم وقت الفراغ،

< الأنانية.

< عدم التمييز بين الحب والوله فيغرم بالجنس الآخر ويعتقد أنه متعلق به ويحبه ولكن ما حدث يكون وله وسرعان ما يتعلق بفرد آخر وبسرعة.

< حالات العدائية كالغضب والكراهية.

< المخاوف والمخاوف المرضية .

المشكلات الاجتماعية التي يمكن أن يتعرض لها المراهق:

< شجار مستمر مع أفراد الأسرة والمسؤولين .

< المواعدة مع الجنس الآخر دون توعية .

< الشللية.

< الانطواء الاجتماعي .

< العدوانية.

< السلوك الجنسي قبل الزواج .

< استخدام موانع الحمل دون توعية.

< الزواج المبكر دون إعداد له .

< السلوك المنحرف: كالكذب، الغش، السرقة، التخريب، العصيان، والقسوة.

إن الضغط في مرحلة الطفولة والمراهقة المرتبط بالجانب التحصيلي على سبيل المثال يعود للعديد من الأسباب التي يحدثها الوالدين والمعلمين ولعل من أبرزها:

> الإفراط في التأكيد على التسريع الأكاديمي .

> المحاسبة والمسؤولية على نتيجة الامتحانات.

> المنافسة حيث أن التركيز على التنافس وليس على تحسين الذات.

> مخطط التأكيد على التقويم وخاصة التقويم المبني على الامتحان.

> التفاعلات مع المعلمين والرفاق هي في الغالب مصادر ضغط .

> وضغوط للأطفال الذين لم يتم تهيئتهم للمدرسة .

> وضغوط مع التوقعات من قبل المعلمين والآباء.

الضغط لدى الكبار في السن

تتنوع المشكلات التي يمكن أن تصيب الكبار في السن وفيما يلي أهم هذه المشكلات التي تسبب الضغط النفسي:

مشكلات جسمية يتعرض لها الكبار تسبب الضغط النفسي:

> زيارة الأطباء المتكررة لإجراء عمليات تجميل ليبدو اصغر سنا .

> شعور البعض بالقلق من المظهر والعزلة الاجتماعية.

> الأرق: ومن الأسباب التي تؤدي إلى الأرق :

أ- عوامل نفسية كالقلق والاكتئاب أو لفقدان عزيز أو لفقدان الوظيفة.

ب-عوامل بيولوجية يتعلق بنظام الاستيقاظ ونظام النوم والذين يتعرضون للأرق لديهم نظام استيقاظ نشط .

ج-استخدام الكحول والعقاقير فبعض الأدوية كأدوية القلب والحبوب المنومة تؤثر على أحداث نوم متقلب وقصير والاستيقاظ مبكرا .

د-البيئة السيئة والعادات السيئة .

هـ الاشراط السلبي: مثل خوف الشخص من الأرق قد يؤدي إلى حدوثه، وأفضل وسيلة لعلاج الأرق هي بإتباع منهج متعدد الوسائل من إعطاء عقار مهدئ وتقديم الاستشارة وتطوير عادات النوم والبيئة المحيطة وإتباع أساليب الراحة وتقليص الإجهاد الذهني .

> سوء استخدام العقاقير: يعد الأفراد في الأعمار 18-25 سنة من أكثر المسيئون لاستخدام العقاقير باستثناء الدخان والهيروين والذي يستخدمه أكثر الفئة العمرية من 25 سنة فما فوق، وبعض العقاقير توصف لكبار السن من اجل العلاج، مثل أدوية مرتبطة بضغط الدم وأدوية القلب والأدوية النفسية وأدوية تخفيف الأم وجميع الأدوية مؤذية لكبار السن أكثر من الشباب بسبب: الجسم لا يمتص الأدوية عند كبار السن كما الشباب، كذلك تؤثر الأدوية على بعضها، ويعمد العديد من الكبار على مراجعة أكثر من طبيب في نفس الوقت، كما أن البعض يأخذ الدواء دون وصفة طبية، ناهيك عن أن بعض الكبار ينسون اخذ الدواء أو يتجاهلونه.

> النظام القلبي: تتراكم الدهون حول القلب وينخفض عدد وحجم عضلات القلب ونتيجة لذلك يؤدي إلى انخفاض في قدرة القلب على دفع الدم ويتناقص معدل دقات القلب وقد يعجز القلب عن الاستجابة للضغط والإجهاد كالتدريب الكبير وتزداد الذبحة الصدرية لديهم ويزداد فشل القلب الاحتقاني، والاعتبار الإرشادي لديهم هو فحص القلب باستمرار والتقليل من الدهون ومراجعة الطبيب بسرعة عند الشعور بأعراض الذبحة الصدرية واستخدام العادات الصحية السليمة كالتوقف عن التدخين وعدم إجهاد القلب

المشكلات الاجتماعية التي يمكن أن يتعرض لها كبار السن وتؤدي إلى الضغط النفسي:

> الوحدة هي مشكلة مهمة للبالغين وخاصة لغير المتزوجين.

> مشكلة الاغتصاب: أي حدوث الجنس دون رغبة من الطرف الآخر وربما يشير ذلك إلى نقص في مهارات الاتصال وتنقيص في علاقة الرجل والمرأة.

> الكبار الذين لم يتزوجوا قطعا: وهؤلاء ربما يهتموا بالمواعدة ولكن عادة لديهم بعض الحياة الاجتماعية وأنشطة لعملوها مع بعض الأصدقاء .

> الإيدز: وكثيرا ما يؤدي إلى الوفاة ويمكن أن ينقل من الآباء إلى الأبناء عن طريق الآم

> الترمل: وهو يؤثر على العلاقات الاجتماعية والناحية المادية والانفعالية للزوجة

> الطلاق: وهو يؤثر على النساء بشكل اكبر وتكون معرضة لعدم الزواج من جديد وتؤثر على نفسية المطلق والمطلقة لفترة من الزمن وهذا ينعكس على الأبناء وعلاقتهم مع الآباء.

> مشكلة إعادة الزواج: يكون الأزواج أكثر نضجا من الزواج الأول ويكون أكثر تكلفة

> مشكلة زوج الآم أو زوجة الأب: حيث يكون غير مقبول من الأبناء وغير متكيف مع أعضاء الأسرة وكثيرا ما يكون سببا في شجارا داخل الأسرة وهو بحاجة إلى التكيف مع الوضع الجديد الذي يعيش فيه.

> التقاعد: الإحالة على التقاعد لها تأثير قوي على العلاقات الاجتماعية كما تؤثر على أوقات الفراغ

> إساءة معاملة الكبار بسبب عمرهم سواء بالضرب أو التحقير أو الحرمان من الرعاية أو الإهمال والتجاهل .

> زيادة نسبة الانتحار لدى كبار السن والبالغين وقد يكون بأخذ جرعات عالية من الدواء أو عدم تناول الطعام لشعورهم بعدم وجود قيمة لهم في الحياة.

الضغوط لدى النساء

لقد تغير دور المرأة جذرياً خلال الربع الأخير من القرن العشرين في مجتمعاتنا العربية، فقد أصبحت المرأة تشارك أسرتها في تحمل المسؤولية ويقع عليها أيضاً عبء الحياة من خلال معايشتها مع أسرتها إن كانت غير متزوجة، أو متزوجة فهي تتحمل أكثر بمشاركة الزوج طموحاته إضافة إلى زيادة مصادر الضغوط الناتجة عن الواجبات المنزلية وتربية الأولاد وتوفير الراحة للعائلة في الأوضاع الاعتيادية، أو في حالات الأزمات، وخاصة ونحن نعيش في مجتمعات عصفت بها الأزمات

وابتعدت عن الاستقرار والتماسك نتيجة اتساع الطموحات.. فأصبح البحث عن مكان آمن، وإيجاد متنفس للتعبير عن الرأي الشاغل الأهم لدى الرجل والمرأة.

إذن عانت المرأة كثيراً بقدر معاناة الرجل من حيث عدم الاستقرار والتهجير وعدم الشعور بالأمان والبحث الدائب عن المستقبل الأمين. فإذا كانت ردود الأفعال لدى الرجال تتضح بحالات التجهم والكآبة الطارئة، والتحدث بصوت مسموع وهو يمشي في الشارع (هلوسة)، فعند المرأة تظهر على شكل أعراض جسمية مثل انقطاع الطمث، وارتباك العادة الشهرية، والتوترات التي تعتري مرحلة ما قبل الحيض، والصداع، وحالات الانهيار ما بعد الولادة، والاكتئاب، وظهور أعراض سن اليأس المبكر. ومن الأعراض الظاهرة المصاحبة للاضطرابات، فقدان الشهية للطعام، أو الشراهة، أو أعراض عصاب الفم. فالنساء إذن معرضات لصنفين من الضغوط:

- ضغوط تتعلق بهويتهن البيولوجية.

- ضغوط تتعلق بالممارسة الأسرية.

إن المرأة حينما تتعرض للضغوط الناتجة عن دورها البيولوجي، وما يرافقه من تشنجات وأعراض كسرعة التأثر والغضب، أو اختلال في ساعات النوم، أو حالات الصداع المستمر، ما هي إلا نتائج لتلك الضغوط التي ما عادت تقوى على تحملها، وبالتالي تضعف لديها المقاومة الجسدية، وبمرور الزمن تنهار المقاومة وتكون عرضة للأمراض بأنواعها. وربما تؤدي بها إلى الموت.

أما الضغوط الناتجة عن الدور الأسري ومحاولة التشبث بما أمكن من تماسك الأسرة في مثل هذه الظروف التي تمر بها، والانتقالات المستمرة في السكن أو بين البلدان، أو حتى الإحساس بعدم الاستقرار للعائلة، يشكل بحد ذاته ضغطاً كبيراً على رب الأسرة، وضياع الهدف، وضبابية المستقبل للعائلة ... وهو يشكل لدى المرأة الجزء الأكبر من هذه المعضلة، تمتص مخاوف الرجل من خلال إضفاء الأمان على أفراد الأسرة وتبديد مشاعر الخوف.

إن المرأة عندما تأخذ هذا الدور داخل الأسرة، إنما تشارك بشكل فعال في الحفاظ على قوة الأسرة في مواجهة ضغوط الحياة بأشكالها الاقتصادية والمالية، والضغوط الناتجة عن عدم وضوح الرؤية للمستقبل، والبحث الدائم عن الاستقرار.

ضغوط العمل (المهن)

شكلت حوادث وإصابات العمل أولى الدراسات التي اهتمت بالعامل ومعرفة أسبابها، وقد وجدت الدراسات أن الضغوط النفسية الناجمة من ضغوط العمل أدت في معظمها إلى الإصابات والحوادث في مجال الصناعة، فضلاً عن الظروف الفيزيقية (الإضاءة، قلة التهوية، زيادة الضوضاء، الأبخرة والأدخنة في مكان العمل.. الخ) زادت في نسب الضغوط على العامل. إن الظروف الداخلية لدى العامل هي السبب الفعّال في التعرض للإصابة بالإضافة إلى الظروف الخارجية في العمل (علاقات العمل، أجور العمل، وسائط نقل العمال.. الخ) والظروف الفيزيقية (الحرارة، التهوية، الإضاءة، الضوضاء) كل تلك مجتمعة تسبب ضغوطاً عالية تعيق إنتاجية العامل وتؤدي إلى بعض الحوادث والإصابات في مجال العمل الصناعي، وربما يقود بعضها إلى أمراض وإصابات جسدية ونفسية. لقد أثبتت بعض الدراسات العلمية أن تزويد مكاتب الموظفين وصالات العمل بالمصانع بأجهزة تكييف الهواء قد قلل من نسبة الإصابة عند الموظفين والعمال. كذلك أكدت التجارب أن زيادة الضوضاء تؤدي إلى الإضرار براحة الأفراد مما يدفعهم إلى الملل والضجر وعدم القدرة على التركيز، ويؤدي ذلك إلى خفض إنتاجهم،

وقد يتسبب عن الضوضاء في بعض الحالات صمم وإجهاد نفسي أو اضطراب عصبي نتيجة للتوتر الذي تسببه الضوضاء، لم يشكل العمل إلى وقت قريب أية مشكلة على العامل إلا بعد أن تعقدت قدرة المصانع على التشغيل واتسعت وترامت على مساحات واسعة، وأصبح التوتر والإجهاد مرادفاً لعمل المصانع الواسعة، وظهرت أعراض مرضية مختلفة اختصت في شريحة معينة من المجتمع، وهي العمال وسميت هذه الأمراض بالأمراض المهنية، وبضمتها الضغوط. وقد نتجت عنها زيادة ساعات العمل ومطالبة إدارات المصانع بزيادة

الإنتاج وتحسين نوعيته، كل ذلك على حساب صحة العامل مما أدى إلى ظهور حالات الضغوط المختلفة الناتجة عن عدم قدرة التحمل لمتطلبات العمل، مما جعل المتخصصين في مجال الصحة العامة والنفسية يتجهون لدراستها في المصانع الكبرى، ومعرفة العبء الزائد على الفرد وتقديره كمياً. وأدت هذه الحركة إلى المطالبة بتحسين ظروف العمل، وتخفيض شدة الضغوط الناجمة عن العمل ودفع التعويضات العالية للعمال المصابين بحوادث العمل أو المعرضين للإجهاد بسبب ضغوط العمل.

إن الضغوط والإجهاد في العمل مرتفع جداً بالنسبة للعمال وعائلاتهم في الولايات المتحدة وأوربا. ففي بعض الدول الصناعية في أوربا وأمريكا الشمالية، أثبتت بعض الدراسات أن 43% من حوادث العمل كانت بسبب الأخطاء الناتجة عن عوامل أربعة: التعب، جو العمل، كثافة العمل، المشاكل العائلية.

والضغوط على سبيل المثال التي تتعرض لها بعض الممرضات في مهنهن كثيرة ومنهكة، حيث تعد هذه المهنة من المهن الشاقة وخاصة في أقسام الطوارئ فضلاً عن عملهن في أوقات مختلفة وساعات طويلة، وتلك الساعات تعزلهن عن وتيرة الحياة الاجتماعية، أما أقسام العمل الأخرى وخاصة تلك التي يزداد فيها المرضى المحتضرون، وهم داخل غرفهم.. هذا الحضور والمشهد يصدم الناظر باستمرار، والموت ماثل دائماً، هذا الحضور الدائم للموت يثير عند الممرضة إجهاداً دائماً وبشكل يومي. لذا تعد مهنة التمريض من المهن الصعبة في ساعات العمل ونوعيته، والتعامل مع المترددين على المؤسسات والمراكز العلاجية، وهكذا تشكل الضغوط بأنواعها إجهاداً على الإنسان في عمله، ولكن تبقى النظرة الدينية القائلة بأن العمل واجب مقدس، وهي فكرة شائعة اليوم في معظم المجتمعات وقد أثبتت معظم الدراسات أن الإنسان بلا عمل يتعرض أيضاً للضغوط وهي الناجمة عن البطالة. أما الضغوط الناجمة عن العمل، فهي الإرهاق بفعل ساعات العمل الطويلة، ونوعيته وأوقاته المختلفة. وفي كلتا الحالتين يؤدي الضغط إلى ارتفاع مستوى الهرمونات المرتبطة بالتوتر، فتكون هناك شكوى من حالات مرضية كثيرة.

إن العمل قد يسبب الضغط بسبب أنه:

> قد يكون صعبا ومربكا .

> وقليل الوضع المادي.

> وعلاقات صعبة مع أصحاب العمل.

> وقد يحدث الاحتراق (نتيجة تزايد المثبطات، اللامبالاة في العمل، مقاومة التغيير، فقد الاهتمام بالعمل).

> ومن مصادر ضغط العمل الأخرى العمل نفسه وأسلوب الإدارة والعلاقات الشخصية وكمية الطاقة والعمل المطلوب، وأساليب الإشراف.

الضغط لدى طلبة صعوبات التعلم

يمتاز الطلبة ذوي صعوبات التعلم بعدة خصائص تلعب دورا مهما في حدوث الضغط ونستعرض فيما يلي هذه الخصائص:

يمكن تصنيف الخصائص الرئيسة للطلبة الذين يعانون من صعوبات في التعلم ضمن المجموعات التالية :-

1- صعوبات تعلمية محددة :

صعوبات في القراءة :

> قراءة الجملة بطريقة سريعة وغير واضحة .

> قراءة الجملة بطريقة بطيئة كلمة فكلمة أخرى وهكذا.

> حذف بعض الكلمات أو أجزاء من الكلمة المقروءة .

> إضافة بعض الكلمات إلى الجملة أو بعض المقاطع أو بعض الأحرف إلى الكلمة المقروءة .

> إبدال بعض الكلمات بأخرى قد تحمل بعضا من معناها .

> تكرار بعض الكلمات أكثر من مرة دون مبرر.

< قلب الأحرف وتبديلها.

< ضعف في التمييز بين الأحرف المتشابهة رسما والمختلفة لفظا والعكس أيضا.

< ضعف في التمييز بين أحرف العلة .

< صعوبة في تتبع مكان الوصول في القراءة.

صعوبات في الكتابة:

< يعكس كتابة الحروف أو الكلمات أو المقاطع بحيث تكون كما تبدو في المرآة .

< خلط في الاتجاهات فهو قد يبدأ بكتابة الكلمات والمقاطع من اليسار بدلا من اليمين.

< صعوبة في الالتزام بالكتابة على خط واحد.

< ترتيب أحرف الكلمات والمقاطع بصورة غير صحيحة.

< خلط في الكتابة بين الأحرف.

< صعوبة في التحكم باليد عند الكتابة لذا فخطه رديء .

الصعوبات الخاصة في الحساب:

< صعوبة في الربط بين الرقم وزمره.

< صعوبة في تمييز الأرقام ذات الاتجاهات المتعاكسة.

< صعوبة في كتابة الأرقام التي تحتاج إلى اتجاه معين.

< عكس الأرقام الموجودة في الخانات المختلفة (آحاد عشرات).

< صعوبة في إتقان مفاهيم الجمع والطرح والضرب والقسمة الخاصة بالعمليات الحسابية الأساسية.

2- صعوبات في الإدراك خاصة بقنوات التعلم الرئيسة:

< يتضمن التعليم مبدئيا استقبال المعلومات بصريا أو شفويا وعلى هذا يمكن إن يلاحظ المعلمون الخصائص التالية التي تعكس تشوها في احد قنوات الاستقبال الرئيسة للتعليم.

قناة الاستقبال السمعي: قد تظهر لديه مشكلات في الإدراك السمعي في :

1. التمييز السمعي: القدرة على تمييز الأصوات المختلفة التي يتضمنها الكلام والتمييز بين الأحرف المتشابهة (قلب ، كلب).

2. الإغلاق السمعي: صعوبة في معرفة الكلمة المنطوقة إذا سمع جزء منها.

3. التسلسل السمعي: الترتيب المنطقي لمثيرات تؤدي في نهايتها إلى نتيجة ذات معنى.

4. الذاكرة السمعية: عدم القدرة على تذكر ما قيل من تعليمات شفهية أثناء الدرس عن طريق المدرس.

كما يلاحظ عليه ما يلي:

> يقطب وجهه ويكشر ويميل برأسه عند الاستماع .

> لاينتنه أثناء الدرس ويتلفت حوله كثيرا وينتقل من مكان لأخر.

> الخلط بين الكلمات التي لها الأصوات نفسها.

> يجد صعوبة في تكرار الجمل التي يسمعها قولا مع التلحين كالأناشيد.

> يجد صعوبة في فهم ما يقال له همسا أو بسرعة.

> لا يستطيع الأخبار عن الاتجاه القادم منه الصوت (صعوبة الربط بين الأصوات البيئية ومصادرها).

قناة الاستقبال البصري: قد يكون لديه مشكلات في

1. التمييز البصري: يساعد في التعرف على جوانب التشابه والاختلاف للمثيرات ذات العلاقة فيعكس في كتابة حرف س ولا يميز الأشكال الهندسية.

2. الإغلاق البصري: قدرة الفرد على إدراك الشكل الكلي عندما تظهر أجزاء من الشكل فقط.

3. صعوبات إدراك العلاقات المكانية: يرى من اليسار لليمين.

4. صعوبات الذاكرة البصرية: صعوبة استرجاع الخبرات البصرية النسخ.

5. التخيل البصري: أكثر وضوحا لذوي صعوبات القراءة هنا لا يحدد الحروف الأبجدية ويدركها على أنها خطوط غير مترابطة.

6. ضعف المتابعة البصرية: يعاني من ضعف في تتبع الأشياء بصرية .

7. مهارات التحليل البصري: القدرة على تحليل أنماط مرئية مؤلفة من أشكال هندسية متفاوتة في درجة تركيبها إلى مكوناتها الجزئية.

كما قد يلاحظ عليه مشكلات في:

> عدم التمييز في الكلمات على السبورة وتبدو له غائمة.

> يضل مكانه عند القراءة ويقفز عن بعض السطور.

> يتشوش بالمنبهات البصرية غير المتصلة بالموضوع .

> يجد صعوبة في تذكر الأشياء التي يراها.

> يستعمل إصبعه للمتابعة في أثناء القراءة.

> يضل مكانه في الحساب عند الاستقراض أو الحمل.

> يخطى كثيرا عندما ينسخ عن السبورة.

> يخلط بين الاتجاهات.

قناة التعبير اللفظي:

> وقد يكون لديهم مشكلات في اللغة الداخلية(الحديث مع الذات).

> أو اللغة الاستقبالية(القدرة على فهم الرموز اللفظية) إتباع التعليمات وفهم معاني الكلمات.

> أو اللغة التعبيرية (يجد صعوبة في التواصل مع زملائه، يجد صعوبة في الإجابة على أسئلة الاستنتاج).

> كما يتكلم بلهجة مترددة وخجولة.

> كما يستمتع الموضوعات غير اللفظية كالفن والتربية الرياضية.

> كما قد يجد صعوبة في إجابة السؤال شفويا.

> وقد يواجه صعوبة في إعادة قصة سمعها أو قرأها.

> يبدو وكأنه لا يجد الكلمات المناسب للتعبير (يبحث عن الكلمات).

> يجترح أخطاء متكررة في التهجئة.

> يعاني من التلعثم أو البطء الشديد في الكلام الشفوي.

> يخطي في معاني الكلمات والجمل.

> يفقد الرغبة في الدروس ذات النمط الحواري (المناقشة).

> يستخدم الإشارات بصورة متكررة للإشارة إلى الإجابة الصحيحة.

قناة التعبير الكتابي:

> يضغط بشدة على القلم.

> يكتب خارج السطر.

> يخرج الحروف عن مسارها ألتتابعي.

> يضل في تسلسل حروف الكلمة.

> لا يميز بين الحروف الصغيرة الكبيرة.

> يجد صعوبة في تسلسل أيام الأسبوع والأشهر.

> تكون أفكاره غير مترابطة أثناء كتابة القصة.

> يفتقر إلى التنويع في بناء الجمل.

> نادرا ما يستخدم الجمل التي تعبر عن موضوع الفقرة أثناء الكتابة.

> قدرة منخفضة في الكتابة عندما يقع تحت ضغط تحديد الزمن.

صعوبات في الإدراك الحركي والتآزر العام :

> يرتطم بالأشياء.

> يكسر الأشياء من حوله دون قصد.

> يبدو مختل التوازن.

> يعاني من صعوبات في المشي أو الجري أو لعب الكرة.

> يجد صعوبة في مسك القلم أو المقص.

> يعاني من عدم الثبات في استخدام يد معينة أو قدم معينة.

> قد يعاني من الخلافية (تفضيل استخدام اليد اليمنى والقدم اليسرى او العكس).

> قد يعاني من ارتعاش بسيط في اليدين او الأصابع أو الأقدام.

> يضطرب الإدراك لديه بخصوص الاتجاهات الستة (فوق، تحت، يمين، يسار، إمام، خلف).

> إشارات لوجود اضطرا بات عصبية بسيطة.

3- خصائص سلوكية :

> نشاط حركي زائد .

> صعوبة في المحافظة على تركيز الانتباه لفترة كافية من الوقت . ويعاني هؤلاء الأطفال من كثرة أحلام اليقظة. ويتصف هؤلاء الأطفال بأن المدة الزمنية لدرجة انتباههم قصيرة جدا، وعندما تحاول جذب انتباههم فإنهم يفقدون القدرة على الاستمرار في التركيز، ويعانون من سرعة التشتت الفكري، ولا يستطيعون الاستمرار في لعبة معينه، وعادة ما يفقدون أغراضهم وينسوا أين وضعوا أقلامهم وكتبهم.

> عدم التنظيم.

> صعوبة في الاستمرارية بنفس العمل (عدم إنهاء المهمات).

> تشتت في الانتباه (صعوبة في التركيز على ما هو مهم المثيرات).

> الاندفاع: عندما يشارك هؤلاء الأطفال في الألعاب الجماعية فإنهم لا يستطيعون انتظار الدور في اللعب، ولذلك فإنهم يسببون المشاكل للآباء والمدرسين وزملاء الدراسة لأنهم يحاولون الإجابة على الأسئلة قبل الانتهاء من سماع السؤال ويقاطعون في الكلام، وكذلك بسبب كثرة الحركة والاندفاع ونوبات الانفجار والهياج.

> ضعف في العلاقة مع الأقران ويعاني من صعوبات اجتماعية ومنها: الانسحاب الاجتماعي، الاتكالية، صعوبات في المهارات الاجتماعية، المفهوم الضعيف للذات

> بطء في الإنجاز.

> صعوبة في تنظيم الأمور الشخصية كإحضار الكتب المناسبة إلى الصف او دخول عرفة الصف في الوقت المحدد.

> الخمول الزائد.

> العدوانية.

4- صعوبات في المفاهيم وعمليات التفكير والتذكر:

> فيما يتعلق بالمفاهيم فإنه: يعي طبيعة المواقف الاجتماعية، ولا يدرك العلاقات الزمنية مثلا الأمس اليوم وغد، ولا يستطيع أن يربط بين الفعل ونتائجه المنطقية تعليل، وقد يعاني قصور في التصور والتخيل، ولا يتمتع بروح النكتة، ولا يستطيع التعبير عن ذاته.

> وفيما يتعلق بالتفكير يلاحظ أنه قد: يعاني من ضعف في التفكير المجرد ، ولا يعطي الاهتمام الكافي للتفاصيل أو لمعاني الكلمات.

> كما لديه قصور في تنظيم وقته.

> يعاني من الاعتمادية الزائدة على المعلم.

> كما يسهل خداعه ويتصف بالسذاجة.

> يحتاجون إلى وقت كبير لتنظيم أفكارهم قبل إن يقدموا بالاستجابة .

> يعانون من ضعف في التفكير الجرد.

> يعانون من الاعتمادية الزائد على المعلم .

> يعانون من ضعف في التركيز .

> لا يعطون الاهتمام الكافي للتفاصيل أو لمعاني الكلمات.

> لديهم قصور في تنظيم أوقاتهم .

> عدم القدرة على إتباع التعليمات وتذكرها.

> يعانون من صعوبات في تطبيق ما يتم تعلمه.

> يعانون من قصور في التخطيط لحل المشكلات.

> وفيما يتعلق بالتذكر فإنهم يعانون من خلل في تصنيف المعلومات والقدرة على تخزين المعلومات والقدرة على استرجاع المعلومات

> والخلل في الذاكرة قصيرة المدى(حفظ لفترة بسيطة)

> والذاكرة الطويلة(للاحتفاظ بالمعلومات لفترة أطول)

> وذاكرة الجمل: الذاكرة ذات المعنى تتضمن قياس الذاكرة بالإضافة إلى الفهم اللفظي ومعرفة بناء الجملة

> وذاكرة الأرقام الذاكرة عديمة المعنى تتضمن إعادة تنظيم المادة المستدعاة وتذكرها.

> والذاكرة البصرية كذاكرة الخرز والأشياء وتتضمن قياس التخيل البصري والمرونة.

الضغط لدى المضطربين سلوكيا وانفعاليا

هناك العديد من الخصائص التي يتمتع بها الأفراد المضطربون سلوكيا وانفعاليا والتي تسهم في حدوث الضغط النفسي لهم، ومن أبرزها:

> الفهم والاستيعابComprehension: غير قادر على فهم المعلومات والقصص وحل مسائل حسابية بسيطة وتفسير القصص

> الذاكرة: Memory لا يستطيع تذكر موقع ممتلكاته مثل الملابس والأدوات

> القلق: Anxiety الخوف والتوتر نتيجة خطر متوقع مصدره مجهول ونتيجة ذلك يكون منسحب ولا يشترك بسلوكيات هادفة في البيئة

> السلوك الهادف إلى جذب الانتباه: Attention seeking behavior مثل الصراخ المرح الصاخب التهريج

> السلوك الفوضوي: Disruptive behavior كلام غير ملائم، تصفيق، ضحك ، غناء، لا يتوافق مع سلوك الآخرين

> العدوان الجسدي: Physical Aggression القيام بسلوكيات عدائية ضد الذات والآخرين(العض الخدش الضرب).

< العدوان اللفظي: Verbal Aggression القيام بسلوكيات عدائية ضد الذات والآخرين (أنت أحمق، ..).

< عدم الاستقرار: Instability تقلب المزاج السريع.

< التنافس الشديد Over Competitiveness الغيرة.

< عدم الانتباه: Inattentiveness القدرة على التركيز على مثير لوقت كاف لإنهاء مهمة ما.

< الاندفاع: Impulsivity الاستجابة الفورية لأي مثير ويوصف بأنه لا يفكر

< التكرار التلبث Reservation النزعة إلى الاستمرار في نشاط معين بعد انتهاء الوقت المناسب لهذا النشاط مثل الاستمرار في الضحك.

< مفهوم ذات سيء او متدن: Poor self-Concept إدراك الشخص لذاته كفرد حيث يدرك ذاته انه غير مناسب او فاشل مثل (لا استطيع فعل ذلك، هو أفضل مني، أنا لست جيد).

< السلبية: Negativism المقاومة المتطرفة للاقتراحات والنصائح والتوجيهات المقدمة من قبل الآخرين(دائما يقول لا).

< النشاط الزائد: Hyperactivity هو النشاط الجسدي المستمر وطويل البقاء ويتصف بعدم التنظيم.

< قلة النشاط Hypo activity يتصف الفرد بأنه بطيء وبليد ولديه نشاط حركي غير مكافئ عند الاستجابة للمثيرات وعدم الاهتمام.

< الانسحاب: Withdrawal الهرب من مواقف الحياة حيث يوصف الطفل بأنه منعزل خمول خجل خائف مكتئب.

< السلوك الذي يتأثر بالآخرين: passive-suggestible behavior يقوم به الفرد لإرضاء الآخرين دون التفكير بعواقب ذلك السلوك ويكون غير قادر على تحمل المسؤولية او سهل القيادة.

< عدم النضج الاجتماعي: Social Immaturity سلوك غير مناسب للمرحلة العمرية حيث يفضل الأصغر سنا أو الأكبر سنا.

< العلاقات الشخصية غير الفعالة Inefficient Interpersonal Relations: لا يعرف السلوك المطلوب، غير قادر على أداء السلوك المتعارف عليه، غير قادر على استيعاب سلوك الآخرين..).

< الانحراف الجنسي: لديه سلوكيات ذات جنسية غير مقبولة اجتماعيا مثل إثارة ذاتية او التصرف بطريقة مختلفة عن أقرانه من نفس الجنس.

< الشكوى من علل نفس جسدية Psychosomatic Complaints مثل يشعر بالصداع او الغثيان او الآلام في المعدة.

< التمر المستمر Chronic Disobedience عبارة عن نشاط مناقض للقوانين والاتجاهات.

الفصل الرابع

قياس وتشخيص الضغوط النفسية

يقاس الضغط النفسي عند الإنسان بعدة وسائل أو أدوات، ومن تلك الأدوات، أدوات القياس النفسي المستخدمة لدى المختصين في موضوع القياس النفسي أو الإكلينيكي. وتكون تلك الأدوات إما مكتوبة؛ أي عن طريق الإجابة على بعض الأسئلة، ثم تحسب الإجابات لتستخرج نسبة الإجهاد أو كمية الضغوط الواقعة على الفرد، أو يقاس بواسطة أجهزة عملية تقيس التوازن الحركي - العقلي أو قوة الانفعالات وشدتها، أو من خلال الملاحظة والمقابلة ودراسة الحالة كأساليب يمكن الوثوق فيها في عملية التشخيص للحالة التي تواجه مستوى معين من الضغوط النفسية

ومن الأدوات الشائعة الاستخدام المقاييس المكتوبة..ونستعير منها مقياس هولمز وداهي بعض الفقرات التي تدل على وجود ضغوط معينة:

1- وفاة القرين (الزوج أو الزوجة).

2- الطلاق.

3- الانفصال عن الزوج أو الزوجة.

4- حبس أو حجز أو سجن أو ما أشبه ذلك.

5- موت أحد أفراد الأسرة المقربين.

6- فصل عن العمل.

7- تغير في صحة أحد أفراد الأسرة (بعض الأمراض المزمنة).

8- تغير مفاجئ في الوضع المادي.

9- وفاة صديق عزيز.

10- الاختلافات الزوجية في محيط الأسرة.

11- سفر أحد أفراد الأسرة بسبب الدراسة أو الزواج أو العمل.

12- خلافات مع أهل الزوج أو الزوجة.

13- التغير المفاجئ في السكن أو محل الإقامة.

14- تغير شديد في عادات النوم أو الاستيقاظ.

يشعر الشخص ببعض الإنذارات التي تعطي مؤشراً باتجاه وجود ضغوط مرتفعة أو حالات من الإجهاد، ويستلزم إزاء هذه الإنذارات اتخاذ بعض الإجراءات لخفض التوتر أو الضغوط لكي لا تتحول عند استمرارها لفترة طويلة إلى حالات مرضية. وهذه الإنذارات:

> اضطرابات النوم.

> اضطرابات الهضم

> اضطرابات التنفس.

> خفقان القلب.

> التوجس والقلق على أشياء لا تستدعي ذلك.

> أعراض اكتئابية.

> التوتر العضلي والشد.

> الغضب لأتفه الأسباب.

> التفسير الخاطئ لتصرفات الآخرين ونواياهم.

> الإجهاد السريع.

> تلاحق الأمراض والتعرض للحوادث.

تعتبر المقاييس والاختبارات من أكثر الوسائل الفنية موضوعية لفهم الفرد ودراسة سلوكه. وقد استخدمت الاختبارات بشكل واسع قي كل الميادين مثل الإدارة والصناعة والتربية ومختلف المجالات الحياتية بهدف الكشف عن قدرات الأفراد وتشخيص أحوالهم وسلوكهم.والاختبار عبارة عن مجموعة منظمة من المثيرات على شكل أسئلة أو فقرات بغرض قياس سمة ما.

أحداث الحياة كمصدر للضغط

أحداث الحياة وتبادلاتها سواء كانت سلبية (مثلا ترقية، الانتقال إلى عمل جديد، زواج) من شأنها جميعا أن تشكل ضغوطا على الفرد يستجيب الجسم لها بنفس الطريقة مما يفضي إلى احتمال الإصابة بمختلف الأمراض العضوية مستقبلا .

وللتحقق من هذه الفئة وضعت مقاييس متعددة من أهمها مقياس ضغوط أحداث الحياة life events stressors questionnaire الذي يتكون من 45 حدثا أو تغيرات واقعة أو وشيكة الوقوع (مثال: موت الزوج / الزوجة، الطلاق، متاعب مع رئيسك في العمل، ترقية إلى وظيفة أعلى، الزواج تغيير محل إقامتك، ولادة طفل في الأسرة) وقد أعطيت لكل حدث منها درجة بحسب شدة هذا الحدث ومدى تأثيره في حياة الفرد فمثلا أعطيت أعلى درجة وهي 100 لموت الزوج /الزوجة بينما أعطيت درجات متوسطة لبنود مثل الإصابة بمرض (53 درجة) الزواج (50)، ودرجات منخفضة لتغيرات مثل: قضاء الإجازة السنوية(13)، التغيير في عادات النوم (1) وهكذا.

وبوضع طريقة موضوعية تحدد مقدار التغيرات الواقعة للفرد ومدى شدتها أصبح الطريق ممهدا لمل تلعبه هذه العوامل في مجالات الصحة والمرض ولأهمية النتائج التي أمكن استخلاصها فيمل يتعلق بموضوعنا الحالي فإننا نوجز بعضها فيما يلي:

1. ضغوط والتغيرات المتعلقة بالانفصال، أو الفقدان(مثلا: الطلاق، الانفصال عن الزوج / الزوجة، وفاة الزوج / الزوجة، وفاة صديق أو قريب) تشكل اشد الضغوط وأقساها في حياة الفرد على سبيل المثال تمت مقارنة نسبة الوفيات في عينة مكونة من 4500 أرمل ممن تزيد أعمارهم عن 45 سنة، بنسبة الوفيات في عينة مماثلة من المتزوجين في نفس الفئة العمرية. لقد تبين بما يتسق مع هذه الحقيقة أن نسبة الوفيات بين الأرامل زادت 40 % عن عينة المتزوجين خاصة في الشهور الستة الأولى من وفاة الزوجة. ولكنها بدأت بعد ذلك في الانخفاض بحيث لم تصبح هناك فروق دالة بين المجموعتين فيما يتعلق بنسبة الوفيات، مما يشير إلى أنه كلما اشتدت الضغوط كلما تزايدت خطورتها على حياة الإنسان. كما أن البدايات الأولى من وقوعها هي أسوأ ما فيها ومن ثم يحتاج الفرد في بداية وقوعها بشكل خاص للرعاية المهنية والاهتمام.

2. كذلك تبين أن من الممكن التنبؤ بدرجة كبيرة من الثقة بإمكانية إصابة فرد معين بالمرض خلال العامين القادمين من حياته من خلال درجته على مقياس الضغوط ومن الطريف انه تبين أيضا أن التنبؤ بشدة المرض تتناسب تناسبا طرديا مع درجة الإجهاد والتعرض للضغط فمثلا أن تراكم ما يعادل 150 وحدة من الضغوط خلال 21 شهرا لدى فرد معين ستجعلنا نتنبأ بأنه سيصاب بمرض ما خلال الفترة القادمة من حياته وذلك كالأنفلونزا أو التهاب المفاصل أو الروماتيزم أما إذا زادت درجة الفرد عن 300 وحدة ضغط فان الاحتمالات ستتضاعف بأنه سيصاب بمرض شديد خلال عامين .

3. كذلك فاقت قدرة الضغوط النفسية على التنبؤ بالإصابة بالإمراض في المستقبل مثيلاتها من النبوءات المستخلصة من المقاييس والمؤشرات البيولوجية والتحليلات الكيميائية بعبارة أخرى أمكن التنبؤ بان فردا ما سيصاب بمرض ما في السنوات القليلة من عمره من خلال معرفة كمية الضغوط الواقعة عليه في اللحظة الراهنة وما يعانيه منها بصورة أدق مما لو اعتمدنا على المؤشرات البيولوجية وحدها بما فيها درجة ضغط الدم ونسبة السكر في الدم أو الكولسترول.

نوع الإصابة المرضية يتحدد بنوعية الضغط وشدته ومن مجالات البحث المشوقة والواعدة في هذا المجال البحوث التي تدرس العلاقة النوعية التي يمكن أن تلعبها الضغوط والأحداث الانفعالية فينوع الإصابة المرضية فارتفاع ضغط الدم الشرياني أو ما يسمى بالتوتر العالي يرتبط بتزايد ضغط العمل وتوتر العلاقة بالرؤساء وما يصحب ذلك من قمع لمشاعر الغضب. ونظرا لأن ارتفاع الضغط الشرياني يعتبر من العوامل الهامة في الإصابة بأمراض القلب فإن من المعتقد أن تكون الإصابات بأمراض القلب ذات ارتباط وثيق بضغوط العمل، والضغوط الاجتماعية المجهدة المقرونة بالإفراط في التدخين ولهذا نجد ما يدل على أن عدد السجائر التي يتم تدخينها لدى المدمنين على التدخين تتزايد مع المكالمات الهاتفية، والزيارات الاجتماعية، والاجتماعات التي يعقدها الفرد أو يساهم فيها.

وليس معنى ذلك، أننا يجب أن نحد من العلاقات الاجتماعية، لان هناك في نفس الوقت ما يشير إلى أن تقليص العلاقات الاجتماعية والعزلة ترتبط بتزايد الأمراض القلبية، والأمراض النفسية والعضوية عموما. لكن من الأحرى أن يقال انه يجب تجريد العلاقات الاجتماعية من المتلازمات السلوكية الخاطئة والمعارضة للصحة، المصاحبة لهذه العلاقات بما فيها مثلا: الإسراف في الأكل، التدخين، الصراعات المرتبطة بالعلاقات الاجتماعية، والإجهاد منها.

ومما يكشف عن عمق الصلة بين المرض والضغوط الانفعالية انه تبين أن الإصابة بالأمراض تبدأ ببداية ظهور إحدى الضغوط أو مجموعة منها فالإصابات الخفيفة بما فيها الجروح، والصداع، والكدمات، والإصابة بنوبات البرد، والزكام تحدث لدينا في الأيام التي نتعرض فيها إلى نصيب وافر من الإجهاد أو الضغوط اليومية المفاجئة المتلاحقة.

وبالمثل فقد تبين أن نسبة الوفيات الناتجة عن الأمراض التي يلعب فيها عامل الضغط النفسي والإجهاد في تزايد مستمر. ومن المعروف الآن أن التعرض والإصابة بالأمراض الخطيرة التي ترتبط بالوفاة المبكرة كالنوبات القلبية والوفيات المفاجئة بالسكتة القلبية والتعرض للحوادث الخطيرة والإصابات الشديدة تحدث نتيجة لالتقاء عدد من الضغوط اليومية التي تستمر فترة طويلة دون أن ينجح الفرد في التغلب عليها أو معالجتها. فعندما يتحد ظهور الضغوط الناتجة عن فقدان أو موت أحد المقربين بالشعور باليأس، يضعف جهاز المناعة مما يرجح التعرض للإصابة بأمراض الأورام السرطانية. أما الضغوط الناتجة عن الإثارة الشديدة (التي تؤدي إلى الغضب والفزع والخوف) فقد تبين أنها ترتبط بأمراض الربو.

ومن الطريف أن بعض البحوث التجريبية بينت أن من الممكن إثارة أعراض مماثلة لأعراض الربو عند الأطفال بتعريضهم لمواقف انفعالية كالنقد، أو مشاهدة أفلام مثيرة أما الضغوط التي تؤدي إلى إثارة الغيظ والانشغال الشديد على

المستقبل والقلق الحاد فمن شأنها أن تزيد من العصارات الاكسيدية المعدية فوق حاجات الجسم مما يرجح الإصابة بأمراض قرحة المعدة وهكذا.

وتبين أيضا أن ظهور الأمراض النفسية يرتبط بأنماط الضغوط النفسية التي يعاني منها الفرد فبداية ظهور وتطور الأمراض النفسية تجئ إثر التعرض للتغيرات الحياتية كالفشل الدراسي أو وفاة أحد الأقارب أو توقع الانفصال عن الأسرة أو تغير الدخل المفاجئ نتيجة للفصل عن العمل. وينطبق هذا على الأمراض النفسية الخفيفة كالقلق والاكتئاب النفسي والأمراض العقلية الشديدة كالانتحار والفصام، وهكذا نتبين من الأدلة السابقة مدى ما تلعبه الانفعالات والضغوط من دور أو أدوار في تطور الصحة والمرض لقد بينت لنا الأدلة المتجمعة أن هذه الجوانب السلوكية تفسر كثيرا من الجوانب المرتبطة بالصحة والمرض بما فيها شدة الأعراض المرضية ونوعية الإصابة بمرض معين وبداية ظهور الأمراض وتطورها في جانبيها العضوي والنفسي .

علامات المعاناة من الضغط

للتعرف على العلامات الدالة على تزايد الضغوط وأنها بدأت تؤثر في الجوانب المختلفة من حياتك تأثيرا سلبيا يحسن أن تجب على الأسئلة التي يحتويها الاستبيان الآتي:

قياس وتشخيص الضغوط النفسية

لا	نعم	العبارة	الرقم
		أ : نفسيا	
		هل تنزعج بشدة لأسباب تافهة	1
		يتملكني إحساس بالحزن	2
		يسيطر علي إحساس باليأس	3
		لا اشعر بالرضا عن نفسي	4
		أشعر بالخوف من المستقبل	5
		أشعر بقلق دائم	6
		أشعر بأنني مقصر في حق أسرتي	7
		هل كثيرا ما تشعر انه لا طاقة لديك للعمل	8
		أشعر بأنه لا فائدة من أي جهد أبذله	9
		ب : جسميا	
		أغضب لأتفه الأسباب	11
		أعاني كثيرا من الصداع	12
		أعاني بكثرة من ألام المعدة وسوء الهضم	13
		عند النوم هل تتزاحم الذكريات السيئة لدرجة انك تعجز عن النوم؟	14
		أعاني بشدة من صعوبات في النوم؟	15
		هل تعاني من ارتفاع ضغط الدم؟	16
		اشعر بزيادة في ضربات القلب	17
		أصاب كثيرا بالإمساك	18
		تمر علي أيام كثيرة من التوتر وعدم الاستقرار	19
		أتعرض دائما للإصابة بالزكام وأمراض البرد	20
		أشعر بالتعب والإرهاق طوال اليوم	21
		ج : معرفيا – ذهنيا	
		هل التفكير في المستقبل يشغلك بشدة؟	22
		أصبحت مشوش التفكير	23
		لا توجد لدي هوايات	24
		أعاني من النسيان السريع	25
		أجد صعوبة شديدة في التركيز على موضوع محدد	26
		ذهني دائما مشحون ومنشغل	27
		أجد صعوبة في متابعة الأحداث العامة والأخبار	28
		أعتقد أنني فاشل	29
		درجاتي وتقديري اقل دائما من المعتاد	30

31	أشعر بأنني أقل ذكاء من زملائي .		
	د : سلوكيا		
32	أسرف هذه الأيام في تدخين السجائر أو تعاطي أي مهدئات؟		
33	توجد لدي أشياء كثير تحتاج للإنجاز ولكنني لا أجد الوقت لإنهائها .		
34	أتعاطي كثيرا من المنبهات والكافين مثل الشاي والقهوة		
35	حدثت لي خلال هذا العام كثيرا من الحوادث المفاجئة		
36	عندما أبدأ في المذاكرة يصيبني التعب أو الرغبة في النوم		
37	لم أعد قادرا على وضع جدول دراسي يرضيني		
38	أجد صعوبة في ترك سريري حتى في غير أوقات النوم		
39	لا أستطيع التحكم جيدا في وقتي .		
	هـ : اجتماعيا		
40	أتمنى لو أجد أحدا استند إليه ليخلصني من آلامي النفسية .		
41	لا أحد يقدر ما أنا فيه من معانة .		
42	مشاحناتي مع الزملاء في تزايد مستمر؟		
43	أشعر بالعزلة والوحدة .		
44	لا يوجد لدي أصدقاء بالمعنى الحقيقي		
45	أشعر بعدم الراحة مع الناس		
46	علاقاتي بزملائي ليست طيبة		
47	علاقاتي بالأسرة متوترة .		
48	أكره الذهاب للمحاضرات		
49	لا أشارك في المناقشات العامة .		
50	الأعباء الاجتماعية كثيرة الأعباء لدرجة أنني لا أجد الوقت لإنجاز الأشياء الهامة؟		
	و : ذاتيا		
51	أشك في قدرتي على تحقيق أي نجاح أو شيء نافع		
52	أشعر بالملل دائما		
53	لا أشعر بان أحد يحبني .		
54	لا أدين لأحد بشيء .		
55	لا أعتقد أنني إنسان ناجح .		
56	أشعر بأنني لم أخلق للدراسة؟ أو أنني مهيأ لأي شيء جاد؟		
57	انقطعت عن العبادة والصلاة .		
58	أشعر بأن المستقبل أمامي معتم .		
59	أحتاج للعلاج النفسي .		
60	أشعر بعد أهمية أي شيء في الحياة .		
61	أشعر بأنني أضعت حياتي فيما لا فائدة فيه .		

العبارات السابقة تمثل نتائج محتملة للمعانة من الضغوط ليس المقصود منها وضع تشخيص طبي أو نفسي ولكن الهدف منها إطلاعك على المصادر المحتملة لمعاناتك الشخصية منها أو ما إذا كانت الضغوط قد بدأت تتطور إلى أشكال سلبية فإجابتك عنها هي مجرد مهديات سلوكية توجه انتباهك مبكرا إلى احتمالات الخطر.

ومن خلال الاستبيان السابق يمكن أن نستدل على سيطرة الضغوط بظهور طائفة من الأعراض والمظاهر السلوكية، لعل من أهمها:

< اضطرابات نفسية: تزايد أعراض التوجس والقلق كالخوف من الفشل ـ تقلب المزاج ـ تزايد مشاعر الاكتئاب ـ الشعور بالعجز عن القيام بالنشاطات المعتادة ـ الحدة الانفعالية (الغضب لأتفه الأسباب)

< اضطرابات عضوية: تزايد الاضطرابات الحشوية (سوء الهضم ـ آلام المعدة ـ الحرقان) تزايد خفقان القلب ـ مشكلات النوم ـ التعرض للإصابة بالبرد ـ أمراض الحساسية ـ التوترات العضلية والشد ، مثلا ضيق التنفس ـ الصداع ـ التعب السريع.

< اضطرابات ذهنية وفي طريقة التفكير: التفسير الخاطئ لتصرفات الآخرين ونواياهم ـ العزوف عن الموضوعات التي تحتاج للتفكير والتركيز ـ العجز عن اتخاذ قرارات لو صغيرة ـ النسيان السريع ـ صعوبة في التركيز ـ صعوبة في التذكر ـ تفكير غير عقلاني .

< اضطرابات في السلوك والتصرفات: الاندفاع ـ التوتر الشديد ـ الإفراط في التدخين ـ تعاطي عقاقير مهدأة أو منبهة ـ فقدان الشهية ـ مشكلات جنسية ـ العرض للحوادث والإصابات ـ تزايد الصراعات الاجتماعية ـ انخفاض مستوى التحصيل الدراسي.

الأعراض الدالة على تزايد الضغط والإجهاد

< تزايد الاضطرابات الحشوية (سوء الهضم ـ آلام المعدة).

< التوترات العضلية والشد (ضيق التنفس ـ الصداع ـ التعب).

< اضطرابات نفسية :تزايد أعراض التوجس والقلق (خفقان القلب ـ الخوف من الفشل ـ الأرق) وتزايد مشاعر الاكتئاب (الإحساس بالتشاؤم ـ فقدان الشهية ـ الملل ـ العجز عن القيام بالنشاطات المعتادة) والحدة الانفعالية (الغضب لأتفه الأسباب)

< اضطرابات ذهنية وفي طريقة التفكير (تفسير الخاطئ لتصرفات الآخرين ونواياهم)

< اضطرابات في السلوك والتصرفات :الاندفاع ـ التوتر الشديد ـ العنف ـ الإفراط في التدخين ـ تعاطي عقاقير مهدأة أو منبهة ـ فقدان الشهية ـ الخوف من الوحدة ـ مشكلات جنسية.

الآن ما الذي يمكن أن نفعله حيال هذه الضغوط إنها ليست مرضا يسهل التخلص منه بوصفة طبية. وليس بيدنا دائما أن نتحكم في العالم الخارجي حتى نقلل أو نلغي ضغوطه علينا . من هان تجئ فائدة العلوم النفسية بما تكشفه من وسائل وأساليب للتحكم في الضغوط بطريقة لا تحرمنا من الفاعلية في الحياة، ولا تحولنا بالضرورة للمعاناة من آثارها النفسية والصحية والاجتماعية. فالقياس لتلك الضغوط يحقق الجزء المهم في هذه العملية.

ومقياس الضغط النفسي عبارات أو مواقف أو بنود أو فقرات تقيس مستوى أو شدة الضغوط التي تواجه الفرد. لا بد من أن يتصف الاختبار الذي يقيس مستوى أو شدة الضغوط بعدة خصائص هي:

الصدق: أي أن يقيس الاختبار ما وضع لأجله فعلاُ. ويتم التحقق من صدق الاحتيار بعدة طرق(الصدق الظاهري) و(صدق المحتوى) و(صدق المحك) و(صدق المفهوم).

الثبات : أي أن بكون معامل الثبات عال .وان يعطي النتائج نفسها بغض النظر عمن طبقه.

الموضوعية: أي أن تكون التعليمات واضحة ومحددة.

تصنيف DSM4 للمشاكل البيئية والنفسية

في تصنيف DSM4 يتم تشخيص الضغوط النفسية من خلال حدوث واحدة من التسعة التالية:

> مشاكل متعلقة بمجموعات دعم أولية مثال موت عضو في العائلة، ولادة أخ

> مشاكل متعلقة بالبيئة الاجتماعية مثل موت او خسارة صديق او عزلة اجتماعية.

> مشاكل تعليمية مثلا مشاكل أكاديمية وخلافات مع المعلم.

> مشاكل مهنية مثلا عدم التوظيف وتغيير الوظيفة .

> مشاكل بيتية مثلا خلافات مع الجيران وعدم وجود مأوى.

> مشاكل اقتصادية مثلا فقر مدقع.

> مشاكل حول عدم الاشتراك في خدمات الاهتمام الصحي مثلا عدم وجود خدمات صحية كافية او عدم كفاية التأمين الصحي.

> مشاكل متعلقة بالتفاعل مع النظام والقانون مثلا إلقاء القبض عليه.

> مشاكل نفسية مثلا الحرب او التعرض لكارثة.

الفصل الخامس

أساليب علمية لمواجهة الضغوط النفسية

فنيات التعامل مع الضغوط النفسية stress

مقدمة:

إذا كان موضوع الضغوط متشعباً وشائكاً كما يعتقد بعضهم، فإنه يمكن القول أن التعامل معه أكثر تعقيداً وتشابكاً، لاسيما أن بعضاً من جوانبه لا إرادي يصعب التحكم به حتى عند الأشخاص الأسوياء والقسم الآخر إرادي ملحوظ... ومن هنا جاءت المصاعب في تحديد أساليب التعامل مع الضغوط.

من المعروف أن الضغوط تمثل خطراً على صحة الفرد وتوازنه، كما تهدد كيانه النفسي، وما ينشأ عنها من آثار سلبية، كعدم القدرة على التكيف وضعف مستوى الأداء والعجز عن ممارسة مهام الحياة اليومية، وانخفاض الدافعية للعمل والشعور بالإنهاك النفسي. فإن أساليب التعامل مع هذه الضغوط هي الحلول السحرية لإعادة التوافق عند الإنسان إذا ما استدل على معرفة الأسلوب المناسب لشخصيته، وهنا تكمن الصعوبة. فحينما يتعامل الإنسان مع الموقف فإنه يستجيب بطريقة من شأنها أن تساعده على التجنب أو الهروب أو من تقليل الأزمة ومعالجة المشكلة.

سنقوم في هذا الموضوع باستطلاع بعض التعريفات لأساليب التعامل والتي يستخدمها معظم الناس الأسوياء (الأصحاء) في تعاملهم مع ضغوط الحياة. علماً بأن معالجة الضغوط تعني ببساطة أن نتعلم ونتقن بعض الطرق التي من شانها أن تساعدنا على التعامل اليومي مع هذه الضغوط والتقليل من آثارها السلبية بقدر الإمكان.

تعرف أساليب التعامل بأنها الطريقة أو الوسيلة التي يستخدمها الأفراد في تعاملهم مع الضغوط الواقعة عليهم، فعرفها سبيلبرجر بأنها عملية وظيفتها خفض أو إبعاد المنبه الذي يدركه الفرد على أنه مهدد له، أما كوهين ولازروس فيعرّفانها على أنها: أي جهد يبذله الإنسان للسيطرة على الضغط.

ويعرفها (الإمارة) بأنها المحاولة التي يبذلها الفرد لإعادة اتزانه النفسي والتكيف للأحداث التي أدرك تهديداتها الآنية والمستقبلية.

< كما أن التعامل مع الضغط النفسي يتم به استخدام استراتيجيات للتعامل مع المشاكل الحقيقية والانفعالات السلبية، واستخدام استراتيجيات للتعامل مع الضغط قد يكون الأفراد واعين لها او غير واعين لها، ويؤثر كلا من الشخص والمجتمع والبيئة الثقافية في تقييم الضغط واستخدام استراتيجيات التدبر.

< ولا احد يمتلك استراتيجيات تنفع مع كل المشاكل ولذا يعاني الأفراد أحيانا من عدم التوازن في أوجه معينة وبحاجة إلى توازن عن طريق استخدام استراتيجيات للتدبر.

إن الأزمة النفسية الشديدة أو الصدمات الانفعالية العنيفة أو أي اضطراب في علاقة الفرد مع غيره من الأفراد على مستوى البيت أو العمل أو المجتمع الصغير وغير ذلك من المشكلات أو الصعوبات التي يجابهها الفرد في حياته، والتي تدفع به إلى حالة من الضيق والتوتر والقلق، تخلق لديه الوسيلة لاستيعاب الموقف والتفاعل معه بنجاح فيتخذ أسلوباً لحل تلك الأزمة على وفق إستراتيجية نفسية خاصة تتناسب وشخصيته. هذه الطرق والوسائل التي تستطيع أن تخفض التوتر تسمى أساليب التعامل مع الضغوط، وعند نظرية التحليل النفسي تسمى بالأساليب أو الحيل الدفاعية أو آليات الدفاع، وهي تعد حلاً توفيقياً وسطاً، أو تسوية بين المكبوت وقوى الكبت، كما أنها أشبه ببديل تعويضي عن فشل الكبت وما يترتب عليه من قلق. وإن أهم ما يميز العمليات الدفاعية في منهج عملها عن أساليب التعامل، كون الأولى تحدث لا شعورياً، أما الثانية (أساليب التعامل) فهي تحدث شعورياً ويلجأ إليها الفرد بما يلبي نمط شخصيته في الرد على الموقف الضاغط أو المهدد.

إن إدراك الفرد للضغط يعد من أهم الاستجابات الصحيحة الأولى لدى الفرد، واعتبر رد الفعل لذلك الضغط. هو إدراك الفرد للتهديد المحتمل في المواقف

الضاغطة، وهو اعتقاد الفرد بقدرته في مواجهة أو تجنب التهديد في ذلك الموقف، وهو الجانب الأهم.

لقد زاد الاهتمام منذ سنوات عدة بالوسائل والطرائق التي يلجأ إليها الفرد لدرء الخطر الذي يواجهه يومياً في حياته، وسمى علماء النفس هذه بأساليب التعامل Coping وعندما يستخدمها الناس إنما يستجيبون بطريقة من شأنها أن تساعدهم على تجنب ذلك الموقف الضاغط أو الهرب منه أو حتى التقليل من شدته بغية الوصول إلى معالجة تحدث التوازن. ولم ينصب الاهتمام على دراسة نوع واحد بعينه من الضغوط، بل تم دراسة أساليب التعامل مع الضغوط بأنواعها المختلفة وحسب نوعية الضغوط أو شدتها، فأسلوب التعامل مع النكبات التي تمر بالإنسان يختلف عن أسلوب التعامل مع الضغط الداخلي. فقد أثبت العلماء أن أسلوب طلب الإسناد الاجتماعي، هو أحد أساليب التعامل مع الضغوط الناجمة عن فقدان شخص عزيز أو الحرائق التي تحصل لممتلكات الإنسان وأمواله، أو النكبات الطبيعية، أما أسلوب الإسناد الانفعالي، فهو الأسلوب الأكثر استخداماً مع الأفراد المصابين بالاكتئاب النفسي. وسنستعرض أساليب التعامل (شعورية) وآليات الدفاع (ميكانيزمات) (لاشعورية) واستخداماتها.

إن علاج الضغوط ليس في التخلص منها أو تجنبها واستبعادها من حياتنا فوجود الضغوط في حياتنا أمر طبيعي ولكل فرد منا نصيبه من الأحداث اليومية بدرجات متفاوتة ولهذا فوجود ضغوط في حياتنا لا يعني أننا مرضى بل يعني أننا نعيش ونتفاعل بالحياة إنه يعني أننا ننجز أشياء معينة ونحقق طوحتنا وخلال ذلك أو بسبب ذلك تحدث أمور متوقعة أو غير متوقعة ومن ثم فإن علاج الضغوط لا يتم بالتخلص منها وإنما يتم بالتعايش الإيجابي معها ومعالجة نتائجها السلبية.

معالجة الضغوط تعني ببساطة أن نتعلم ونتقن بعض الطرق التي من شأنها أن تساعدنا على التعامل اليومي مع هذه الضغوط والتقليل من آثارها السلبية بقدر الإمكان ويمكن أن نحدد عددا من الأسس للتعامل مع الضغوط والتعايش معها بإيجابية هي :

فنيات التعامل مع الضغط النفسي

أولا: وضع أهداف معقولة

قد يعتقد البعض خطأ أن الضغوط هي نتاج كامل لما تصنعه المواقف الخارجية أو الظروف البيئية الخارجية ومن ثم فقد يبنون نتيجة أخرى على هذا النوع من التفكير وهي أن العلاج من الضغوط يجب أن يرتبط بتغيير الموقف تماما، ومن ثم تتجه طاقة هذا البعض بأكملها لهذا الهدف غير الواقعي ومن ثم نجد هذا البعض أيضا يجاهد عبثا للحصول على ضمانات خارجية بتعديل هذا الوضع .

يعتبر التغير من الموقف (كالعمل المشحون بالتوتر والصراع) من أهم مصادر التحسن فقد تبين أن حوالي 60% من حالات الاضطراب المرتبطة بالحروب وعصاب الحرب تشفى بعد إبعادها من خط النار لكن يتعذر في كثير من الأحيان تغيير البيئة وفي تلك الحالة لا يكفي أسلوب تعديل البيئة أو تغييرها وهنا يحتاج الشخص لأساليب تساعده على معايشة الضغوط والتغلب على آثارها السلبية.

ولعل أهم خطوة نقوم بها هي أن نتبنى أهدافا معقولة فليس من الواقعي أن تتخلص من كل الضغوط والأعباء تماما من الحياة وكلما انصب هدفنا على التخفيف من هذه الضغوط ومجرد التقليل البسيط منها قدرتنا على التكيف لها ومعالجتها.

وللتخفف من الضغوط يجب أن تعالجها أولا بأول فتراكم الضغوط يضاعف الجهد في حلها وتتزايد المشكلات السلبية عندما نفاجأ بأن علينا أن نتعامل مع عدد منها في وقت ضيق .

وهناك أيضا طريقة أخرى لبناء أهداف واقعية وهو أن نتبنى أهدافا قابلة للتحقيق في فترة زمنية معقولة أي أهداف قصيرة المدى فليس من الواقعي أن يجعل الطالب هدفه أن ينهي مثلا مادة دراسية كاملة في خلال ثلاثة أيام أو انه سيعتمد على الأسبوع الأخير من الدراسة لتحقيق الفوز والنجاح فمن المؤكد أن الطالب الذي يتبني هدفا غير واقعي بهذا الشكل سيكون في وضع أسوأ بكثير من

الطالب الذي يخصص كل ساعة من وقته لإنهاء أجزاء معقولة من مادة معينة لينتقل بعد ذلك لأجزاء أخرى من مادة أخرى وهكذا بالبدء مبكرا منذ أوائل الفصل الدراسي .

ثانيا: تدريب المهارات الاجتماعية

تدريب المهارات الاجتماعية بما فيها مثلا: الاعتذار للطلبات غير المعقولة ـ الإقلال صراعات العمل والعداوة في السلوك مع الآخرين ـ أطلب العون والمساعدة من الآخرين ـ أن نكون مستعدين للتفاوض وتبادل وجهات النظر في حالات الاختلاف أو التصارع مع الآخرين.

ليس باستطاعتك أن تفي باحتياجات الآخرين ومتطلباتهم منك فاجعل هدفك من العلاقات الاجتماعية معقولا فمن المتعذر أن تلبي أن تجعل هدفك هو إرضاء كل من تعرف ومن لا تعرف وكل من هو في حاجة لك من الجميل بالطبع أن تساعد وان تمنح بعضا من وقتك وجهدك للناس ولكن لا تنسى أن لك أيضا احتياجات خاصة للدراسة والراحة ووقت الفراغ والترفيه قلا تنس أن تكون واقعيا في تلبيتك لمتطلبات الآخرين وإلحاحا تهم وانك أيضا في حاجة لوقت خاص لك ولقدر من الخصوصية والعزلة.

وتتطلب المهارات الاجتماعية قدرة على تأكيد الذات بكل ما يشتمل عليه هذا المفهوم من مهارات التعبير عن المشاعر والحزم الإيجابي تعلم أن تقول " لا" في بعض الأحيان للطلبات غير المعقولة (وحتى الطلبات المعقولة أحيانا) ولكن لا يعني ذلك أن تقول "لا" من أجل المخالفة والمعاندة وخلق جو عدائي إنما يعني أن تكون قادرا على أن تعرف احتياجاتك والوقت المتاح لك وأوليات العمل بالنسبة لك وان تعترف وتعلن عدم قدرتك على تلبية ما يلقى عليك من متطلبات.

وعند حدوث صراعات أو خلافات في الرأي لا تجعل هدفك أن تكسب كل شيء ولو كان ذلك على حساب الآخرين افتح دائما مجالا للتفاوض و تبادل وجهات النظر والوصول إلى الحلول التوفيقية وتذكر دائما أن أفضل الحلول هي تلك

التي تحقق كسبا متبادلا لجميع الأطراف الداخلة في الصراع أو الخلاف ما أمكن وحتى إذا تعذر أن تكسب في موقف أو أن تحوله لصالحك بسبب ظروف قاهرة أو خارجية عن إرادتك فليس معنى ذلك أن تبقى ناقما ساخطا مكظوما.

تذكر أن الخسارة وحدها ليست هي التي تمثل الخطر الأكبر على الصحة ولكن إدراكنا لهذه الخسارة وتفسيراتنا الحمقاء لها واستجاباتنا الانفعالية وما فيها من غضب مكتوم هي السبب الرئيسي للنتائج السلبية والمرضية فتذكر أن تفلسف الأمور بطريقة إيجابية عندما تتعرض للفشل وان تحصل على أكبر قدر ممكن من الاسترخاء والهدوء بدلا من الاستمرار في المواجهات والصراعات.

ومن السلوكيات الاجتماعية الهامة والتي يوصي بها لتحسين أنماط التفاعل الاجتماعي أن نوزع الأعباء الملقاة على عاتقنا فأنت بذلك تمنح نفسك وقتا أطول وفرصة أفضل للاهتمام بأولويات أخرى تشعر أنها أهم كما انك تمنح الآخرين فرصة أكثر للتكفل ببعض المسئوليات والقيام ببعض الخدمات حتى ولو كان ذلك في مقابل مادي متفق علية كما يمكن الاستفادة ببعض الخدمات المتاحة أحيانا ومن ثم تخفيف الأعباء الملقاة عليك.

ثالثا: ضبط المؤشرات أو التوترات العضوية المرافقة للضغوط

انتبه للتوترات العضلية النوعية المصاحبة لأداء العمل مثل: أنواع التوتر النفسي والعضوي التي تصيب الشخص في حالة الشعور بتزايد الضغوط بما فيها : التوتر العضلي ـ تسارع في دقات القلب بسبب تزايد النشاط الهرموني أي تزايد نسبة ضخ الأدرينالين في الدم ـ التغير في معدل التنفس أو التلاحق السريع في عملية التنفس.

في مثل هذه الحالات: قلل من تدافع الأدرينالين المسئول عن تسارع دقات القلب ـ خذ نفسا عميقا وركز على التنفس جيدا لتقلل من تسارعه ـ استبدل التخيلات المثيرة للقلق بتخيلات أخرى مهدئة للمشاعر ـ تمهل وهدئ من سرعتك وإيقاعك في العمل والحركة ـ تجنب أن تزحم وقتك وتملأ جدولك

أساليب علمية لمواجهة الضغوط النفسية

اليومي بنشاطات يومية تافهة ـ امنح نفسك يوميا وقتا للراحة والترفيه والتأمل نظم جدولك اليومي بطريقة متوازنة بحيث تجعل فيه وقتا لهواياتك وحياتك الاجتماعية والروحية وللأسرة وللعمل .

رابعا: أهمية التخفف من المشاعر العدائية

تتطلب معالجة الضغوط أن نحاول أن تبحث عن طريق أفضل لحل مشكلاتنا وصراعاتنا أو الخلافات اليومية مع الآخرين فكلما ضبطت عدوانيتك كلما قلت التصرفات الانفعالية التي تشعل الأمور أكثر وكلما قل عداء الآخرين مما سيترك مشاعر طيبة أفضل للصحة النفسية والجسمية معا .

أبعاد الصحة النفسية العافية التي تساعد على تقليل الضغط:

> البعد الجسمي: المحافظة على الجسم والتمارين والسلوك الصحي.

> البعد الاجتماعي: تكوين علاقات مع الآخرين وتبادل الحب والعاطفة والمشاركة في المناسبات الفرح والحزن.

> البعد الانفعالي والعاطفي: التعبير عن المشاعر بصدق والتواصل الانفعالي.

> البعد الفكري الذهني: تحليل المعلومات وتجميعها بفاعلية وحل المشكلات بطريقة عليمة والتفكير المرن.

> البعد الروحي: الإيمان بقوة عالية خارقة للطبيعة، والاتصال بها وتساعدنا على أن نملك معنى للحياة.

> البعد البيئي: العمل في بيئة المدرسة والحي ومع الأصدقاء والجيران.

طرق التكيف مع الضغوط

هناك طريقان للتكيف مع الضغوط، أحدهما: التركيز على المشكلة، والثاني: التركيز على الحالة الانفعالية للشخص.

1. التركيز على المشكلة: يطلق عليه "التوافق الفعال"، لأنه يتوجه نحو تغيير الموقف الضاغط، لتقليل، أو إزالة، الخطر المهدد للشخص. وهذا الموقف الإيجابي يُحَسِّن من تفاعل الفرد مع بيئته، كما أن له تأثير

إيجابي أيضاً على صحة الشخص النفسية والجسمانية. ولكن هناك ضغوط لا يمكن تغييرها، أو التصرف إزاءها؛ مما يسبب سوء الحالة النفسية. لذا، يكون التكيف معها إما بالتجنب أو الإنكار؛ مثال ذلك مريض السرطان (Cancer) في المرحلة النهائية، حيث لا أمل من شفائه، فإن الحل الذي يستطيعه للتكيف مع هذا الضغط الصحي هو إنكاره، وأحياناً يلجأ المريض إلى إعادة تقييم الموقف الضاغط، من طريق التفسيرات الموجبة، التي تغير إدراك الفرد للضغط، فتقلل من وطأته.

2. التركيز على حالة الشخص الانفعالية: أي التعامل مع حالة الشخص الانفعالية، خلال فترة الانضغاط، دون مواجهة الضغط، وذلك من طريق التّعبير الانفعالي للشخص عن مشاعره وأفكاره، حول خبرة الضغط، بهدف إعادة فهم واستيعاب واستبصار ما حدث. ويكون النساء ـ عادة ـ أكثر تعبيراً انفعالياً، كما أن التعبير الانفعالي يعطي فرصة للمساندة الاجتماعية أن تقدم دعمها للفرد، فتخفف من وطأة الضغط وتساعده على التكيف. وهناك أشخاص يلجئون إلى الصلاة وقراءة القرآن، أو التأمل، أو ممارسة اليوجا، أو الرياضة البدنية، للتغلب على الشعور بالانضغاط، والوصول إلى حالة من الاسترخاء.

كما صنف حسن مصطفى(1994) أساليب مواجهة الضغوط في المجتمع المصري إلى سبعة أساليب وهي:

1- العمل من خلال الحدث.

2- الالتفات إلى اتجاهات وأنشطة أخرى.

3- التجنب والإنكار.

4- طلب المساندة الاجتماعية .

5- الإلحاح والاقتحام القهري.

6- العلاقات الاجتماعية.

7- تنمية الكفاية الذاتية.

بينما صنفها لطفي عبد الباسط (1994) إلى خمسة فئات وهي:

1- العمليات السلوكية الموجهة نحو المشكلة.

2- العمليات السلوكية الموجهة نحو الانفعال.

3- العمليات المعرفية الموجهة نحو المشكلة .

4- العمليات المعرفية الموجهة نحو الانفعال.

5- العمليات المختلفة (سلوكية- معرفية).

أساليب التعامل مع الضغوط وآليات الدفاع.

إن التصور العام عن أساليب التعامل (Coping) مع الضغوط شامل ويحتاج إلى تفصيل أكثر وخاصة إذا استخدم مع آليات الدفاع اللاشعورية.. فيرى بعض علماء النفس بأن أساليب التعامل مع الضغوط تعتمد على أنها:

أ) وسيلة تعديل أو محو الموقف الذي يزيد من حدة المشكلة التي تسبب الضغط.

ب) وسيلة التحكم الإدراكي واستدعاء الخبرات لتحييد المشكلة.

ج) وسيلة التحكم بالنتائج الانفعالية للمشكلة ضمن حدود الاستجابة الناجحة للحل.

وعموماً فإننا نرى بأن التعامل مع الضغوط عبارة عن أساليب تختلف باختلاف الأفراد أنفسهم. وبناءً على ذلك فسنستعرض تلك الأساليب بشكل مفصل:

وهكذا فإن كل التصنيفات السابقة لأساليب المواجهة تؤكد على أن هناك أساليب مواجهة إيجابية بناءة تتوجه مباشرة نحو حل الموقف الضاغط ومواجهته، وأساليب أخرى سلبية تحاول الهروب من مواجهة الموقف الضاغط، وعلى هذا فإن أبرز الأساليب الإيجابية الاقدامية في مواجهة ضغوط الحياة هي:

1- العمل من خلال الحدث: ويشير إلى استفادة الفرد من الحدث في حياته الحاضرة، وتصحيح مساره بالنسبة لتوقعات المستقبل من خلال التفكير المتأني المنطقي فيما تتضمنه طبيعة الحدث، مما يمكن أن يساعد على التعامل معه ومع غيره من الأحداث.

2- المساندة الاجتماعية: وتتضمن محاولات الفرد للبحث عمن يسانده في محنته ويمده بالتوجه للتعامل مع الحدث وإيجاد المواساة والمساعدة لمواجهة هذه الأحداث بصورة أكثر ايجابية

3- العلاقات الاجتماعية: وهي تشير إلى إيجاد الفرد متنفس عن الأحداث التي مر بها في علاقات مع الآخرين بالتواجد معهم، والاهتمام بعقد علاقات مع الرفاق والأصدقاء القدامى والجدد والأهل كي ينسى الذكريات المرتبطة بهذه الأحداث الصادمة

4- تنمية الكفاءة الذاتية: ويتضمن تكريس الفرد جهده للعمل، والانجاز لمشروعات وخطط جديدة، ترضي طموحاته، وتطرد الأفكار المرتبطة بالحدث، مما يشعره بالكفاءة والرضا عن الذات.

5- المبادأة: وتتمثل في قيام الفرد بأفعال لمواجهة المشكلة، مع محاولة مستمرة من جانبه لزيادة الجهد أو تعديله، والابتعاد عن الأفعال التي قد تصرفه عن التهديد الذي يواجهه.

6- التريث: ويتمثل في محاولة الفرد عدم التسرع وإجبار الذات على الانتظار إلى الوقت المناسب، وقد يؤدي ذلك إلى استرجاع الفرد لخبراته السابقة لخبراته السابقة في المواقف الضاغطة.

ومن الأساليب الأخرى الإيجابية:

أولا: أسلوب حل المشكلات

حل المشكلات "Problem Solving" كأسلوب علمي فعال لإرشاد حالات الضغط النفسي، وتبرز هنا مرتكزات هذا الأسلوب المعرفي في مجموعة من النظريات العلمية كالمعرفية والسلوكية وتفسيرات كثير من العلماء والباحثين مثل ثورندايك (Thorindike) وسكنر (Skinner) كجانب تعليمي وأشور (Ashor) وكوهلر (Kohler) كجانب معرفي، ويعتبر علماء النفس المعرفي

أساليب علمية لمواجهة الضغوط النفسية

(Cognitive Psychologist) وعلماء التوجيه والإرشاد النفسي المعرفي (Cognitive Therapist) أكثر العلماء إدراكا واهتماما وتركيزا على الجانبين العقلي والوجداني التي تحدد المشكلة ومستوى حدتها وحل أي مشكلات تواجه الفرد. وحيث أن الاضطراب الانفعالي عبارة عن جوانب متكاملة ومتفاعلة والنشاط السلوكي الداخلي والخارجي بمظاهره المتنوعة وحقيقة الترابط بينها، فإنه من الممكن ضبط الانفعالات بعدة طرق كالاسترخاء، والضبط الذاتي والمناقشة المنطقية مع الذات أو مع شخص له نفس المكانة بحكم الخبرة و المعرفة كالمرشد النفسي مما يغير من الاتجاه الذهني والحالة الانفعالية.

إذا فالتفكير والانفعال والسلوك أشكالا متلاحمة ومتكاملة، فالانفعال وحده لا يؤدي إلى تغيير التفكير، ولا تغيير التفكير وحده يؤدي إلى تغيير الانفعال، ومن هنا يتركز تعريف حل المشكلة "Problem Solving" على أنه أي نشاط يظهر فيه الاستحضار المعرفي للخبرة السابقة ومزج تلك الخبرة مع العناصر المتعددة للمشكلة الحالية بطريقة تؤدي إلى الهدف المطلوب.

ويعرف بيكر وآخرون (Baker، et،el،1988) أسلوب حل المشكلات بأنه أسلوب علمي معرفي يزود الفرد بتقنيات تعليمية وقوانين عامة عن المشكلة تهدف في النتيجة إلى حلول تتم وفق إجراءات منظمة.

وبذلك يتضمن أسلوب حل المشكلات تطوير توجه مناسب لتنمية المهارات المعرفية اللازمة لحل المشكلة لدى المسترشد الذي يواجه مستوى ضغط نفسي شديد والناتج عن وجود مشكلة لم يتم حلها بصورة فعالة.

ويمكن استخدام أسلوب حل المشكلة بالتوفيق مع أساليب أخرى كالضبط الذاتي وأسلوب مجموعات المواجهة، وهذا ما أشار إليه سايس وميندوكا (Siess & Mindoca، 1976) ويعتبر أسلوب حل المشكلات أحد أساليب التفكير المناسبة وذات الفائدة في إحداث تغيير في سلوك وتفكير المسترشد بالاتجاه الإيجابي وتنمية القدرة على حل المشكلات، ومعرفة الطرق البديلة للوصول إلى الهدف، إضافة إلى فهم دوافع الآخرين وبيان اختلاف المواقف من بعضها مما يسهم في

عملية الإدراك والاستبصار وزيادة الفاعلية الشخصية. ويؤكد آدلر (Adller) على ضرورة أن يتضمن الإرشاد عملية إعادة للتربية والحوار مع المسترشد ودفعه للاستنتاج والتفكير الصحيح في حل المشكلة.

ويعتبر أسلوب حل المشكلات أسلوباً فعالاً وذا فائدة في ضبط الذات وزيادة الوعي والثقة بالنفس والتكيف مع مواقف الحياة المختلفة، ويتضمن هذا الأسلوب خطوات تعمل على تخفيف وتلطيف حالة الضغط النفسي، وإعادة تقييم للحالة الانفعالية وحل المشكلة بوعي وموضوعية، وهذا ما أكده بلاي وتومبل (Appley & Trumbulle،1986) في النموذج الذي أعده للتعامل مع حالات الضغط النفسي باعتباره من النماذج الفعالة.

وقد حدد باترسون وايزنبرج (Patterson and Eisenperg، 1983) مجموعة من الخطوات العملية لحل المشكلات وهي:

1- تعريف المشكلة بوضوح، أي ضرورة أن تعرف إلى أين تتجه مما يحدد أهمية تعريف وتحديد المشكلة، وهذه تعتبر بداية طريق النجاح لبقية الخطوات.

2- جمع المعلومات وهذه يترتب عليها معرفة المسترشد عن ذاته ومعرفة البدائل والخيارات المتوفرة من خلال البحث والفهم والوصول إلى مصادر المعلومات ووصف البيئة المحيطة التي يعيش فيها الفرد.

3- توليد وتقييم البدائل أو الخيارات، أي توظيف المعلومات المتوفرة لإيجاد أكبر عدد من البدائل والحلول من خلال تكوين فرضيات من النتائج المحتملة لكل بديل إيجاد الخيارات المناسبة والأكثر نجاحا.

4- اختبار وتطبيق طريقة العمل أي الأساليب والإجراءات العملية التي يمارسها الفرد لضبط المشكلة وإيجاد آلية تدل على مدى تحقق النجاح لكل بديل.

5- تقييم النتائج أي أن البدائل الناجمة هي التي يمكن أن تساعد على الحل سواء جزئي أو كلي للمشكلة، إضافة إلى أن المرشدين أو المسترشدين

يقيمون النتائج في ضوء الأهداف الموضوعة ومدى تحقيقها، ومدى قابليته للخيارات أو البدائل والتقدم الذي حصل على حل المشكلة.

6- إعادة العملية، أي إعادة خطوات ومراحل أسلوب حل المشكلات وذلك في حال شعور المسترشد بعدم الكفاية وعدم تحقيق الأهداف، والإعادة عادة تكون نتيجة فشل عملية أسلوب حل المشكلات والاحتمال بأن المشكلة لم تعرف بشكل صحيح أو أن هناك قرارا خطأ في مرحلة اتخاذ القرار أو التطبيق بطريقة خاطئة أو أن حل المشكلة قد أدى إلى مشكلة أخرى.

ثانيا: إدارة الوقت

هل تشعر بعدم وجود وقت كاف لتنجز ما تود عمله؟ هل تحتاج إلى وقت بالليل لتنهي أعمالك؟ هل تعتبر نفسك شخص قد يغيب عن ذاكرته الاهتمام بمظهره نتيجة عدم التنظيم ؟

لسوء الحظ فلا نستطيع أن نضيف ساعات إلى يومنا ولكننا يمكن إن نستخدم الوقت الموجود بفاعليه أكثر والخطوة الأولى في إدارة الوقت هي وضع أهداف لحياتنا وهي تساعدنا على إن نقلل من الضغط لأنها تزودنا بالبناء المنظم لأوقاتنا وإعمالنا ويعتبر الهدف هو أساس التخطيط واستخدام الوقت ويتطلب منا ذلك عمل برنامج لما نريد القيام به.

وإذا كان استخدامك للوقت يقلل من قيمك وأهدافك فيعني ذلك انك تحتاج إلى إن تحدد بدقه كيف وأين يحدث هذا فقد تقضي الكثير من الوقت في مشاهدة التلفاز أو التحدث مع الأصدقاء وهذا مما يؤثر على انجازك لأهدافك .

وإثناء تقيمك للوقت يجب إن تهتم بستة أوقات تحتاجها يوميا ولا تستغني عنها وهذه الأوقات هي:

> وقت المدرسة: وهي الساعات التي تمضيها في أنشطة تتعلق بمهام كاملة سواء كان الوقت في الصف أو في الدراسة أو الذهاب إلى المكتبة أو

كتابة بحث وغالبا فان الطلاب لا يقدرون كمية الوقت الذي يحتاجونه للدراسة

> وقت العمل : وهو الفترة من اليوم التي ننشغل بها بمهمات تتطلب وفقا لدورنا اوقاتا مختلفة فمثلا هنالك أوقات نحتاجها في العمل ويختلف الناس في ذلك وهنالك أوقات يحتاجها الطلاب في الانشغال بالعمل البيتي وحل الوظائف ورعاية إخوتهم وقد يجد البعض نفسه وقد تجاوز الحد الذي يقدر عليه في العمل مما يسبب له الإرهاق والضيق

> وقت السفر ويكون عن طريق المواصلات والتي تقضي بها الكثير من الوقت في التنقل ونحتاج إلى أن نضعه في البرامج لأنه لا يمكن تجاهله

> قبل وبعد المواعيد : قبل الموعد وبعده سواء لموعد من صديق أو للانتقال من مهمة لأخرى كالعمل في البيت لرعاية الإخوة ثم القيام بالدراسة فهذا الانتقال يتطلب منا وقتا

> اللعب: وهو مهم للعافية ويحتاج أن يوضع بالبرنامج حيث يعتبر كاستراتيجيه لمنع الضغط ويجب أن يكون جزءا من خطة العمل اليومية وقد تكون اللعبة نفسها ضاغطة للشخص بدلا من كونها أداة للاسترخاء

> وقت النوم: ويختلف الناس في ذلك فالبعض يحتاج إلى خمسة ساعات حتى يشعر بالراحة وآخرين يحتاجون إلى ثمانية أو تسعة ساعات ليستعيدوا طاقتهم وهو مهم خلال كل الحياة والجسم لن يشعر بالراحة دون نوم وكذلك الدماغ

إدارة الوقت عند وجود قضايا مهمة متعددة:

عندما يكون لدينا مهمات محددة ومواعيد يجب أن ننجز بها فنحن نحتاج إلى استخدام تقنيات معينه لتحديد أولوياتنا وهذه ما سنتطرق إلى في تقنية ACT وهذه التقنية ترتبط بعمل قوائم للأمور التي نحتاجها ونرغب في انجازها خلال اليوم المعطى وكل الأنشطة المصممة يجب أن تكون قائمه على هذه التقنية :

> A: والمقصود به الأنشطة التي يجب أن تنجز بدون شك خلال اليوم وسنعاني فورا من نتائج عدة إذا لم يتم انجازها وهذه الأمور لا يمكن تأجيلها للغد من مثل دفع الفاتورة وحل الواجبات والذهاب إلى المدرسة والمقابلات الشخصية وتذكر أن اللعب ضروري لا يمكن تجاهله في أي برنامج.

> C: والمقصود هو الأنشطة التي تنفذها بعد إن تنجز القائمة A من مثل عمل واجب شهري للشهر القادم فعلى الرغم انك يمكن أن تبدأ بالمشروع الآن إلا أن الفشل لن ينتج عنه نتائج سلبيه حاليا وستصبح قائمة C هي قائمة A عندما يحين وقتها .

> T: وهي الأنشطة التي تحاول أن تنجزها كل سنه عندما تنهي A C من مثل شراء سيارة جديدة والجانب المهم في نظام الأولويات أن تنهي قائمة A قبل الانتقال إلى C أو T.

وحتى تصبح أكثر فعاليه في استغلال الوقت يمكن توفير الوقت، والتقليل من التبذير بالوقت، فبدلا من وضع العوائق حول الوقت المهدور فيمكننا أن نعمل على تجزئة الوقت إلى أجزاء صغيره وبالتالي توفير ثلاثين ثانيه كل خمس دقائق وهذا يتطلب منك أن تستخدم الوقت بفاعليه لتصبح أكثر تنظيما كما يلي:

> كن منظما في عملك ومدرستك: عند رجال الإعمال فان الوقت يعتبر هو المال ويمكن أن يوفروا الوقت بشكل أكثر ليصبحوا أكثر تنظيما وأنت تحتاج بهذه إلى مهمات إضافية وعمل اتصالات إضافية حتى تحصل على مال أكثر وفي البداية وقت أكثر، أما في المدرسة فالوقت عند الطلاب هو الحرية ويمكنك أن تنظم وقتك عن طريق توفير الوقت لتصبح منظم فتنجز أمورا متعددة في وقت الراحة مما يؤدي إلى أن تعطي لحياتك معنا وهدف خارج غرفة الصف

هنالك ثلاثة خطوات لتصبح منظم في المدرسة والعمل وهي:

- أبدا بمكتبك دائما وأنت تحتاج يوميا إلى ساعتين متواصلتين من الوقت لهذا العمل وحتى تحقق ذلك قم بإغلاق الباب وانظر إلى كل جزء من الورق الذي لديك وكن على استعداد بان احدهم قد يقاطعك واقرأ

الرسائل والمذكرات والواجبات وأية أعمال أخرى وتلخص مما لا تحتاج له ولا تترك المكتب وهو متسخ أو غير منظم .

- ابدأ بنظام ملفاتك في الكمبيوتر وهذا يتطلب منك أن تضع كل شيء بملفات وتحفظ به في الكمبيوتر مثل المذكرات أو الواجبات أو أرقام الهواتف.

- طور قائمه مدروسة توفر من خلالها فهرس لنظام ملفاتك وتضع كل شيء في القائمة المدروسة قبل الدخول في أي ماده مهمة في ملفاتك وهذا يسمح لك أن تبقى بعض المواضيع المهمة فقط على سطح المكتب.

> حماية وقتك: كن جاهزا لتقاتل لحماية وقتك وتعلم أن تحمي وقتك ولا تسمح للآخرين أن يبذروا وقتك وحتى تحمي وقتك قم بما يلي:

- دع الناس يعرفون ماذا تريد: مثل رئيسك أو زميل العمل أو العائلة أو الأصدقاء حيث يعرفون لأوقات فراغك وساعات عملك وبين لهم انك ستكون أكثر تعاونا معهم في أوقات الفراغ.

- الغي سياسة الباب المفتوح وأغلق بابك: فبينما تكون في المكتب سواء في البيت أو العمل أغلق بابك فكل شخص يحتاج إلى الهدوء والعزلة والسرية ليفكر وينجز أعماله

أرسل بالبريد للآخرين ساعات مكتبك: وبرنامج وقتك في العمل والبيت والمقابلات والاستشارات واختار أوقات للتراسل في أوقات فراغك.

- غير من تفكيرك غير المنطقي حول ضرورة مقاطعتك من الآخرين سواء بالعمل أو بالكلام وإذا كنت تعتقد انك غير قادر على مقاطعة الآخرين بإمكانك أن تخبر الآخرين انك مشغول في هذه اللحظة وسوف تتصل بهم عندما تنهي عملك.

- استخدم الإجابات في الهاتف بشكل آلي بمعنى دع الإله تجيب على المكالمات الهاتفية واستمع إلى الرسائل عندما تكون أنجزت عملك الضروري.

- استخدم المكان العمومي إذا لم تستطيع أن تتجنب المقاطعات في البيت أو غرفة النوم أو في العمل خذ راحتك وأنجز أعمالك في مكان عمومي هادئ لا تعرف به الآخرين.

ابرز المشكلات التي تعاني منها عند عدم التنظيم هو التسويف أو التأجيل فهو أكثر مبذر للوقت بغض النظر عن نوع العمل الذي يرتبط بالمدرسة أو المنزل أو الوظيفة وحتى تعرف إذا كنت تستخدم التسويف اجب عن الأسئلة التالية:

> هل تميل إلى ترك الأعمال غير السارة إلى وقت أخر؟

> هل تفضل أن تهمل مهمات معينه وتتمنى لو يقوم بها آخرون؟

> هل لديك وقت كاف لتقوم بما تريده فعله؟

> عندما تفشل في الحصول على الوظيفة المطلوبة في الوقت المحدد هل تلوم الآخرين؟

> هل تحمل نفسك فوق طاقتها وتتذمر دائما بان هنالك الكثير من الأعمال لتعملها؟

وقد وجدت الدراسات أن هنالك أسباب رئيسيه للتسويف منها الخوف من الفشل والكسل أو اللامبالاة والحاجة لتغير الأمور وعندما نقوم بالتأجيل بسب الخوف من الفشل وعدم النجاح نصبح كأننا منومين مغناطيسيا بطريقه غير نشطه بدلا من محاولة التقدم ونصبح كأننا مجمدين أو آلات وغير مسؤولين عن انجازنا ولا نهتم بمعيار الكمال ولا يكون لدينا محاولات ويمكن بالتالي أن تكون النبوءة محققه لذاتها بمعنى أن خوفنا من الفشل يؤكده توقعنا من ذلك الخوف ونكمل الدائرة عن طريق حديثنا مع ذاتنا وإخبار أنفسنا بأننا لا نستطيع عمل ذلك أو علينا أن لا نبدأ بالمشروع ونتجنب المهام الصعبة أما التسويف نتيجة الكسل وعدم المبالاة فيكون التسويف نتيجة الكسل أما بعد جسدي بمعنى كمية الطاقة المنخفضة والتي تؤدي إلى إضعاف دافعيتنا للقيام بالمهام الصعبة أو بسبب انفعالي بمعنى دافعيتنا للعمل تكون منخفضة وبالتالي يحدث عدم المبالاة مع العلم أن ذلك يمكن أن يكون جزءا من شخصيا حيث أن بعض الناس لا يكونون مدفوعين بالعمل كالآخرين.

ويمكن أن توقف التسويف من خلال النجاح في إدارة الوقت بشكل أكثر فعاليه والاقتراحات التالية مفيدة في ذلك :

> لا تضع عبئا زائدا في برنامجك لان ذلك سيضع عليك عبئ الاعتذار بالإضافة إلى عدم تنفيذ ما وعدت به وسيصبح ذلك صفه لديك وهذا يتطلب منك أن لا تتطوع لمهمات غير مهمة وتوفير طاقتك لأمور يجب عليك عملها.

> أعطى نفسك وقت أكثر حتى تنجز الأنشطة الموجودة كاملة في بند A

> اهتم بسريتك وعزلتك حتى لا يقاطعك الآخرون أثناء العمل وعليك أن تهتم باللهو والتسلية بشكل اقل.

> أكمل المهمات الأكثر صعوبة أولا ولا تبدأ بالمهمات السهلة وتؤجل المهمات الصعبة كافئ نفسك عندما لا تؤجل أعمالا وتقوم بها بالوقت المحدد وحتى لو كانت مهمات بسيطة في البداية.

ثالثا: الاتصال وسيله لتقليل الضغط

إن الاتصال الفعال يعتبر من أفضل الطرق للحماية ضد الضغط ويزيد من العلاقات الشخصية وبالمقابل فان الاتصال غير الفعال يمكن أن يصبح مصدرا للضغط لان الناس تشعر بالضغط عندما تكون الأشياء غامضة وعندما يكون الناس غير متا كيدين مما تعني الرسائل فيشعرون بالتهديد ولذلك يزداد الضغط لديهم .

يعرف الاتصال بأنه عمليه عن طريقها يتم تبادل معلومات بين الأفراد خلال نظام كامل من الإشارات والرمز والسلوكيات ويتضمن كل من الأنماط السلوكية التي يستخدمها الناس ليؤثروا على الآخرين ويتضمن الكلمات والكتابة والرسائل غير اللفظية مثل الإشارات وتعبيرات الوجه ولغة الجسم كما يتضمن العلاقات بين الشخصية ويرى في ذلك الباحثون أن الأشخاص لا يمكنهم أن يبقون دون تواصل عندما يتلقون فالكلام أو الصمت جزءا من التواصل ويرى الباحثون أن هنالك نمطين من العلاقة التي تحدث بين المصلين إما أن تكون علاقة تشابه أو تماثل وهي تؤسس هنا المسا واه عند كل تعامل مع الآخرين وهنا المتصلين يقللون من

الاختلافات والصراعات بينهم ،أو تكون علاقة تكامل وهي تؤسس على الاختلافات والمتصلين يزيدوا من اختلافهم وتسبب عدم تساوي وتنافر وينتج عنها الضغط.

ويحدث التفاعل كما يلي:

يقترح بيرن أن كل الناس لديهم ثلاثة مصادر من السلوك أو حالات الأنا وكل حالة آنا تطهر نفسها بشكل مختلف كما يلي:

> الأنا الطفل : وتظهر خلال الطفولة وتستخدم الاتصال اللفظي وغير اللفظي وتكون خجولة بسيطة مبتهجة وصاخبة ومقهقهة وعفويه وغير مسؤولة وتميل للعب

> الأنا الراشد: منطقيه وموضوعيه وتستخدم المنطق والتحليل وتظهر اتخاذ القرارات القائمة على الادراكات الدقيقة والمعارف والتحليل ويعتبر الراشد مسؤول واجتماعي.

> الأنا الأب: يندمج الأب في المشاعر والسلوكيات المتعلمة من شكل السلطة واتصالات الأب وتظهر ألانا الأب في ضمير الشخص خلال كلماته وأعماله وهيئته وتوقعاته ويستخدم الأب هنا التأنيب أو المكافأة.

ويرى بيرن أننا عندما نتصل فان رسائلنا من حالة آنا إلى حالة من حالات الأنا الثلاث فإذا كانت الرسالة مرسلة من حالة آنا معينة وأعيدت إلى نفس حالة الأنا فلا يحدث ضغط أو توتر أما أذا كانت مختلفة فيؤدي ذلك إلى الاختلاف والتنافر بين المتصلين وبالتالي يؤدي إلى ضغط.

أما كيف يحدث الاتصال عند إرسال الرسائل واستقبالها ثم الاستجابة لها، إن ذلك يحدث بطريقه ترابطية متتالية فمثلا تبدأ بترميز الإشارات من مثل أفكار ومشاعر وكلمات ورموز ثم تنقل الرسالة إلى الشخص الأخر الذي يقوم بدوره بحل الرموز باستعراض السياق واللغة ولغة الجسم والتاريخ الشخصي للعلاقة بينهما وتجارب الشخص مع الآخرين وبعد ذلك ينقل رموزا على شكل أفكار ومشاعر وكلمات ورموز على شكل رسالة ويستقبلها الشخص الأول ويبدأ بحل الرموز من

جديد انطلاقا من السياق واللغة ولغة الجسم والتاريخ الشخصي والتجارب وتستمر العملية بنفس الطريقة رموز وحل للرموز.

والاتصال قد يكون اتصالا لفظيا وغير لفظي، فالاتصال اللفظي يتضمن بعدين: إرسال كل من الأفكار والمشاعر عن طريق وضعهم في كلمات ومعظم الناس يجدون المعلومات المعرفية للتعبير عنها أسهل من المشاعر وتلعب المفردات الجزء الأكبر في تحديد اتصالنا اللفظي وهنالك أربعة مستويات من اللغة وهي كما يلي:

> لغة الطفولة: وهي لغة جذابة ومرحه وغالبا ما تستخدم للتنكر والمحبين لديهم أصناف من لغة الطفولة وقد يستخدمونها ليصوروا التشريح الجنسي والجسدي والرغبة الجسدية والحاجة للسرور وأسماء للمداعبة وتستخدم أيضا عندما يخطئ الأشخاص أو يريدون التماس العذر .

> لغة الشارع: وهي لغة تعبيريه وانفعاليه يمكن أن تكون كسلاح وغالبا ما تستخدم في مجال اللعب عندما يكون الاتصال غير متساو وتسمى لغة القسوة وتمنح بذلك القوه والتفوق للشخص وتساعد في إيجاد رابطه بين الأعضاء في ثقافة خاصة بهم خلال مشاركتهم في هذه اللغة وهي لا تساعد في المجتمع على الاتصال.

> المحاضرة كل يوم: وهي شائعة في معظم الاتصالات بين الناس من خلال كلمات وتعبيرات وأنماط الحديث المستخدمة وهي لغة تلقين في المدارس ومستخدمه في معظم الاتصالات.

> لغة البحث المهني: وتكون عند الاشتراك بين رفاق مهنتين وفيها دقه في الاختيار المهني وتفه كما لغة الشارع فقط من قبل المختصين بها من نفس الثقافة فمثلا الأشخاص الذين يعملون في الكمبيوتر لديهم مفردات فريدة خاصة بهم.

أما الاتصال غير اللفظي فمن خلال لغة الجسم هي لغة مستخدمه لتصف الرسائل غير اللفظية ومن خلالها يظهر موقفنا وإشاراتنا وحركاتنا وحتى صمتنا ولغة الجسم سواء كانت مقصودة أو غير مقصوده ترسل رسائل للمستقبل وهي نوعان :

أساليب علمية لمواجهة الضغوط النفسية

> لغة الجسم الايجابية : أو الجسم المفتوح ويتضمن وقفه مسترخية واتصال بصري ثابت والميلان في الرأس للإمام مع ابتسامه عريضة أو تعبير سار

> لغة الجسم السلبية: أو الجسم المغلق وتتضمن إشارات ظاهره حول توترنا مثل شد القبضة وعضلات الفم المشدودة وتعبيرات الوجه التي تظهر الغضب وعدم التصديق وتشير لغة الجسم السلبية إلى عدم التعاطف أو الاضطراب حول بعض الأشياء

ويظهر الاتصال غير اللفظي من خلال ما يلي:

> المظهر الجسمي أو الهيئة الجسمية: وهي يمكن أن تنقل رسائل متنوعة من الراحة أو الاسترخاء بشكل ايجابي إلى الإهمال وعدم التعاطف بشكل سلبي.

> الصمت: يمكن أن يكون مصدرا للضغط أو مؤشر على الراحة حيث يكون ضاغط عندما يتوقف عن الكلام المدرك كإشارة لتعطل في عملية الاتصال ومن الأمثلة على الصمت كوسيلة للاسترخاء والراحة عندما يكون بين الأصدقاء والعاشقين حتى يساعدهم على أن يفهموا حبهم ورغبتهم ببعض كما أن الناس يحتاجوا لأوقات حتى يستمعوا لبعضهم ويستوعبوا الفكرة ويسمح كذلك الصمت بفرصه لعكس أفكارنا وكلماتنا.

> اللمس: يعتبر اللمس وسيله أخرى للاتصال غير اللفظي كالربت على الرأس والشد برفق على الكتف أو إعادة الطمأنينة باللمس على الذراع بحيث يوصل رسالة دون كلام وغالبا ما يتمكن اللمس من إيصال الرسائل بشكل أعمق من الكلمات ويمكن أن يكون الربت على الرأس إشارة على التحبب لطفل لكن يمكن أن يربك أو يحرج راشد أخر والضغط على كتف زميلك يمكن أن يظهر له انك تفهم مشكلته ويمكن أن يكون شكل من التودد الجنسي.

> المسافة: يتأثر الاتصال أيضا بالحيز أو المسافة وقد حدد البعض أربعة مناطق شائعة للاتصال

1. المسافة الحميمة: وهي اقل من (18) أنش وغالبا ما تكون بين المتحابين.

2. المسافة الشخصية بين (18) أنش إلى (4) فت وهي مناسبة للأصدقاء القريبين.

3. المسافة الاجتماعية الاستشارية بين (4-12) فت وهي موجودة لمن يمتاز بأنه اقل حميمة وترتبط باتصال لفظي مرتفع.

4. المسافة العامة وهي أكثر من (12) فت وتستخدم للاجتماعات الرسمية مثل إلقاء خطاب في مجموعه وقد يزيد الضغط عندما ينتهك أو يخرق المرسل أو المستقبل هذه المسافات مثلا نشعر بالضغط عندما يقترب شخص لا نعرفه من المسافة الفاصلة بيننا وبينه ونجد أنفسنا نبتعد عنه لدرجة نصبح بها في درجة امن.

ويتحدد مدى الفعالية في الاتصال في:

< مهارات الاستهلال أو البداية: والمقصود هنا تقنيات الترميز التي توظف لتبدأ عن طريقها التعبير عما في نفسك ومفتاح الاتصال لتقليل الضغط هنا هو أن تدرك انك مسؤول عن الاتصال مع الآخرين ولذا يجب عليك أن لا تبقى تنتظر حتى يحل الآخرون لك مشاكلك وهذا يستدعي منك إن تأخذ الوقت الكافي قبل الاتصال لتتمكن من منع المشاكل من التراكم وهذا غالبا ما يظهر كحديث نظري بسبب تعقيدات الموقف ولكن دورك في مهارات الاستهلال أن تتعلم أن تستخدم عبارة أنا للتعبير عما تريد وان تصف مشاعرك حول ما يحدث بوضوح وتحاول أن تتجنب الجمل العامة مثلا قد تقول أنا اكرهه عندما يعاملني بشكل سيء والأفضل أن تقول أنا اكره فلانا أي تحدده باسمه وتنتقد سلوكه وليس الشخص وتحاول أن توصل رسالة للشخص انك ما زلت تحبه ولكنك لا تحب سلوكه عندما يتصرف به على هذا النحو ، كما تتضمن مهارات الاستهلال الرسائل غير اللفظية الموصوفة سابقا.

< مهارات الاستماع: والمقصود بها حل الرموز الواردة من الشخص الأخر ، وهنالك نمطين من الاستماع أما الاستماع يكون سلبي وقد يكون المستمع هنا

يراقب التلفاز أثناء الحديث معه أو يستمع للراديو ، أو الاستماع يكون ايجابي وهو أفضل للتعامل مع الاتصال بين الشخصي لأنه يتطلب تغذية راجعه ويقدم تغذيه راجعه لفظيه وغير لفظيه

< مهارات الاستجابة: وتتضمن الاستجابة للرسائل وترميز بعض الأنماط من التغذية الراجعة اللفظية وغير اللفظية ويستخدم الشخص هنا جملا بسيطة يمكن أن تستخدم كمعرفه لما سمعه وقد يوافق عليه أو لا يوافق وغالبا ما يتم استخدام مهارات الاستجابة للحصول على معلومات إضافية بحاجه لها لفهم القضية أو حل المشكلة وحتى تحافظ على المحادثة مستمرة ويعتمد ذلك على كون الشخص قادر على التحرك في الاتجاه الصحيح نحو المرسل وهنالك أربعة تقنيات لعمل ذلك الاتصال المستمر وهي:

1) جمل مفتوحة ومغلقه: استخدام جمل مفتوحة ومغلقه مثل اخبرني أكثر.... ماذا أيضا تفعل حول ذلك... وهنالك طرق بسيطة لتحصل من خلالها على المعلومات وتبقى المحادثة ويتطلب منك ذلك أن لا تسأل أسئلة إجابتها بنعم أو لا .

2) إعادة الصياغة: وهي وضع رسائل الشخص في كلماتك وتفسير ماذا يقصد وبطريقه أخرى تزود بالتغذية الراجعة وتحصل من خلالها على معلومات ويمكنك أن تبدأ إعادة الصياغة بمثل ما قلته هو... أحس بأنك...

3) العكس: وهو التقنية الأكثر فعاليه لبقاء الشخص يتحدث وهنا تبين كلمات الشخص بدقه وتستخدم العكس للكلمات مع مراعاة لغة الجسم، ومن المفيد عندما يقول احدهم أشياء أن تعمل على ربطها معا فإذا أخبرك شخص انه غاضب من صديقه ويمكن أن يقتله قد تعكس كلامه فتقول : يبدو انك غاضب جدا منه لدرجه تفكر في قتله.

4) أسئلة نعم أو لا: النمط الأضعف في الاستجابة للحوار عن طريق استخدام أسئلة نعم أو لا لان الإجابة عليها تكون مباشره ولا تتطلب شرح وتغلق الاتصال.

ومن أبرز عادات الاتصال السيئة:

< فقدان الموضوع: وهنا المستمعون يقاطعون ويرغبون في البحث والتحقيق وطرح أسئلة جديدة

< الانتباه المزيف: وهنا يهرب بعينيه من المتحدث ويؤدي هذا إلى غضب المتحدث.

< تجنب الموضوع الصعب: وهنا المستمع يهتم بالبحث عن الكلام المفرح لنفسه أما الكلام الجدي فلا يهتم له.

< شرود الذهن المتحيز: عن طريق إما الطرق بإصبعه على الطاولة أو التأشير بالقلم وعدم التركيز على المتحدث بالانشغال بأمور أخرى.

< الاستماع فقط للحقائق وخاصة بعض الباحثين النفسيين الذين يستمعوا لما يعتقدوا انه حقيقة مثل جمع مبلغ من المال أو حقائق تاريخيه.

< الحكم على الشخص أثناء الحديث بدلا من توزيع المسؤولية على الجميع.

< العمل على زيادة الإثارة بحيث تحرج الشخص المتحدث.

< ترك الكلمات ذات معنى الانفعالي وتدخل التحيز الشخصي خلال الحديث.

< زيادة معدل وسرعة الكلام فمن الصعب أن نفكر خلال ألف كلمه لكل دقيقه ويمكن أن يكون المعدل خمسمائة كلمه لكل دقيقه.

رابعا: الاسترخاء

درب نفسك في المواقف الطارئة وعندما تزدحم المشكلات اليومية درب نفسك على ممارسة الاسترخاء وخصص يوميا 15 إلى 20 دقيقة في أي وقت تراه مناسبا مكرر الاسترخاء حتى يصبح أسلوبا في حياتك.

تدريب قصير على الاسترخاء

< خذ نفسا عميقا بسرعة ولكن بهدوء اعقد يديك واضغطهما بقوة معا . إذا كنت جالسا ضم ساقيك معا بإحكام إلى أن تشعر بقليل من الألم شد

وبقوة بطنك إلى الداخل ضم فكيك بشدة حافظ على هذا الوضع المشدود في أعضاء الجسم لفترة تتراوح من 5 : 10 ثواني .

< والآن عد إلى وضعك الطبيعي تنفس للخارج ببطء.

< لاحظ جسمك وهو يعود لحلة الاسترخاء.

< الشد والتوتر يتبددان تدريجيا.

< وأنت تردد بينك وبين نفسك انك مسترخ وهادئ.

< إذا لم تحقق الاسترخاء وتزيل التوتر من جسمك أعد هذا التمرين إلى أن تحقق الاسترخاء المطلوب.

< لكن لا تبالغ في عملية التوتر والشد العضلي إذ تكفي درجة معقولة منه لتمكنك من الإحساس به ومن ثم الإحساس بالاسترخاء اللاحق لعملية التوتر).

< بحيث يمكنك أن تكون مسترخيا وأنت في قمة النشاط.

< المحافظة على أعضاء الجسم في حالة من الهدوء يساعد على التفكير الهادئ هذا بدوره يمنحك طاقة أكبر على العمل النشط ومغالبة التعب والإرهاق السريع.

خطوات التنفّس العميقِ:

> استلقي على سطح مستويَ.

> ضع أحد يديك على بطنك، أعلى سرتك بقليل.

> ضع اليد الأخرى على صدرك.

> تنفس ببطء وحاول أن تجعل بطنك يرتفع قليلا.

> احبس أنفاسك لمدة ثانية واحدة.

> تنفس ببطء جاعلا الهواء يخرج إلى الخارج وأجعل بطنك ترجع إلى مكانها الطبيعي.

أما التأمل؟

فهو من أشكال التفكيرِ الموجه. وهو يمكن أن يتخذ أشكال عديدة. يمكنك القيام به باستعمال التمرينات التي تستخدم الحركات المتكررة مثل المشي أو السباحة. يمكنك القيام بالتأمل بالتدرب على الاسترخاء، بالامتداد أَو بالتنفّس العميق:

> التدريب على الاسترخاء سهل ، ابدأ باستعمال عضلة واحدة. أمسك هذه العضلة بقوة لمدة بضع ثواني ثم أرخي العضلة. قم بذلك مع كل عضلة من عضلاتك.

> الامتداد يمكن أن يساعد على تَخفيف التوتر أيضاً. قم بتحريك رأسك بلطف دائريا. انتصب في تجاه السقف وانحني في الاتجاهين ببطء.

> التنفس العميق وحده قَدْ يُساعدُ على تَخفيف الضغط النفسي. التنفس العميق يساعدك في الحصول على الكثير مِنْ الأوكسجين.

خامسا: التحكم في أساليب التفكير

التفكير في الأمور يكون في أحيان كثيرو أسوأ من الأمور ذاتها ومن ثم درب نفسك على الخوار الإيجابي الهادئ مع النفس وتجنب تفسيرك للأمور بصورة كارثية مبالغ فيها لأن أسوأ ما في الأمور هو أن نسمح لها بمبالغاتنا وتهويلنا أن تحكم حياتنا وأن يمتد تأثيرها السلبي من العلاقات الاجتماعية خاصة تلك التي تمس التوافق والرضا عن النفس وباختصار فان الحوار الداخلي و الحديث الإيجابي مع النفس فن يمكن إتقانه والتدرب عليه للمزيد عن أساليب العلاج النفسي والتحكم في الضغوط النفسية والاجتماعية.

أخيرا يجب معرفة أن النمو والنضوج يتطلبان عدم التردد والخجل في طلب النصح من أهل الخبرة والتخصص إذا ما تفاقمت الأمور لدرجة يصعب معالجتها بطريقة سريعة وحاسمة، وغني عن الذكر أن كثيرا من الاضطرابات الصحية بفضل الثورة الطبية والسلوكية المعاصرة أصبح بالإمكان التحكم فيها طبيا ونفسيا.

سادسا: السلوك الصحي كمخفف للضغط

> يتضمن السلوك الصحي الأنشطة التي تكون أفعالا ايجابية كالأكل والنوم وممارسة التمارين الرياضية بالإضافة إلى تجنب السلوكيات غير الصحية كالتدخين والكحول والمخدرات.

> يعمل السلوك غير الصحي في تطوير الضغط؟ من خلال عدم الالتزام بالنصائح، المشاكل العائلية، التمارض، أسباب نفسي.

فعلى سبيل المثال فيما يتعلق بالسرطان:

> تبين أن الضغط والسلوك الصحي لهما الأثر بالسرطان.

> مرضى السرطان يظهرون عادة تأثيرات كالقلق والاكتئاب وعواطف سلبية.

> دلت الدراسات بأن الضغط يؤثر مباشرة على المسار للسرطان .

> تشير الدلائل أن المناعة تلعب دورا بالحد من انتشار الأورام السرطانية .

كذلك فيما يتعلق بمرض أوعية القلب:

> وهو عبارة عن مجموعة اضطرابات تؤثر في القلب والجهاز الدوري واحد أهم هذه الأمراض ارتفاع ضغط الدم والشريان التاجي للقلب.

> ويرتبط المرض بالسلوكيات الصحية كالتدخين وإتباع الحمية ومراعاة الوزن وبالإضافة إلى السلوك الصحي فأن نمط الشخصية ونوعها والأنماط السلوكية وطرق التعبير تتصل جميعا في تطوير المرض.

> مرض الشريان التاجي يسمى القاتل الصامت لعدم وجود إعراض مسبقة ومن أعراضه الشعور بالألم في الصدر .

> العوامل النفسية المسببة لمرض أوعية القلب: قلة السلوكيات الصحية، نمط الحياة، نمط الشخصية.

> توصلت الأبحاث بأن مرض أوعية القلب يتأثر بكلا من العلاقات بين الأشخاص والتأثيرات الاجتماعية الواسعة في المجتمع ودعم المجتمع والعائلة والأصدقاء والمختصين والمصادر الاقتصادية واختلافات الثقافات.

> من خلال المحافظة الروتينية على نسبة معينة مقبولة من الضغط يقوم الشخص بالمحافظة على نفسه ويتمكن من التخلص من الأمراض.

سابعا: طلب الإسناد الاجتماعي - طلب الإسناد الانفعالي

وهو محاولة البعض للحصول على مساعدة الآخرين اجتماعياً أو نفسياً، طبياً، مادياً، تبعاً لتقديرات المعنيين أنفسهم. إذ يلجأ البعض إلى الأهل أو الأقرباء أو حتى العشيرة في بعض المجتمعات للحصول على الدعم الأمني عند الشعور بالتهديد لسبب معين. وقد يتجه البعض إلى أصدقائهم لغرض الحصول منهم على اطمئنان مستقبلهم الوظيفي أو السياسي أو التجاري إثر الخوض في مجازفة معينة، ويسعى البعض إلى طلب الإسناد الانفعالي (وخاصة المكتئبين) سواء من القريبين أو الأطباء النفسيين، ويتجه البعض إلى الدين لما في الدين من أمان وسكينة وطمأنينة طلباً للإسناد في التعامل مع الضغوط، ويتم ذلك على شكل استشارات لرجال الدين وطلب مباركتهم أو على شكل زيارات للمراقد الدينية أو الأضرحة أو الإكثار من الصلوات وقراءات الأدعية التي تضفي الراحة النفسية بتقوية العزيمة، والإرادة، ويتعارف عند الناس، أنه إذا أصيب شخص بعزيزٍ له أو بمال أو بآفة، أمروه بالبكاء أو الشكاية ببث الأشجان. وتشير نتائج الدراسات العلمية إلى أن الإسناد الاجتماعي مخفف للضغط ويقلل من تأثيره السلبي في الصحة النفسية والجسمية.

ثامنا: ضبط النفس

وهو أسلوب من أساليب التعامل مع الضغوط، يلجأ إليه بعض الناس عندما يتعاملون مع مواقف من شأنها أن تؤثر على التحكم والسيطرة، ولكن تتولد لديهم مشاعر قوية نابعة من العقل. بمعنى آخر فإنهم يعالجون الموقف بخبرات وقوة إرادة رغم التوتر والإثارة، إلا أن التحكم وتقليل وطأة الأحداث التي تبعث على الضيق، تظل مفتاح حل المشكلة لديهم من خلال السيطرة والقدرة على ضبط الاستجابة الانفعالية. وتكون - عادة - أنماط الشخصيات التي تلجأ إلى هذا الأسلوب هم من الذين يعملون في مجالات الطب أو العمل الصحي كالأطباء والممرضين

والمساعدين لهم، حيث يكون التحكم في أعلى حالاته أثناء التعامل مع المرضى المصابين بأمراض خطيرة أو إصابات من جراء الحوادث الطارئة. ويرى (ستيرلي) أن أسلوب ضبط النفس يريح الفرد في حينه، وقد يكون لذلك فائدته في الصحة النفسية والجسمية، أما إذا فشل فإنه يؤدي إلى حالات مرضية خطيرة.

تاسعا: توكيد الذات

انك لا تستطيع أن تقوم بطرق التعامل السابقة من مثل إدارة الوقت بدون أن تكون مؤكدا لذاتك وتأكيد الذات يتطلب منك أن تعود لمتطلبات الحياة وهو يرتبط الآخرين الذين يحاولون أن يضغطوا علينا لنلبي حاجاتهم لذلك فإننا عندما نحاول أن نقلل الضغط بشكل ناجح فلا نستطيع عمل ذلك دون توكيد للذات ولكن المشكلة أن الميالين إلى التوكيد غالبا ما يصنفوا كعدوانيين والكثير من الناس يفشلون في تطوير مهارات مؤكده بسبب ذلك الإرباك وفي محاولتهم للسيطرة على إدراكهم كعدوانيين يعملون بشكل غير مؤكد ويفشلون في التعامل مع الآخرين وهذا يدفعهم إلى أن يكونوا عدائيين ومحبطين.

وفي الحقيقة فإن الميل إلى التأكيد ليس وصفا سلبيا فهو يبني على مظاهر متبادلة وديمقراطيه في العلاقات ويتم من خلاله فهم حاجاتك وحاجات الآخرين دون أن تعتدي عليهم وفي المقابل فان العدواني يعتدي على حاجات الآخرين دون أي اعتبار حول تأثير ذلك عليهم أما الأشخاص غير المؤكدين فيفشلون في تحقيق حاجاتهم ويسمحوا للآخرين أن يعتدوا عليهم وغالبا ما يكونوا مستاءين ويتجنبوا الصراع ويقولون نعم بينما يعنوا بذلك لا ويميلون لعمل أشياء في الحقيقة لا يريدونها وعندما يقومون بذلك يشعرون بالتعاسة لأنهم فقدوا السيطرة على حياتهم ووقتهم وحتى تصبح مؤكد هنالك استراتيجيات بإمكانك القيام بها حول مستوى التزامك وأهدافك وقيمك مع العلم أن عدم التوكيد يمكن أن يكون قضيه ثقافيه فبعض الأطفال يتعلموا أن يهتموا بحاجات الآخرين ويحترموها حتى لو تعارضت مع حاجاتهم وهذا يحصل بشكل خاص مع الآباء والأجداد، وفيما يلي قائمه تساعدك على دعم حلولك عند التغير عن رأيك بدون توتر:

< تحكم في سلوكك وأفكارك وعواطفك وتحمل المسؤولية عن أعمالك بطريقه ملائمة.

< بطريقه ملائمة أيضا اعمل على أن تكون مسؤولا عن إيجاد حلولا لمشكلتك مع الآخرين.

< بطريقه ملائمة أيضا اعمل على تغيير جهة نظرك إذا اكتشفت أنها غير ملائمة .

< بطريقه ملائمة أيضا كن مسؤولا عن أخطائك .

< بطريقه ملائمة أيضا قل لا اعرف عندما تكون لا تعرف فعلا .

< بطريقه ملائمة أيضا كن منطقي في اتخاذك للقرارات .

< بطريقه ملائمة قل لا افهم .

< وبطريقه ملائمة قل لا اهتم عندما يكون الأمر لا يهمك.

كيف تقول لا وتؤكد ذاتك بذلك؟

قول كلمة لا ليس بسيطا لكنه ضروري إذا كنت تريد أن تؤكد ذاتك وتقلل من ضغطك والخطوات التالية تساعدك على

قول لا :

< واجه الشخص الأخر من مسافة عاديه ليست بعيده ولا قريبه كثيرا.

< انظر غالي الشخص الأخر مباشره بعيونك .

< ابقي راسك مرتفع وجسمك مسترخ .

< تحدث بوضوح وحزم بحيث يتمكن من سماعك .

< بالضبط قل كلمة لا ولا تحتاج أن توضحها بلماذا .

< كن جاهزا لان تكررها إذا وجدت مقاومه قلها حتى لو كنت تحت الضغط.

كيف تؤكد ذاتك وتتصل بنفس الوقت؟

إحدى التقنيات المفيدة التي تجمع كل من التوكيد والاتصال اللفظي هو نموذج DESC وهو أداة مفيدة يساعدنا حتى

نصبح دقيقين في توكيد أنفسنا وهو تقنيه ممتازة يستخدم كمصدر لتقليل الضغط بين الأشخاص ويقسم نموذج DESC

إلى أربعة أجزاء وهي:

< الوصف : ويظهر من خلال صوره لفظيه للموقف أو سلوك الشخص الأخر الذي هو مصدر للضغط وبشكل دقيق قدر الإمكان.

< التعبير: وهنا يتم التعبير عن المشاعر حول الإحداث المستخدمة بصيغة عبارة إنا.

< التحديد من خلال تحديد طرق بديله يمكن أن يفضلها الشخص للحديث أو السلوك.

< النتائج ويتضمن التعرف على النتائج في حالة قام الشخص بالعمل وفي حالة لم يقم بالعمل.

عاشرا: الحديث مع الذات

الحديث مع الذات وتنطلق هذه الإستراتيجية من الأسلوب السلوكي وتشمل هذه الفنية الخطوات التالية وهي مطبقة على فتاة متوترة بعد وفاة زوجها:

1. التحضير للموقف: من خلال الاستعداد والتحضير والإعداد للحديث مع أنفسنا حيث نحتاج إلى أن نخطط بطرق أكثر فعالية لنستفيد من أنظمة الدعم مثل: من غير المفيد أن أجلس واقلق حول وفاة زوجي، سوف لن أزعج نفسي، اشعر بالحزن ولكن يجب أن اجعل ذلك ضمن الطبيعي، ويكون الإعداد من خلال الإعداد لما نحب أن نعمله في عقولنا وتخيل أنفسنا خلال الموقف.

2. مواجهة التحدي: عندما يخطر على فكرها وفاة زوجها يجب أن تتحدث بعبارات مثل أنا عصبية ومتوترة ويجب أن استرخي في هذا الوقت ، لا داع لأضيع أولادي يمكن أن أعيش حياتي من جديد، لن ادع التوتر والحزن يسيطر علي يجب أن أسيطر عليه.

3. عكس ما الذي تعلمته: ويتطلب ذلك أن نركز على الجوانب الايجابية في الموقف الذي نفكر به وليس فقط الجانب السلبي وهنا وفاة زوجها يمكن أن تعتبر أنه فرصة لتحدي قدراتها على الحياة والعيش وتربية أبنائها بطريقة مميزة، ويجب أن تكافئ ذاتها وبصوت واضح على كل عمل تقوم به.

أحد عشر: أسلوب التوجه نحو المهمة:

أسلوب التوجه نحو المهمة حيث يقومون بجهود مباشرة للتخفيف من مصادر الضغط فالشخص الذي يعاني من مشاكل مالية قد يلجأ للعمل بعمل آخر إضافي لكسب المزيد من المال والوالدان القلقان على طفل ما يقومان باستشارة مختص من اجل الحل ،والأشخاص الذين يسيطرون على سلوكهم بإمكانهم أن يغيروا نتائج مواقف الضغط ويتخذوا الإجراءات اللازمة ولن تتطور لديهم الأعراض المرضية ويتطلب أسلوب التوجه نحو المهمة اختبار للواقع أي أن يكون الفرد واعيا بما يجري من ضغوطات ويحل المشكلة ويقيمها بشكل موضوعي.

اثني عشر: أسلوب الجهد المعرفي

أسلوب الجهد المعرفي هنا المقصود الجهود المعرفية لتغيير الاستجابات فالحدث وحده لا يمكن أن يحدد مقدار الضغط فالقلق يتأثر تما يقوله الناس لأنفسهم حول الأحداث مثال التعامل مع قلق الامتحان.

ثلاثة عشر: الخيال و التمني

يلجأ بعض الناس عندما لا يستطيعون المواجهة، إلى الهروب من الأحداث المحيطة بهم والمثيرة للقلق والتوتر، متوهّمين الحل، فبعض الناس تنتابهم أحلام يقظة كثيرة وبالتالي ينسحبون من الحياة الفعلية. ويعني هذا الأسلوب أيضاً رغبة الفرد على مستوى المتخيل فقط بأن يبتعد عند تعرضه لموقف ضاغط عن واقع هذا الموقف وظروفه، مثل تخيل العيش في مكان أو زمان غير الذي هو فيه أو حدوث معجزة تخلصه مما هو فيه من ظروف.

أربعة عشر: اللعب كمساعد في تخفيض الضغوط النفسية

في هذا الموضوع سنبين كيف يكون اللعب وسيلة للعلاج، فاللعب هو اللغة الأولى للطفل وقد عرف بلغة الطفولة، وبذلك فإن إلمامنا بهذه اللغة يكون قناة للتواصل ويبني علاقة قوية مع الطفل. ويمكننا أن نفهم الأطفال بطريقة أفضل إذا فهمنا لعبهم، فعندما نراقب الأطفال وهم يلعبون، فإننا في أغلب الأحوال نحصل على معلومات عن أفكارهم ومشاعرهم ودوافعهم وهمومهم أكثر مما نحصل عليه

عند الحديث معهم. وقد يكون من الصعب في بعض الأحيان فهم لماذا يقترح المعالج النفسي اللعب وسيلة للتعامل مع ضغوط الأطفال؟

عندما يلعب الأطفال يكتشفون عالمهم، يعبرون عن أنفسهم، يطورون مهاراتهم البدنية والعقلية والاجتماعية، وتتمثل الأهمية العلاجية للعب بالنسبة لنمو الطفل أن اللعب ينطوي على تغيرات دينامية عديدة في داخل الطفل وخارجه، وفي علاقته مع نفسه ومع الوسط المحيط به. وتلعب اتجاهات الكبار وخاصة الوالدين والمعلمين وأساليبهما في تربية الناشئة دورا كبيرا في تكوين المخاوف في حياة الأطفال وفي دفعهم إلى مواقف باعثة في التوتر والصراع.

و الطفل بحاجة إلى التخفيف من التوترات و المخاوف التي تخلفها الضغوط المفروضة عليه من بيئته. ومن الطرق الفعالة للعلاج النفسي في هذا المجال ومع الأطفال و خاصة، ما يعرف بطريقة (العلاج باللعب) أو اللعب العلاجي.

فاللعب يساعد الطفل على التعبير عن انفعالاته، وكما يستخدم اللعب الخيالي كمخرج للقلق وللتوتر والكثير من الحاجات والرغبات التي لا تتحقق لها الإشباع في حياة الطفل اليومية، يمكن أن تلقى إشباعا في اللعب. وأثناء قيام الطفل بنشاط اللعب و توحده مع أدوار معينة يقوم بتحقيق عملية علاجية هامة وهي (تفريغ) رغباته المكبوتة و نزاعاته العدوانية ومخاوفه وتوتراته واتجاهاته السلبية ونقلها من داخله أي إخراجها من دفينة تكوينه النفسي إلى الخارج إلى اللعبة أو أدوار اللعبة.

و تعتبر أساليب اللعب بالأدوار والتمثيليات الاجتماعية (السوسيودراما) ذات فعالية في ترشيد العلاقات بين جماعات الأطفال والتلاميذ وفي إفصاحهم عن مخاوفهم.

والعلاج باللعب ما هو إلا تهيئة الجو المناسب للطفل للتنفيس بواسطة الألعاب عن مشاعره المكبوتة وعن الضغوط التي تعرض لها في فترة ما من حياته كالمخاوف والإحساس بالقهر أو الوحدة، فأحياناً يمر الأطفال بأوقات عصيبة

يصعب عليهم التعايش معها بسهولة مثل انفصال الأبوين، والانتقال إلى منزل جديد أو الأطفال الذين تعرضوا لإساءة نفسية أو جسدية، وهو ما يؤدي أحياناً بالطفل لأن يكون عدوانياً أو انسحابا أو عصبياً.

التحضير للعلاج باللعب: يعد التحضير للعلاج باللعب الخطوات التي تمثل الإطار العام للعب كأسلوب في العلاج، ومن أهم هذه الخطوات :-

> بناء العلاقة الودية بين المعالج وبين الطفل والتي بدونها لا يتم العلاج.

> توفير حجرة مناسبة للعب، وتزويدها بجميع الألعاب .

> وجود معالج يتسم بالحكمة والكفاءة وحسن التصرف.

> النظر إلى اللعب كعملية علاجية مناسبة من خلال استخدام اللعب كموقف تعليمي يلزمه تجهيز خطط لتقوية أنماط السلوك الحسنة ، وخطط لإضعاف أنماط السلوك الغير حسنة، وان يأخذ الطفل فرصته المناسبة من النمو والوصول إلى نظرة واقعية عن نفسه، وتقبل التعبير الانفعالي والتدميري من الطفل عند اللعب .

للعب كأداة تشخيصية وعلاجية في الضغط النفسي

هناك اتفاق بين الباحثين على أن لعب الأطفال يتضمن بالضرورة في كثير من الأحيان تفريغا وتفعيلا لمحتويات عدوانية غير مقبولة اجتماعيا؛ بمعنى أن صراعات واضطرابات كل مرحلة نمائية تنعكس بالضرورة على المحتوى الظاهر لأنشطة اللعب والتي يمكن الحكم عليها في بعض الأحيان إنها تتجاوز الحد المقبول للسواء.

والطفل القادر على إخراج وتفعيل هذه المحتويات المضطربة خلال أنشطة اللعب هو الطفل القادر على التحرر والتخلص من صراعاته بإخراجها إلى حيز الواقع.

فاللعب بحد ذاته عملية تشخيصية، تتخذ إبعادا متعددة تتراوح بين حالات السواء وحالات بدائية من المشكلات السلوكية وحالات تمتاز بشدة نسبية من

الاضطراب لدى الأطفال، وتعد عملية الكشف عن الميول والاستعدادات واحدة من أفضل ما يشخصه اللعب، ويلاحظ أثر هذا النوع من التشخيص في بناء الاختبارات والاستعدادات والقدرات والأدوات والمواد التي تستخدمها والتي لا تعدو أن تكون ألعابا حية وتختص بقياس استعدادات حاسة ما.

يشخص اللعب حالات خفيفة من مشكلات التعلم والمشكلات السلوكية البسيطة وربما يعالج بعضها، أي إن التشخيص يأخذ طابعا علاجيا تعليميا وإرشاديا، ويعالج الطفل حالته بما يكتشفه له اللعب من مشكلات ولكن هناك صعوبات في التحليل والتفسير عندما تبقى مشاعر الطفل غامضة على العكس عندما يلعب وينفس عن بعض مشاعره، وهذا الغموض يقف عائقا أمام التشخيص ويشكل صعوبات بالغة في العلاج .

كما يسهم اللعب في عملية تشخيص وعلاج حالات الإعاقة البدنية وحالات الإعاقة القابلة للتدريب والعلاج، في حين تعد عملية اختيار الطفل للعبة معينة مؤشرا هاما لعملية التشخيص، ويقدم للمعالج فرصة التركيز على مختلف جوانب اللعبة أو النشاط بدلا من التشتت بين الألعاب المختلفة في حال لم يقم الطفل بعملية الاختيار.

أهداف الإرشاد باللعب

1. التشخيص والفهم: يقوم المرشد أثناء لعب الأطفال بملاحظة تفاعلاتهم وكبتهم ومعتقداتهم وتعبيراتهم حول مشاعرهم وأفكارهم، وتحليل هذه الملاحظات للتوصل إلى فهم طبيعة المشكلة التي تعيش مع كل منهم.

2. بناء علاقة مهنية: إن استخدام أسلوب الإرشاد باللعب يمكن إن يساعد المرشد في بناء علاقة تقبل، وخاصة مع الأطفال الذين يشعرون بالخوف، ولا يستطيعون التعبير اللفظي.

3. تسهيل الكلام: في الغالب لا يستطيع الأطفال التعبير عن المشاعر لفظيا، لذلك يمكن استخدام عملية التعبير اللفظي.

4. تعلم طرق جديدة والتصرف اليومي:كثير من الأطفال هم بحاجة إلى مهارات اجتماعية معينة، فيكون اللعب أداة جيدة لتعلمهم السلوك البديل.

5. مساعدة الطفل على إظهار ما في اللاشعور وخفض التوتر لديه .

أسس الإرشاد باللعب:

يقوم الإرشاد باللعب على مجموعة من الأسس النفسية من أهمها:

ا. اللعب سلوك له تفسير في نظريات علم النفس يسعى لتخليص الفرد من طاقة وإشباع دوافع لديه.

ب. اللعب نشاط يحبه الأطفال ويمارسونه فرادى وجماعات ومن السهل إعطاءهم الفرصة للقيام به.

ج. يقوم الإرشاد باللعب على إعطاء الحرية للأطفال لاختيار الألعاب التي يميل إليها الأطفال ويفضلون اللعب بها، وهي تعبر عن طبيعة المشكلة التي يعانون منها.

د. ترى كثير من نظريات علم النفس وخصوصا التحليل النفسي على إن التنفيس عن مشكلة يساعد في حلها في كثير من الأحيان.

هـ ممارسة الألعاب من قبل الأطفال تساعد في رسم صورة واضحة عن المشكلات التي يعاني منها الأطفال وبالتالي يسهل التعامل معها.

و. ممارسة الفرد لدور معين يساعد في كشف الخبرات المجهولة ويساعد في إظهارها.

فوائد الإرشاد باللعب:

> أنسب الطرق لإرشاد الطفل.

> يستفاد منه تعليميا وتشخيصيا وعلاجيا .

> يتيح خبرات نمو بالنسبة للطفل في مواقف مناسبة لمرحلة نموه.

> يساعد الطفل على الاستبصار بطريقة مناسبة لعمره .

> يتيح فرصة التعبير الاجتماعي في شكل بروفة مصغرة لما يحدث في عالم الواقع .

> يمثل فرصة لإشراك الوالدين والتعامل معهما في عملية الإرشاد .

> كما أن اللعب يسهم في خلق بيئة آمنة يستطيع الأطفال فيها أن يعبروا عن أنفسهم.

> والأطفال لا يملكون القدرة اللغوية الكافية أو الإدراك الناضج للتعبير عن مشاعرهم بوسيلة مجردة كالكلمات، فالألعاب هي كلماتهم.

> إن معظم الأطفال يعانون من وجودهم حول مجموعة من البالغين الذين لا يفهمونهم أو يحترمونهم الاحترام الذي يعزز ثقتهم بأنفسهم ويفجر طاقاتهم الكامنة.

> كما يعانون كثيراً من عدم التقبل أو السخرية و تؤدي بدورها إلى العديد من المشكلات النفسية والسلوكية.

> كما تتضح فاعلية الإرشاد باللعب في تنمية التفاعل الاجتماعي لدى الأطفال. ويعد اللعب من أهم الأنشطة التي تمد الطفل بالخبرة في مجال العلاقة الاجتماعية، ونمو المهارات والتفاعلات الاجتماعية، كما إن له أهمية في مساعدة الأطفال على تنمية روح التعاون بينهم بصورة تؤدي إلى توافقهم مع الآخرين، وكذلك فإن اللعب التعاوني يشجع الطفل على المشاركة في تحقيق الأهداف المشتركة، فاللعب يعتبر من الأنماط السلوكية الشائعة في الطفولة المبكرة، وهو نشاط محبب بالنسبة للأطفال.

أساليب العلاج باللعب:

صنفت أساليب العلاج باللعب إلى طائفتين استنادا إلى دور المعالج في العملية العلاجية:

1. العلاج النفسي غير الموجه باللعب: يعتقد أن اللعب الحر دون أي توجيه من الكبار يعالج الاضطرابات الانفعالية ن فيعطى الطفل الحرية الكاملة

تقريبا لاختيار ما يمارسه من أنشطة في غرفة اللعب بحضور معالج، وقد وضعت اكسلين (1969) مجموعة من المبادئ التي يستند إليها العلاج باللعب غير الموجه وهي:

> تقبل الطفل كما هو .

> تهيئة الظروف التي تتصف بالتسامح في العلاقة مع الطفل حتى يشعر بحرية تامة في التعبير عن مشاعره الايجابية .

> حساسية المعالج ودقته في إدراك مشاعر الطفل التي عبر عنها، ثم عكس المشاعر إلى الطفل بطريقة تعطي الطفل فرصة التبصر في سلوكه.

> عدم توجيه نشاط اللعب أو أحاديثه. فالطفل هو الذي يوجه نفسه والمعالج يتابعه فقط .

> أن يظهر المعالج احترامه العميق لقدرة الطفل على حل مشكلاته ، وان يترك مسؤولية الاختيار وإحداث التغيير إلى الطفل وحده .

> عدم التعجل بإنهاء الجلسات نظرا لان العلاج غير الموجه عن طريق اللعب يتطلب وقتا من الطفل والمعالج على السواء.

2. العلاج النفسي الموجه باللعب، وهو لعب مخطط وفيه يحدد المرشد مسرح اللعب ، ويختار اللعب والأدوات بما يتناسب مع عمر الطفل وخبرته ، ويصمم اللعب بما يتناسب ومشكلة الطفل ثم يترك الطفل يلعب في جو يسوده العطف والتقبل وغالبا ما يشترك المرشد في اللعب ليعكس مشاعر الطفل ويوضحها له حتى يدرك نفسه ، ويحقق ذاته ، ويتخذ قراراته بنفسه.

أما الأساليب السلبية الاحجامية لمواجهة ضغوط الحياة فمن أبرزها:

1- السلبية: وتبدو في نقص جهد الفرد في التعامل مع الموقف الضاغط والأفراد في ممارسة أنشطة أخرى كالنوم ومشاهدة التلفاز... الخ.

2- الالتفات إلى اتجاهات وأنشطة أخرى: وهي تتضمن قدرة الفرد على إعادة تنظيم حياته من جديد بعد الأحداث الصادمة،والتفكير في الأشياء

أساليب علمية لمواجهة الضغوط النفسية

الجديدة في حياته، وإيجاد عنصر فكاهي من خلال الاهتمام بأمور أخرى يستمتع بها وتنسيه هذه الأحداث.

3- الإنكار: وهي تشير إلى مشاعر الانقباض التخيلي، وإنكار المعاني والنتائج المترتبة على الحادثة، وتبلد الإحساس، والشعور باللامبالاة الانفعالية إزاء الأحداث الصادمة التي مر بها، والكبت السلوكي للأنشطة المرتبطة بها.

4- الإلحاح والاقتحام القهري: وهذا الأسلوب السلبي للمواجهة يشير إلى مدى تدخل الأفكار والتلقائية المرتبطة بالحدث بصورة قهرية، وتكرار الأحلام المضطربة والموجات المؤلمة من الأحاسيس والسلوكيات المتكررة المتعلقة بالحدث بحيث لا يجد فرارا منها.

5- عزل الذات: وتتضح هذه الإستراتيجية في محاولة الفرد إخفاء ما حدث وما شعر به والابتعاد عما يذكره بالمشكلة، بل ويلوم نفسه بأنه سبب ما هو فيه.

6- التنفيس الانفعالي: ويتمثل في قيام الفرد بأفعال قد لا تكون مرتبطة بالمشكلة ولا يجيدها أصلا لتفريغ مشاعره، وقد يقتضي ذلك التروي في اختيار وتنفيذ مثل هذه الأنشطة.

7- الانسحاب المعرفي العقلي: وتبدو هذه العملية في محاولة الفرد الاستغراق في أحلام اليقظة والتفكير في أشياء وموضوعات بعيدة عن المشكلة، وبرغم أن الانسحاب عن هدف ما يعد استجابة عالية التوافق، أحيانا، إلا أنها ربما تعوق التحمل المتوافق في حالات أخرى.

ومن الأساليب الأخرى السلبية ما يلي:

أولا: التجنب و الهروب

عندما لا يجد الفرد الإمكانات المتوفرة لديه والكافية للتعامل مع الضغط السائد، فبإمكانه وفي بعض الأحيان تجنب التعامل لحين استجماع قواه ثانية، أو

التهيؤ له، ويحدث هذا على مستوى الأفراد. أما إذا فشل في تجنب الموقف الضاغط ولم يستطع مقاومته، فإنه يلجأ إلى العقاقير. والكثير من الذين يتعاطون العقاقير، يجدون فيها وسيلة للهروب من المواجهة، لذا يعتبر الانسحاب استجابة شائعة للتهديد عند بعض الناس. فقد يختار البعض هذا الأسلوب على وفق نمط شخصيته، فهم لا يفعلون شيئاً، وغالباً ما يصاحب هذا السلوك شعور بالاكتئاب وعدم الاهتمام.

ثانيا: العدوان

إن الإحباط والضغوط كثيراً ما يؤدي إلى الغضب والعدوان، وسلوك العدوانية هو استجابة لموقف لم يحقق صاحبه نتائج مثمرة متوقعة ويحس الفرد عادة بمشاعر عدوانية لا يفجرها إلا في أوضاع معينة، كرد فعل غير متحكم به. فمعظم الناس حينما يواجهون تحدياً قوياً يصبون نار غضبهم في غير مكانه، ويهجمون بدون سيطرة على أهداف أو ممتلكات أو أشخاص آخرين يكونون كبش الفداء، وربما هم أبرياء، فقد يسلك الفرد سلوكاً عدوانياً بعد يوم كامل من الإذلال والتحقير، أو الشعور بالدونية تجاه مواقف الحياة المختلفة، ولم يستطع أن يحقق فيها أي نتيجة مريحة.

ثالثا: الإبدال

الضغوط حالة نفسية تؤثر في الإنسان سلبياً، خاصة مع استمرارها لحقبة طويلة، وبهدف التكيف معها أو تخفيف شدتها على أقل تقدير، يمكن التحكم بالاستجابات الناتجة عنها عن طريق الإبدال، فالضغوط وازدياد التوتر يجد مصرفاً له على مستوى الجسد، وثمة ظواهر للتدليل على ذلك مثل التبول وكثرة التغوط والإفراط في الأكل أو الأكل بنهم وكثرة التدخين أو الإفراط في النشاط الجنسي. كل تلك الأفعال يمكن اعتبارها تفريغات جسدية يتفاوت وعي الناس لها ولكنهم يمارسونها يومياً.

آليات الدفاع أو ميكانزمات الدفاع

يمكن اعتبار آليات الدفاع وسائل ايجابية وسلبية في نفس الوقت، فهي إيجابية عندما تستخدم بشكل قليل ومناسب للموقف، وتساعد على إراحة الفرد، بينما تكون سلبية عندما تستخدم بطريقة مبالغ فيها، وبالوقت والمكان غير المناسبين.

أول من أدخل مفهوم آليات الدفاع أو الحيل الدفاعية هو سيجموند فرويد، ويرى أن الناس يلجئون إليها لحماية أنفسهم وتساعدهم على معالجة الصراعات والإحباط وهي أساليب عقلية لا شعورية تقوم بتشويه الخبرات وتزييف الأفكار والصراعات التي تمثل تهديداً. وهي تساعد الناس على خفض القلق حينما يواجهون معلومات تثير التهديد.

من آليات الدفاع أو (الحيل) أو ميكانيزمات الدفاع: الكبت، التعويض، التبرير، التحويل، التكوين العكسي، النكوص، التوحد (التقمص)، التسامي، الخيال، الإسقاط.

أولا: الكبت

عملية عقلية لاشعورية يلجأ إليها الفرد للتخلص من شعور بالقلق والضيق الذي يعانيه بسبب ورود عوامل متضاربة الأهداف في نفسه. وباستخدام هذا الميكانيزم (الآلية) فإن الإنسان يحرر نفسه ولو مؤقتاً من الضغوط المتسلطة عليه وتشكل عبئا لا يطيقه، فيهرب من الموقف الضاغط بكبته ومحاولة تحييده على الأقل. لكي يحصل على توازنه النفسي، ورغم الاختلافات من فرد لآخر في إدراك الضغوط واستخدام هذا الميكانيزم. إلا أنه ليس كل الناس يلجئون إلى الكبت عندما يتعرضون لموقف ضاغط، أو محاولة الهروب منه باللجوء إلى استخدام الآليات الدفاعية، فبعض الناس لهم قدرة المواجهة وتحمل الموقف... وإيجاد الحل المنسجم مع هذه الصراعات والضغوط الداخلية والخارجية، وهو أمر يتعلق بشخصية كل فرد وأسلوبه الشخصي المميز في مواجهة الإحباط أو الضغوط. ويرى علماء النفس والصحة النفسية بأن الكبت الناجح هو الذي يؤدي

إلى حل الصراع وتوازن المتطلبات والرغبات اللذين يحققان الصحة النفسية. أما الكبت الفاشل فهو الذي يؤدي إلى حالة الاختلال ثم المرض النفسي.

ثانيا: التعويض

حيلة دفاعية لاشعورية يلجأ إليها الإنسان حينما يبتغي سلوكاً يعوض فيه شعوراً بالنقص، وقد يكون هذا الشعور وهمياً أو حقيقياً. سواء كان جسمياً أو نفسياً أو مادياً. والتعويض محاولة لاشعورية تهدف للارتقاء إلى المستوى الذي وضعه الإنسان لنفسه، أو الذي فرض عليه من علاقته بالآخرين. وقد يهدف الإنسان إلى تغطية الشعور بالنقص أو تحقيق مكاسب ذاتية مثل لفت الانتباه والعطف والاحترام أو إثارة الآخرين، أو ربما لكي يعزز موقعه في المجتمع الذي يعيش فيه.

ثالثا: التبرير

وهو إعطاء أسباب مقبولة اجتماعياً للسلوك بغرض إخفاء الحقيقة عن الذات، ويعد وسيلة دفاعية ترمي إلى محافظة الفرد على احترامه لنفسه وتجنبه للشعور بالإثم، وتعطيه الشعور بأن ما قام به قد جاء بناء على تفكير منطقي معقول، ويختلف التبرير عن الكذب، بأن الأول (التبرير) يكذب فيه الإنسان على نفسه، في حين يكون الثاني (الكذب) بأن يكذب الإنسان على الناس. وهذه الآلية الدفاعية تقدم أسباباً مقبولة اجتماعياً لما يصدر عن الإنسان من سلوك وهو يخفي وراءه حقيقة الذات. مثال ذلك: اعتقاد الفقير بأن الفقر نعمة، وأن الثروة والغنى يجلبان له المشاكل والهموم.

رابعا: التحويل

وهي آلية دفاعية تستخدم للدلالة على نقل نمط من السلوك، من عمل إلى آخر، بمعنى اكتساب خبرة معينة تؤدي إلى رفع مستوى الإنجاز للفرد في عمل مماثل أو إلى خفض مستواه إن كان العمل الجديد مغايراً للعمل الأصلي كل المغايرة. وفي التحليل النفسي يدل هذا الميكانيزم على موقف انفعالي معقد. ويعلق (فينكل) على ذلك بقوله: يسيء الفرد فهم الحاضر برده إلى الماضي.

أساليب علمية لمواجهة الضغوط النفسية

خامسا: التكوين العكسي

وهو إخفاء الدافع الحقيقي عن النفس إما بالقمع أو بكبته، ويساعد هذا الميكانيزم الفرد كثيراً في تجنب القلق والابتعاد عن مصادر الضغط فضلاً عن الابتعاد عن المواجهة الفعلية، فإنه قد يظهر سلوكاً لكنه يخفي السلوك الحقيقي، فإظهار سلوك المودة والمحبة المبالغ فيهما، قد يكون تكويناً عكسياً لحالة العدوان الكامن الذي يمتلكه الفرد في داخله، وعادة يتشكل هذا المفهوم ضمن سمات الشخصية ومكوناتها.

سادسا: النكوص أو الارتداد

وهو الارتداد أو التقهقر إلى مرحلة سابقة من مراحل العمر الممثلة في النمو النفسي. ويتميز بعدد من الظواهر النفسية المتمثلة في النشاط النفسي، ويكون النكوص عادة إلى المراحل السابقة، وهو ما يحدث دائماً لدى المرضى الذهانيين - مرضى العقل.

إن النكوص كحيلة دفاعية تحقق للفرد ولو لفترة مهرباً من الضغوط المحيطة به وذلك بالرجوع إلى مرحلة سابقة تتمثل فيها السعادة والراحة النفسية، يلجأ إليها الإنسان للتخفيف عما يعانيه الآن من نكسات وانكسارات نفسية، فيتذكر ماضيه المليء بالأمان والرخاء والرفاهة الذي عاشه، ويذهب بتفكيره بعيداً إليه، وكأنه حلم مر سريعاً. وقد أثبتت الدراسات النفسية بأن النكوص استجابة شائعة للإحباط.

سابعا: التوحد أو التقمص

عملية لاشعورية بعيدة المدى، نتائجها ثابتة، ويكتسب بها الشخص خصائص شخص آخر تربطه به روابط انفعاليه قوية. ويختلف التوحد عن المحاكاة أو التقليد، حيث يكون الأول (التوحد) عملية لاشعورية في حين الثاني (المحاكاة أو التقليد) عملية شعورية واعية. ويرى (كمال) أن الإنسان في هذا الميكانيزم اندفاعي يسعى لأن يجعل نفسه على صورة غيره، وهذا يتطلب ضماً غير واع لخصائص شخصية الآخر إلى نفسه. وتشمل هذه الخصائص السلوك والأفكار

والانفعالات العاطفية. وأول محاولة يقوم بها الفرد للتوحد، تبدأ في الطفولة عندما يسعى إلى التوحد بشخصية أحد والديه.

إن عملية التوحد تخدم أغراضاً كثيرة وتعتبر وسيلة لتحقيق الرغبات التي لا يستطيعها الفرد نفسه. فيقتنع بتحقيقها في حياة الغير ويرضاها لنفسه كأنه قام بها. والكثير من مظاهر التوحد وتعلق الفرد بغيره، ما هي إلا حالات تدل على بعض نزعات العطف الاجتماعي والتحسس بمشاكل الآخرين التي ترد إلى توحد الفرد بغيره ومقدرته على أن يضع نفسه مكان الآخرين في ظروفهم. ويكثر استخدام هذا الميكانيزم (الحيلة الدفاعية) لدى الشخصيات التي تتسم بالأنماط العقلية كالشخصية الفصامية أو البرانوية (هذاءات العظمة والاضطهاد) أو الشخصية المهووسة (الهوس). وهي أنماط من الشخصيات ليست مرضية وإنما نمط سلوكها وتكوينها الشخصي بهذا النوع.

إن هذا النمط من الشخصيات يرى نفسه في الآخر، كما أنه يرى الآخر في نفسه. وعندما تتزايد الضغوط الحياتية ولم تجد لها منفذاً للتصريف أو التحويل، فإنها ستؤدي إلى اضطرابات في العقل لدى هذه الفئة من البشر.

ثامنا: الخيال

وهو جزء مهم من الحياة العقلية للإنسان، ويصدر الخيال من العمليات العقلية المعرفية المتمثلة في الإدراك، التفكير، التذكر، الانتباه، النسيان.. الخ وهو ينتمي إلى مجال التفكير حصراً. ففي الخيال يستطيع الفرد أن يتجنب الشد والضغط الواقع عليه من البيئة الخارجية، ويؤدي إلى تخفيض توتر بعض الدوافع من خلال تبديدها.

إن الخيال يخفف عن الإنسان الكثير من الضغوط الواقعة عليه، فيرى (مصطفى زيور) أن الخيال يمكن أن يصوغ به العديد من(السيناريوهات) وهي تظل قابعة(18) داخل عقل الإنسان، وبها يجد العديد من الحلول إذا ما استخدمت استخداماً أمثل في الوصول إلى نتائج تحقق الراحة النفسية، ولكن تصبح حالة مرضية باستمرارها وتحويل الواقع إلى أحلام يقظة أو خيال، فلذلك لا بد وأن

تخضع إلى ضوابط ومحددات لعملها، لا سيما أنها (أي الخيالات) مكون أساسي في حياة الإنسان طفلاً أو راشداً، سليماً كان أو مريضاً، مستيقظاً كان أو حالماً أثناء نومه.

وتخدم هذه العملية عمليات عقلية أخرى في إعانة الفرد على تحمل صراعاته النفسية والإبقاء عليها مقيدة بحيث لا تطغى على الوعي ولا تؤدي إلى انهيار التوازن النفسي الداخلي للفرد.

تاسعا: التسامي أو الإعلاء

آلية دفاعية يلجأ إليها الإنسان عندما تضيق عليه الأمور ويزداد التوتر بأعلى درجات الشدة، وهذه الحيلة الدفاعية من أهم الحيل وأفضلها، والأكثر انتشاراً، ويدل استخدامها على الصحة النفسية العالية. فبواسطتها يستطيع الإنسان أن يرتفع بالسلوك العدواني المكبوت إلى فعل آخر مقبول اجتماعياً وشخصياً، فمثلاً النتاجات الفكرية والأدبية والشعرية والفنية... ما هي إلا مظاهر لأفعال تم التسامي بها وإعلاءها من دوافع ورغبات داخلية مكبوتة في النفس إلى أعمال مقبولة وتجد الرضا من أفراد المجتمع.

ويمثل الدين أعلى درجة من الإعلاء والتسامي بالنسبة للإنسان في ظروف التوتر والضغوط الشديدة والأزمات، فحالة الوساوس والأفعال التسلطية المسيطرة على الإنسان، لا يمكن مواجهتها إلا بالتسامي من خلال التمسك بالدين الذي يعني بالنسبة لتلك الحالات الإعلاء الناجح، وهو يتيح الطريق للتخلص من أحاسيس ومشاعر الإثم من خلال أداء الصلاة والتكفير عن الذنوب بدلاً من الطقوس عديمة المعنى.

إن هذه الآلية (الحيلة) الدفاعية تخفف من شدة الصراعات والتوتر الداخلي لدى الإنسان من خلال تحويل تلك الأفكار والصراعات إلى مجالات مفيدة وسليمة ومقبولة اجتماعياً، كما أنها تمكن الفرد من الإبقاء على هذه الصراعات مكبوتة وبعيدة عن الوعي.

العلاج المعرفي لتقليل الضغوط النفسية:

يعد العلاج المعرفي من الاتجاهات العلاجية الحديثة نسبيا والذي اثبت فعاليته في علاج العديد من المشكلات النفسية التي يعاني منها الأفراد، وبالرغم من نشأت العلاج المعرفي بالولايات المتحدة منذ فتره وجيزة إلا انه لاقى انتشارا في جميع أنحاء العالم وبات من الأساليب العلاجية المألوفة لجميع العاملين بالمهن النفسية.

ويرتبط العلاج المعرفي باسم ارون بيك (Aron Beck) حيث انه كان من المؤسسين الرئيسيين للعلاج المعرفي، ومن العلماء الذين حاولوا تطبيقه في علاج حالات ومشكلات نفسيه ونتيجة لذلك ظهرت الأبحاث والدراسات التي تحاول معرفة مدى الفعالية التي يتمتع بها العلاج المعرفي مع مقارنة هذه الفعالية في بعض الأحيان مع فعالية أساليب علاجيه أخرى كالاتجاه السلوكي أو الإنساني.

وسنتناول حاليا الأسس التي ينطلق منها العلاج المعرفي:

1) دائرة الأفكار - المشاعر :

واحدة من أهم المهام التي يقوم بها العلاج المعرفي هي البحث عن المعاني التي يعطيها المسترشد للمواقف وللانفعالات أو للتغيرات البيولوجية كجزء من أجزاء الأفكار الآلية السلبية، وبالتالي فإن مفهوم الخصوصية المعرفية يظهر عملية ربط ما بين الأفكار والمشاعر ومدى تأثيرها على سلوكنا الظاهر، فعلى سبيل المثال تقدير فرد ما لموقف ما على أساس الخطر على الأغلب سوف يتبع هذا التقدير استجابات خوف وقلق وضبط نفسي، كما أن تقدير الفرد لموقف ما يحمل معاني الخسارة والفقدان، قد يؤدي بالفرد إلى حالة من الحزن والحداد والوحدة والانسحاب وتقدير الفرد لموقف ما على أساس عدم العدالة قد يستجيب له الفرد بالغضب أو التمرد.

الاستجابات التي تحدث بسبب عمليات التقييم هذه ليست بضرورة أن تكون غير تكيفية فعلى العكس قد تكون هذه الاستجابات تكيفيه مثلا: كلنا نعلم أن قيادة السيارة تنطوي على مخاطر كثيرة فالتفكير بهذه المخاطر قد يدفعنا إلى تحسين قيادتنا للسيارات وعلى جميع الجهات قد تكون عملية تثمين وتقييم الموقف والأحداث سواء كانت داخلية أو خارجية فتنطوي على التسبب بالمشكلات وخاصة إذا ما كان هذا التقييم ينطوي على مبالغة، فإذا سيطرت أفكار معينة على الفرد حول حوادث معينة عندها ستظهر وبشكل كبير مشاعر القلق والتوتر، وقد يقترب الوضع في حالات متطرفة إلى حالات الهلع والرعب وعودة إلى مثال قيادة السيارات، فإذا ازدادت الأفكار السلبية حول القيادة ومخاطرها ازدادت تبعا لها المشاعر السلبية، ومن ثم قدرتنا على قيادة السيارات التي ستتأثر سلبيا بالفعل.

وهناك مثال آخر يحاول الربط ما بين الأفكار والمشاعر فنحن نشعر بالحزن بسبب فقدان شيء أو شخص ما ولكن إذا اعتقد الفرد بان الفقدان هذه هو جزء من طبيعي من الحياة التي لها بداية ونهاية قد لا يكون ردود فعله الانفعالية والسلوكية متطرفه في إظهار الحزن أما إذا أدرك الفرد الفقدان والموت باعتباره احد الفواجع والمصائب فان السمات الانفعالية السائدة قد تكون درجات مرتفعة من الحزن قد يصل لدرجة الاكتئاب وبهذا المعنى يكون العلاج المعرفي قد توصل إلى افتراضه الأول حول أن مشكلات الأفراد تكمن في أفكارهم.(Wills&Sanders,1997)

ومن هـذا المنطلق يكون دور المعـالج المعرفـي بالعمـلية الإرشادية العمل على فهم المسترشد بشكل فردي بحيث يتم الوصول إلى فهـم أوسـع حول أسباب قيام المسترشد بتقييم الأحداث المحيـطة بالطريقـة التي يقوم بها (Wills & Sanders 1997) .

2) التشويهات المعرفية (الأفكار السلبية)

يمتلك كل فرد منا أبنية معرفية خاصة به، وغالبا ما تظهر الأبنية المعرفية ويتم التعبير عنها من خلال عدد من الأفكار الذاتية وهذه الأبنية المعرفية تتكون

بالأصل من خلال الخبرات الحياتية والتجارب الشخصية ومن خلال هذه الأبنية تظهر الأفكار الآلية السلبية، (Negative Automatic- Thought) والفرد غالبا ما يكون غير واع لمثل هذه الأفكار، ومدى الدور الذي تلعبه بالتأثير على مزاجه وتصرفاته وبالتالي. (Sharf,1996) هذا وقد توسع بيك في محاولات شرح هذه الأفكار الآلية في كتاب نشره عام (1976) وقدم أمثله على هذه الأفكار الآلية والتي تعتبر أفكار من مثل: (أنا غبي) والتي تعتبر من أهم وأعم هذه الأفكار أو أفكار (كل شيء أو لا شيء)، (عمل كل شيء على ما يرام) هذه أمثله على مثل هذه الأفكار الآلية والتي غالبا ما تقود إلى الفشل، الأمر الذي يقود إلى لوم الذات.

وتعتبر عمليات التعرف والكشف عن أفكار المسترشد الآلية السلبية وفهم عمليات الربط والتفاعل ما بين الأفكار والمشاعر الخطوة الأولى بالعلاج والتي تؤدي إلى زيادة وعي المسترشد بأفكاره الآلية، والتي يحملها بين ثنايا أبنيته المعرفية، وعند هذه النقطة يكون من المفيد محاولة التساؤل حول مدى التأثير الذي تلعبه هذه الأفكار في حالته المزاجية. وضمن هذا السياق نورد بعض من الأمثلة على عدد من الأفكار الآلية:

1- كل شيء أو لا شيء: الفرد يتحزب لطرف من أطراف الحياة، مثال: (تكون درجتي بالامتحان (أ) أو الرسوب) .

2- التعميم الزائد: الفرد يحاول الخروج بنتائج معممة قياسيا على حوادث صغيرة حدثت معه، مثال (إذا تعرضت فتاة للخذلان من صديقتها فهي تعمم أن كل البنات يخذلنها).

3- القفز إلى استنتاجات غير منطقية: يتوجه الفرد للخروج إلى استنتاجات وتضمينات سلبية بالرغم من غياب الدليل الفعلي أو غياب الأسباب الداعمة لمثل هذه الاستنتاجات (بقاء الفرد لوحده لبعض الوقت في حفلة قد يؤدي إلى استنتاجه بأنه غير مرغوب به) .

4- التقليل من الايجابيات: إذا قام الفرد بسلوك إيجابي فإنه يميل بالعادة إلى التقليل من فعاليته بحيث يعمل على التشكيك في قدرته (لقد نجحت بالامتحان بالصدفة) (أي شخص يستطيع النجاح بهذا الامتحان) .

5- التسمية: يبرع الفرد في إطلاق أسماء أو ألقاب وخاصة الألقاب السلبية (أنا لست محبوبا) (أنا فاشل) .

6- الشخصنة: يحمل الفرد نفسه مسؤولية حدث ما وجعل نفسه المسؤول الوحيد للحدث وخاصة إذا كان غير سار (زوجي لن يدخن لو كنت أنا زوجة جيدة).

7- الفاجعة: يأخذ الفرد هذا النوع من التشويهات المعرفية حدثا واحدا هو مهتم به ويبالغ في ردود فعله الانفعالية (أنا أعرف بأني سوف أخطئ واطرد من العمل) (من المصيبة الفشل بالامتحان).

8- التنبؤ السلبي: يعتقد الفرد بان حدثا سلبيا سيحصل بالرغم من غياب الأدلة المنطقية لحدوثه ويتبع ذلك انشغال الفرد الدائم للإعداد لهذا الحدث (رفض شخص للذهاب مع آخر لحضور مباراة كرة قدم يفسر على أساس انه لم يعد يحبه ويريد قطع العلاقة معه) (Sharf , 1996, Wills&sanders,1997) .

3) الأفكار والأبنية المعرفية (السكيمات):

الأفكار الآلية السلبية هي عبارة عن تلك المكونات المعرفية القريبة من حيز الشعور بالإضافة إلى وجود مكونات معرفيه تقع في أماكن عميقة من اللاشعور، وفي جميع الحالات تجد أن هذه المكونات المعرفية تؤثر وبشكل فعال على سلوك الفرد وحالته الانفعالية وقد اصطلح على تسمية هذه المكونات الانفعالية بالأبنية المعرفية أو السكيمات (Wills & Sanders m, 1997).

إن السكيمات لا تعطي معنى سوء التكيف دائما، فالكثير من السكيمات يكون لها دور في التكيف النفسي، فعلى سبيل المثال نجد الأطفال الذين طوروا خبرات إيجابية مع الأفراد المهمين لهم غالبا ما تكون لديهم اعتقادات حول إمكانية الثقة بالآخرين وإذا ما واجه احد هؤلاء الأطفال سلوكا عدائيا أو خيانة من قبل احد الناس، فإنه غالبا ما يتحدث حول احتمالية حدوث شيء خاطئ مع التشديد على اتخاذ الحذر بالمستقبل، هذه الاستجابة تعتبر بحد ذاتها استجابة

تكيفيه، أما إذا كانت لدى احد الأفراد أبنية معرفية تتضمن معاني عدم الثقة بالآخرين وتعرض لمواقف السرقة من قبل أحدهم، فإنه غالبا ما يفكر فورا بعبارات مثل (لقد كنت على حق لا احد يستحق الثقة- لن أفعل ذلك أبدا) والتي غالبا ما تكون أفكارا معممة ومتطرفة، وتؤدي إلى ظهور ردود فعل غير تكيفية.

والآلية التالية تمثل كيف يحدث التوتر والتجنب بعد ظهور السكيمات السلبية:

سكيمات   تثار من الأحداث أفكار أليه   ردود فعل

خبرات حياتيه ◄─── (عدم ثقة) ◄─── لا احد يستحق الثقة ◄─── التوتر والحزن والانسحاب

سكيمات حدث   توليد أفكار أليه   مشاعر   سلوك

(لا احد يحبني) ◄─── مقابلة صديق ◄─── (سوف يتركني بعد فتره) ◄─── (القلق)   (التجنب والانعزال)

((Willis & sanders, ١٩٩٧

العلاج المعرفي لمشكلة الضغط النفسي والتوتر:

يرى لازاروس أن الضغط النفسي هو علاقة ما بين الفرد والبيئة، وهذا ما يفسر اختلاف الأفراد في ردود أفعالهم نحو الموقف الضاغط فموقف ما قد يكون ضاغطا لفرد ما ولكنه قد لا يكون ضاغطا لآخر بنفس الدرجة (Aldwin ,١٩٩٤) وبهذا المعنى يكون الضغط النفسي حاله من الانزعاج ناتجة عن الموقف الذي يتعرض له الفرد مع إدراكه بأنها تفوق قدراته التوافقية، وبما أن الفرد هو الذي يقدر مدى صعوبة الموقف الذي يتعرض له ومستوى مصادره التوافقية فإن موقف ما سيكون ضاغطا لفرد ما بينما قد لا يكون ضاغطا بنفس الدرجة لشخص آخر وتتضمن التعاريف المختلفة للضغط النفسي عناصر مشتركه:

١) الضغط النفسي حاله مزعجه يتخللها الشعور بالضيق والارتباك

٢) الضغط النفسي يظهر عندما يواجه الشخص متطلبات تفوق قدراته وإمكانياته التوافقية

أساليب علمية لمواجهة الضغوط النفسية

3) يستجيب الفرد لحالة الضغط بعدد من الاستجابات الفسيولوجية والمعرفية والانفعالية والسلوكية(ضمره ، 1998).

جميع الجهود التي حاولت البحث بالضغط النفسي شددت على الجانب الذاتي للضغط فهناك دور تلعبه الخبرات الذاتية والتوقعات والثقة بالإمكانيات الذاتية للمواقف المختلفة في ظهور الضغط النفسي لدى أفراد وعدم ظهوره لدى أفراد آخرين.

وقد اتجهت بعض الأبحاث للبحث حول المجالات الشخصية التي تزيد من عوامل المقاومة للضغط النفسي فقد وجدت عدد من الدراسات أن الأفراد الذين يعانون من ضغط نفسي مرتفع مع مستويات متدنية من الأعراض المرضية يتفقون على وجود ثلاثة عناصر مشتركه وهذا ما اصطلح على تسميتهم بالأفراد ذوي الشخصيات الصلبة أو الصعبة (hardly personality):

1) السيطرة والضبط : فهؤلاء الأفراد لديهم إحساس بالسيطرة على اتجاه حياتهم.

2) الالتزام: لديهم التزامات جيده حول أعمالهم ونشاطاتهم.

3) التحدي: يدركون التغيير بحياتهم كشيء ايجابي أو طبيعي أكثر مما هو مهددا .

هذا على جانب أما الجانب الآخر فقد توجهت الأبحاث إلى محاولات لدراسة الآثار السلبية للضغط النفسي عند الأفراد الذين يميلون إلى الإسراع في عملية انجازهم للمهمات وعدم القدرة على تحمل الإحباط والتأجيل لإشباع حاجاتهم، وهذا ما يضعهم في مواجهة مستويات مرتفعة من الضغط النفسي، الأمر الذي يعرضهم لمخاطر صحية مزمنة مثل ضغط الدم المرتفع والإصابة بأمراض القلب، وقد اصطلح على تسمية هؤلاء الأشخاص الذين يظهرون هذه الخصائص النفسية والسلوكية بنمط الشخصية أ (type A personality)، وقد أشار العديد من العلماء إلى فعالية تعليم الأفراد ذوي النمط (أ) مهارات الاسترخاء ومهارات حل المشكلات ومهارات إعادة البناء المعرفي ومهارات التفكير العقلاني

ومهارات توكيد الذات، والتدريب على أسلوب التحصين ضد التوتر في العمل (Woolfe&Dryden, 1996).

إن مصطلح التوافق(coping) ملازم دائما لمصطلح الضغط النفسي ويحتوي على ثلاثة جوانب :

1) انه يتضمن قدرة الفرد على التفكير في كيفية التصرف خلال المواقف الضاغطة.

2) إنها عملية تتبع بمحتواها لطبيعة الموقف الضاغط وللتقييم الشخصي له ومن ثم العمل على استخدام المصادر المتوفرة بالبيئة للتوافق مع ذلك الموقف.

3) التوافق عملية مستقلة النتائج بحيث أنها قد تقود إلى نتائج توافقيه ايجابية (التوافق الناجح) وقد تقود أحيانا إلى نتائج توافقيه سلبيه (توافق غير ناجح) (Woolfe & Dryden.1996)

وبالتالي نرى أن الجهود العلاجية المعرفية توجهت إلى اتجاهين أساسيين:

الأول: يتمثل في محاولة تقييم أفكار المسترشد ومشاعره وأنماط سلوكه كردود فعل للضغط النفسي.

والثاني محاولة إكساب المسترشد لعدد من المهارات للتوافق مع الضغط النفسي، ويمكن للمعالج المعرفي إتباع النموذج المعرفي في علاج حالات عدم التكيف أمام الضغط النفسي والذي يبدأ بالتقييم ثم العمل على تعديل بعض الأفكار السلبية من خلال جعل المسترشد أكثر وعيا بها، ثم محاولة ممارسة عدد من المهارات التوافقية المعرفية.

أولا: المرحلة الأولية (المقابلة الأولية)

يحاول المرشد خلال هذه المرحلة جمع معلومات حول المسترشد وغالبا ما تكون هذه المعلومات شخصية وعامة وقد يتطرق المرشد إلى سؤال المسترشد عن سبب طلبه للمساعدة وما الذي يتوقعه من الإرشاد، وقد يتم الاستعانة ببعض الأوقات بمجموعة من الاستبيانات ونماذج المعلومات التي يمكن للمسترشد أن

يعبئها بشكل فردي، ولا يشترط أن يقابل المرشد المسترشد خلال هذه المرحلة لأنها موجهة بالأساس إلى عملية جمع معلومات شخصية حول المسترشد.

ثانيا: مرحلة التقييم:

خلال هذه المرحلة قد يحاول المرشد جمع معلومات حول مدى قدرة الفرد على التعامل مع المشكلات ومدى امتلاك المسترشد لمهارات التوافق الصحية مع الضغط النفسي، ويمكن أن يطبق عددا من استبيانات مهارات التوافق للكشف عن مدى امتلاك المسترشد لبعضها، ولمعرفة نقاط الضعف لديه، بالإضافة إلى ذلك قد يقوم المرشد بإجراءات للكشف عن أفكار المسترشد حول المواقف الضاغطة ومدى التأثير الذي تلعبه المشكلة والقلق على مشاعره وأفكاره وردود أفعاله السلوكية ويمكن أن تكون الموضوعات التالية مدار البحث خلال عملية التقييم:

1) الأفكار الذاتية:

يركز الاتجاه المعرفي على أفكار المسترشد الذاتية وما الذي يقوله لذاته أثناء مواجهة المشكلات مع التوجيه على زيادة وعي المسترشد لمثل هذه الأفكار وردودها في التأثير على الحالة الانفعالية والسلوكية للمسترشد

م: هل لك أن تذكر لي موقفا شعرت به بالتوتر والقلق ؟.

ع: نعم أكثر شيء يزعجني ويشعرني بالقلق والضغط عندما أقف أمام مديري بالعمل وهو يقوم بانتقادي.

م: نعم هذا معقول فلا احد يحب أن ينتقده احد وخاصة إذا كان هذا الشخص دائم الانتقاد.

ع : دائما ما تراودني أفكار حول أخطائي وأنني فاشل بالعمل وانه يفكر بطردي من العمل.

م : إذا أنت في موقف مثل هذا تراودك أفكار سلبية ومزعجه وهذه الأفكار قد تكون راجعه إلى سوء علاقتك مع المدير.

ع : نعم هذا ما يحدث لي تماما .

2) مراقبة الأفكار غير الوظيفية (D.T.R)

قد يعتمد المرشد على أسلوب مراقبة المسترشد لذاته ولأفكاره التي تظهر في موقف الضغط النفسي بهدف جمع معلومات حول المشكلة وقد يتم إلحاق معلومات حول ردود الفعل الانفعالية والسلوكية، إلى جانب ردود الفعل المعرفية، وقد يهدف المرشد من ذلك إلى العمل على تقييم أفكار المسترشد الآلية والتي تسبب له المشكلات الوظيفية.

الموقف	الأفكار الآلية	النفعال المصاحب	الاستجابة المنطقية	النتائج
وصف الموقف المثير للتوتر وللضغط النفسي	كتابة الأفكار الآلية التي ظهرت بالموقف	كتابة الانفعالات وردرد الفعل الانفعالية	الاستجابة المنطقية للأفكار الآلية	إعادة تقدير درجة الاعتقاد بالأفكار الآلية

وقد يتم إتباع هذا النموذج بعدد من الأسئلة للمساعدة في الإجابة بدقه على الأسئلة:

1- ما هو الدليل على أن الأفكار الآلية صحيحة أو غير صحيحة؟

2- هل توجد بدائل علاج أخرى؟

3- ما هو الأسوأ الذي يمكن أن يحصل؟

4- ما هو تأثير الأفكار الآلية على السلوك؟ Sharf, 1996))

ومن الملاحظ أن أسلوب التقييم يقدم معلومات غنية للمرشد حول أفكار المسترشد المرتبطة بالمشكلات الخاصة بالشعور بالضغط النفسي سواء بموقف محدد أو عامة، وبنفس الوقت يقدم التقييم معلومات للمسترشد حول أسباب شعوره بالانزعاج والتوتر بسرعة في مواقف التوتر وهذا يساعد المسترشد على الوعي بأفكاره الآلية والحد من تأثيرها على مشاعره وردود فعله السلوكية، فقد يذكر احد المسترشدين بأنه يشعر بالضيق وارتفاع ضغط الدم لديه والارتجاف والتوتر الشديد عندما يفرض مديره مسؤوليات جديدة على عاتقه في هذه الحالة يساعد المرشد

المسترشد على فهم مدى الاختلاف بالواجبات ما بين القديمة والجديدة والشعور بالانزعاج هو شيء طبيعي لبعض الوقت، ولكن إذا وصلت ردود الفعل هذه إلى حد يصل بالمسترشد إلى رفض المسؤوليات أو الاستقالة فان هذا قد يلزم المسترشد بضرورة الوعي بالأفكار الذاتية السلبية والتي قد تكون هي السبب وراء عدم التكيف بالمنصب الجديد (أنا سوف افشل بالعمل الجديد - لقد كنت اعرف على شيء بعملي السابق ، أما الآن فانا لا اعرف أي شيء - كل الناس ينتظرون فشلي)

ثالثا: مرحلة العلاج

بعد قيام المرشد بمجموعة من التقييمات للأفكار الآلية وردود الفعل الانفعالية والسلوكية التي تظهر لدى المسترشد في مواقف المشكلات يكون بذلك المرشد قد حقق هدفين، الأول يتمثل في فهمه لأسباب عدم قدرة المسترشد على التعامل مع قضايا الضغوط والتوتر النفسي، والثاني في زيادة قدرة المسترشد على الوعي الذاتي لأفكاره وللعوامل المعرفية المرتبطة بالمشكلة والهدف الأساسي لمرحلة العلاج ليس القيام بعمل تحليلات منطقيه للأفكار وللاعـــتقادات اللاعقلانية فقط وإنما في محاولة إكساب المسترشد عدد من المهـــارات الملائمة للتعامل مع مواقف التوتر والضغط. وقد وضع كل من ولف ودريدن (Woolfe & Dryden) عدد من استراتيجيات التوافق المختلفة للمساعدة على عملية استكشاف جوانب القصور لدى المسترشد :

1- الاستقلالية: القدرة على التفكير المستقل والقدرة على الاكتشاف والتعمق بشكل استقلالي.

2- المهارات المعرفية: وتتضمن المرونة المعرفية والقدرة على استخدام أسلوب حل المشكلات.

3- الكفاءة: وتتضمن العمل على توليد الأفكار الجديدة والقدرة على التفكير الايجابي عند مواجهة المواقف الحتمية.

4- العلاقات الاجتماعية: وتتضمن القدرة على تكوين علاقات اجتماعيه داعمة بالإضافة إلى وجود قدر من الدهاء والذكاء الاجتماعي والقدرة على الظهور بالمظهر الدبلوماسي أمام الآخرين.

5- المهارات التنظيمية: وتتضمن وجود القدرة على التخطيط والقدرة على استخدام المصادر المتاحة بشكل فعال. ((woolf & Dryden

ونلاحظ مما سبق أن هذه المهارات السابقة هي مهارات عامه يمكن استخدامها بشكل فعال لمواجهة مواقف التوتر والضغط النفسي وهذا يعمل على رفع قيمتها العلاجية وبحسب رأي (ولف ودريدن) فان المرشد النفسي لا بد أن يأخذ هذه المهارات بعين الاعتبار عند عملية مساعدة المسترشد على رفع كفاءته للتعامل مع الضغط النفسي ومن الأساليب والمهارات المعرفية التي يمكن تعليمها المسترشد للتعامل الفعال مع مواقف الضغط النفسي ترتكز على إكساب المسترشد مهارات التفكير المنطقي فالكثير من أنماط السلوك تقف وراءها مجموعه من الأفكار اللاعقلانية وبالتالي هذه الأفكار ستؤثر على مدى كفاءة السلوك ومدى ملائمة الأمر الذي يؤدي إلى التقليل من أداء وفعالية الفرد ضمن المواقف المثيرة للضغط وبالتالي تكون هذه الأفكار مسؤولة بشكل كبير عن اضطراب الحالة الانفعالية والسلوكية للفرد وبالتالي لا بد من مساعدة المسترشد على زيادة وعيه بمثل هذه الأفكار وتم تشجيعه على الكشف عنها للمرشد للعمل على إخضاعها للاختبار لمعرفة مدى المنطق والقمة التي تتمتع بها الفرد الذي تعوزه المهارات اللازمة للتعامل مع مواقف لها علاقة بالضغوط النفسية سواء بالعمل أو بالمنزل أو مع الأصدقاء قد يكون من المناسب تعليمه أساليب التفكير المنطقي من خلال الربط ما بين الأفكار والحالة الانفعالية والواقع أن تعليم الأفراد أسلوب (A.B.C.D) المعرفي قد يعمل على مساعدتهم لزيادة فهمهم لأفكارهم ولزيادة الوعي بها.

مثلا قام احدهم ببناء منزل لأسرته واكتشف بعد بدء البناء بان كلفة البناء فاقت توقعاته وحساباته واضطر إلى أن يوفر مبالغ كبيره لإتمام المشروع في وقت

ضيق فان هذا الرجل قد يختبر حاله من الضغط النفسي وقد يلجا في هذه الحالة إلى بيع العقار وعدم إتمامه أو إثارة المشكلات مع زوجته وبشكل كبير ومع مديره بالعمل .

خلال هذا المثال السابق نرى التأثير الذي تأثر به المسترشد من خلال الموقف واضطراب ردود فعله الانفعالية والسلوكية، وهنا تكون مهمة المرشد العمل على توضيح الأفكار اللاعقلانية التي يحملها المسترشد حول ذاته وحول العالم، فمثلا قد يحمل هذا المسترشد اعتقادات مثل (من العيب أن افشل - الحل الوحيد هو إتمام المنزل - الآخرون هم المسؤولين عن مشكلتي لأنهم رفضوا إقراضي المبلغ المطلوب) فالحدث (بناء المنزل ومشكلاته) هو حدث بحد ذاته أما الذي يتحكم بردود فعل المسترشد (الاضطراب والانزعاج) ليس الحدث وإنما النظام العقائدي والمعرفي الذي يحمله المسترشد في ثنايا نظامه المعرفي.

م : أحيانا يصل الفرد منا إلى مرحله لا يستطيع معها التحمل.

ع : هذا ما حدث معي بدقه فقد وصل الأمر إلى مرحله لا استطيع تحمل رؤية فشلي ببناء المنزل.

م : هل تعتقد أن كل فرد يقع بنفس مشاكلك ستكون ردود فعله مماثله لردود فعلك أنت ؟ .

ع: بالحقيقة لا اعرف ولكن أنا أحب أن تكون جميع أموري بالحياة مضبوطة فلا مجال للفشل فهناك حل واحد لتلك المشكلة وهو إتمام بناء المنزل.

م: ماذا لو فكرت قليلا في ما الذي سيحدث إذا لم تكمل بناء منزلك.

ع : ترى أنني وضعت في مشكلات خطيرة مع عملي وأسرتي وأنا اشك في قدرتي في بناء البيت فما بالك إذا تأكدت من عجزي التام عن إتمام المنزل إنني سوف اجن.

م : نعم استطيع فهم ذلك ولكن أنت تشعر بالانزعاج بسبب رغبتك في حل المشكلة في حل واحد وهو الحصول على ما تريده وهذا غير منطقي ترى ماذا لو فكرت في انك تستطيع تأجيل إتمام البناء فتره من الوقت.

المرشد يحاول خلال محاولاته لتعليم المسترشد طرق التفكير العقلاني أن يركز على الأخطاء التي وقع بها المسترشد بسبب أفكاره اللاعقلانية ويمكن أن يناقش المرشد التشويهات المعرفية التالية:

1) تحدي الأمور المطلقة: يحاول المرشد مهاجمة عدد من الأفكار اللاعقلانية والتي قد تعبر عنها المباراة التالية (كل واحد- الجميع يكرهني- اقل واحد بالدنيا قدره.... الخ) وغيرها من العبارات الدالة على الأحكام المطلقة والتي تلعب دورا في تعزيز الأفكار اللاعقلانية (لماذا يجب أن تحل مشكلتك بالشكل الذي تراه أنت فقط مناسبا ؟).

2) اللامصيبة واللافاجعة: يحاول المرشد فهم خوف المسترشد من عدم قدرة على مواجهة مشكلات ومواقف معينة والأسلوب الأكثر نجاحا بالتعامل مع تصورات الأفراد لحدوث المصائب لهم بسبب أفكارهم اللاعقلانية سؤالهم أسئلة مثل (ماذا لو) مثلا بالمثال السابق يمكن سؤال المسترشد حول (ماذا لو لم تستكين أن تكمل بناء المنزل- ماذا لو اضطررت لبيع المنزل قبل إتمامه).

ع : يجب علي أن اعمل على إنجاز العديد من الأعمال وبنفس الوقت وهذا يجعلني أفكر بعدم قدرتي على إنجازها.

م : ماذا لو لم تستطيعي انجاز بعض هذه الأعمال بالوقت المحدد ؟.

ع : ستكون هناك مصيبة كبيره فانا سأعتبر فاشلة وسأرسب بالسنة الدراسية.

م : وماذا لو رسبت بالسنة الدراسية؟.

ع: أنا ارسب...... أنا أفضل الانتحار على الرسوب.

م : وهل حياتك تخلو من أي شيء ايجابي عدا الدراسة والنجاح بها ؟.

ع : بالحقيقة لدي أسرتي متفهمه وتحبني وتعطف كثيرا علي وأنا لا أريد أن اخسرها ولا أريد أن أحبطها بسبب نتائجي الدراسية السيئة .

م : لو أتيح لك الخيار هل تختار الرسوب أم خسارة عضو من أعضاء جسدك رجلك مثلا؟.

ع: وكيف سأعيش بدون عضو من جسدي أكيد أن الرسوب أفضل قليلا من الإعاقة.

م: إذا أرى أن رسوبك لو حدث - وهذا بعيد - لا يستحق منك ذكر الانتحار أو انه نهاية العالم، ثم انه توجد فرصة لإعادة السنة مرة أخرى.

ع : نعم توجد فرصة لإعادة المادة الدراسية ولكن زملائي سيكونون سابقين لي بسنة.

م: وماذا لو كان زملائك يسبقونك بسنه أو بسنتين؟.

خلال الأمثلة السابقة نلاحظ محاولات المرشد المتكررة للتعرف على أفكار المسترشد اللاعقلانية مع ضرب أمثله على أفكار لاعقلانية إضافية مع إظهار الدليل المنطقي لعدم صحة هذه الأفكار، فالهدف الأساسي هو مساعدة المسترشد على الوعي بأن سبب مشاكله هو عمليات تقييمه للمشكلة والأفكار الذاتية التي يحملها حول ذاته وللعالم. وقد يلجأ المرشد إلى الأسلوب التعليمي لتفنيد(لدحض) الأفكار غير العقلانية لدى المسترشد من خلال عمليات التوضيح حول لماذا هذه الأفكار تعتبر غير عقلانية؟ وعندما يعمل المرشد على تنفيد أفكار المسترشد لا بد من الانتباه للنقاط التالية:

1 - جعل التوضيحات قصيرة مباشرة إذا أمكن فمن الضروري تجنب الإطالة بالشروحات.

2 - شرح نقطه واحده بنفس الوقت فلا بد من تجنب تناول عدة نقاط بنفس الوقت بهدف تجنيب تشتيت المسترشد ولتجنب إطالة الشرح.

3 - عندما يتم الانتهاء من تقديم الشرح حول عقلانية أو عدم عقلانية الأفكار لا بد من القيام بعمليات فحص لفهم المسترشد للنقاط التي تم شرحها المرشد خلال عملية التنفيذ التعليمي يضع باعتباره أن عملية التنفيذ هي بالأصل موجهه نحو توضيح حديثه إلى أقصى درجه للعمل على تسهيل فهم المسترشد للحديث (Dryden,1995).

أسلوب التدريب المعرفي (Cognitive Restructuring)

ظهرت عدة طرق معرفية تحاول مساعدة المسترشد على اكتساب مهارات مناسبة للتعامل مع مواقف الضغط النفسي من خلال توسطها بالعوامل والعمليات المعرفية التي تولد الأفكار الآلية واهم هذه الأساليب المعرفية:

أ - إعادة البناء المعرفي (Cognitive Restructuring)

يعتبر أسلوب إعادة البناء المعرفية من الأساليب المعرفية شائعة الاستخدام لمساعدة الأفراد على زيادة تكيفهم وزيادة دافعيتهم للتعامل مع المواقف الضاغطة، ويقوم أسلوب إعادة البناء المعرفي على افتراض مفاده أن إعادة البناء المعرفي وتنظيم أفكار الفرد نحو نفسه ونحو العالم سيقود إلى إعادة تنظيم بالسلوك الشخصي للمسترشد وبالتالي فالمبدأ الأساسي لإعادة البناء المعرفي ينطلق من أن جميع الاستجابات الانفعالية غير التكيفية تتأثر بالمعتقدات والاتجاهات والتوقعات التي يحملها المسترشد في نظامه المعرفي وبالتالي فهذا الأسلوب يحاول مساعدة الأفراد على الوعي بالعلاقة ما بين الجانب المعرفي وردود الفعل الانفعالية أو السلوكية وبالتالي تكون :

الخطوة الأولى: العمل على تحديد الأفكار الهدامة للذات.

الخطوة الثانية: استبدالها بمحتويات معرفية ايجابية تحتوي على مكونات معرفية وشخصية وايجابية وفي هذا الإجراء يتعلم المسترشد طرق التعامل والتوافق مع الضغوط النفسية. وبالرغم من أن أسلوب إعادة البناء المعرفي يلقي ضوءا على جوانب مهمة من جوانب النظرية السلوكية إلا أن جذوره تمتد للنظرية المعرفية والعلاج العقلي العاطفي والتي تفترض أن مشاكلنا تأتي من أنماط التفكير الخرافي أو من أفكارنا اللاعقلانية (Cormier & Cormier,1985) وحسب كورمير وكورمير يحتوي أسلوب إعادة البناء المعرفي على ستة خطوات :

أساليب علمية لمواجهة الضغوط النفسية

1 - تقديم مبرر منطقي للأسلوب:

خلال هذه الخطوة الأولى يحاول المرشد مساعدة المسترشد وزيادة دافعيته نحو الأسلوب من خلال إعطاء معلومات حوله واخذ موافقته عليه: " كل أهدافنا مع جميع الأفراد تنطوي على مساعدتهم على زيادة الوعي بالعوامل التي تؤدي إلى سوء التكيف مع مواقف الضغط والتوتر فالتحكم بهذه العوامل تؤدي إلى التكيف مع هذه المواقف، نحن لا بد من أن نعمل على تحديد العوامل المعرفية والأفكار التي تظهر في ذهنك أثناء المواقف الضاغطة ثم العمل على التحكم بها ومنعها من الظهور ثم العمل على إحلال محلها أفكار أكثر تكيفا ومنطقيه هل هذا واضح؟) وخلال الخطوة الأولى لا بد من إظهار مقارنة ما بين الأفكار المعززة للذات والأفكار المشجعة مع إظهار الدور الذي تلعبه هذه الأفكار في التقليل أو زيادة إنتاجية الفرد، ويمكن للمرشد أن يقدم أمثلة على عدد من هذه الأفكار وعمل مقارنات بين بعضها البعض مع إيضاح بدء توقيت هذه الأفكار (قبل الموقف - أثناء الموقف - أثناء اللحظات الحرجة للموقف - بعد الموقف) مثلا تعرض رجل لولادة طفل جديد (الأول) يمكن أن توصف أفكاره خلال الأربع مراحل كالتالي:

ü بعض الأفكار السلبية قبل حدوث الولادة (إنها كارثة أن تسمع صوت طفل رضيع يبكي - كيف سوف اعتني بالطفل).

ü بعض الأفكار السلبية أثناء المواجهة (الحياة لا تطاق أمام هذه الالتزامات المادية اليومية - إنني غبي لماذا تزوجت بالأصل).

ü بعض الأفكار السلبية بعد الموقف (لقد نام الطفل بعد المعاناة ولكنه سيستيقظ مرة أخرى ليزعجني - لماذا تزوجت).

2 - التعرف على أفكار المسترشد خلال مواقف المشكلات:

بعد أن يكون المرشد قد قدم التبرير المنطقي للأسلوب يحاول المرشد التحرك نحو هدف التعرف على أفكار المسترشد خلال مواقف الضغط النفسي الذي يشعر به وقد يحاول المرشد الطلب من المسترشد وظائف وواجبات تظهر وصفا دقيقا

للأفكار السلبية وقد يستخدم المرشد نموذج الأفكار غير الوظيفية (D T R) للعمل على إعطاء معلومات حول تلك الأفكار والنتائج الانفعالية المرتبطة بها خلال موقف المشكلات المختلفة.

3 - تزويد المسترشد بالأفكار التكيفية والتدريب على ممارستها:

إذا ازداد وعي المسترشد بالأفكار غير التكيفية يكون دور المرشد مساعدته على اكتساب أفكار تكيفيه مع العمل على مساعدته على إتباع عدد من هذه الأفكار وقد يتم استخدام الخطوة السابقة بهدف إحلال أفكار تكيفية مكان الأفكار غير التكيفية في مواقف المشكلات، ولزيادة الفعالية العلاجية قد يطلب المرشد من المسترشد توليد أفكار توافقيه إضافية مع تقديم شرح وتفسير لها مع العمل على تشجيعه على ممارستها داخل الجلسة الإرشادية.

4 - الانتقال من الأفكار الهدامة للذات إلى الأفكار المشجعة:

بعد إجراء عمليات التعرف على الأفكار الهدامة وبعد إجراء ممارسة للأفكار التكيفية والمعززة الممكنة، لا بد من العمل على تطبيق تدريب معرفي داخل جلسات الإرشاد بحيث قد يشاهد المسترشد موقفا أو قد يطلب منه تخيل موقفا ما، ويعمل بعد ذلك على مراقبة أفكاره الهدامة والعمل على وقف ممارستها والعمل على استبدالها بأفكار ايجابيه أكثر تشجيعا للذات مع الاهتمام بالحصول على تغذيه راجعه من المسترشد حول ردود فعله وخبراته مع الأسلوب ومدى ملائمته لحاجاته ولأهدافه.

5 - ممارسة الأفكار المعززة والايجابية خارج جلسات الإرشاد :

لا بد من نقل نتائج العمل الإرشادي إلى خارج جلسات الإرشاد بمعنى أن يقوم المسترشد بتطبيق ما تعلمه داخل الجلسات الإرشادية إلى خارجها ضمن المواقف الحياتية الواقعية وخاصة إذا ما علمنا أن بعض المسترشدين قد يفشلون في تطبيق هذا الإجراء بشكل جيد خارج الجلسات.

ب - التحصين ضد التوتر (Stress Inoculation)

هو أحد الأساليب العلاجية المعرفية التي تأخذ جانب من الجوانب العلاجية السلوكية ويقوم هذا الإجراء من وجهة نظر مطوره (ماينكبوم) على افتراض مساعدة الأفراد للتعامل مع مواقف الضغط النفسي قبل مواجهتها، وبهذا المعنى يكون هذا الأسلوب مشابها لأساليب التطعيم واللقاح الطبي ضد الأمراض السارية، حيث يتم بها حقن الفرد بنسبة من الجراثيم التي تسبب مرضا معينا الأمر الذي يعمل على إثارة جهاز المناعة بالجسم للعمل على إنتاج أجسام مضادة للجراثيم ونفس الأمر ينطبق على أسلوب التحصين ضد التوتر الذي يقوم على مساعدة الأفراد على التكيف بفعالية مع مثيرات ضاغطة بسيطة الشدة بهدف مساعدتهم على التوافق مع مثيرات ضاغطة شديدة وحسب (ماينكبوم) فإن هذا الأسلوب يقترح أن من أهم الطرق الفعالة لمساعدة الأفراد للتوافق مع الضغوط النفسية هي العمل على تغير معتقداتهم المعرفية وجمله الذاتية السلبية أثناء التعرض لمواقف الضغط النفسي، ويتضمن برنامج التحصين ضد التوتر عدة برامج تضم سلوكية ومعرفية. (Sharf,1996)

ويمكن تقسيم أسلوب التحصين ضد التوتر إلى عدة خطوات:

1) تقديم مبرر منطقي ونظره سريعة حول الأسلوب: يقدم المرشد معلومات عامة حول الأسلوب وقد يقدم ملخصا لخطواته وإجراءاته وبعض المهارات التي يمكن تعلمها وأساليب تعلمها وقد يظهر المرشد مبررا حول أسباب اختياره لهذا الإجراء دون غيره للمساعدة في حل مشكلة المسترشد

2) تعليم المسترشد لمهارات التوافق المعرفية: هذا الجزء من أجزاء التحصين ضد التوتر هو شديد الشبه بأسلوب إعادة البناء المعرفي فالمرشد يحاول تقديم عدد من الأمثلة حول عدد من الأفكار التكيفية بحيث يتمكن المسترشد بالنهاية من استخدام بعضها في المواقف الضاغطة خلال هذه الخطوة يتم التفريق ما بين أربعة مراحل أو أطوار في

مواجهة الموقف الضاغط فالفرد يواجه المواقف على أن مراحل وليس على دفعة واحده:

1 - التحضير أو قبل الموقف

2 - المواجهة مع الموقف

3 - التعامل مع اللحظات الحرجة للموقف

4 - بعد انتهاء الموقف

وقد يستخدم المرشد عددا من الأساليب بهدف نمذجة مجموعه من الأفكار التكيفية داخل الجلسة الإرشادية أمثله على استخدام مهارة الحديث الايجابي خلال المراحل الأربعة المختلفة للموقف الضاغط:

1 - خلال التحضير للموقف (قبل): (ما لذي يمكن عمله، فكر بالذي تستطيع أنت عمله جيدا) .

2 - خلال الفترات الحرجة (أثناء): (اشحذ قواك فإنك تستطيع مواجهة هذا التحدي- لا تفكر بالخوف بل فكر فقط بالذي يمكن القيام به، ركز على الحاضر وعلى مالذي يمكن عمله، الغضب هو إشارات شخصية حول مالذي يمكن القيام به وهو وقت للحديث مع الذات) .

3 - بعد الموقف: (جيد لقد فعلتها - لقد نجحت بالتعامل مع الموقف - لم تكن النتائج جيدة بشكل كبير ولكن لو لم افعل ذلك لخسرت أكثر) .

خلال هذه المرحلة يحاول المرشد اختبار عدد من الأفكار الايجابية المناسبة في مواقف مختلفة تثير الضغط والتوتر لدى المسترشد ويمكن الطلب من المسترشد ذكر عددا من الأفكار والجمل التكيفية والتي قد تقود إلى تكيف مع مواقف الضغط، ثم قد يطلب المرشد لتعزيز فعالية الإجراء استخدام قدرة المسترشد التخيلية في تخيل موقف ما مع تطبيق عدد من المهارات التي تم تعلمها وممارستها بصوت مرتفع خلال المراحل الأربعة للموقف.

3 - التدريب على مهارات التوافق المباشر (Direct - Action)

لا يكتفي أسلوب التحصين ضد التوتر في تعليم المسترشد عددا من المهارات المعرفية للتعامل مع الضغط النفسي وإنما قد ينصب التركيز على محاولات التدريب على عدد من ردود الفعل المباشر، فالمرشد بالبداية يحاول مناقشة عدد من ردود الفعل التكيفية المباشرة مع طرح أمثله على كل واحده وقد يطلب من المرشد اختيار عدد منها وتشجيعه على ممارستها داخل الجلسة الإرشادية وقد تتضمن هذه المهارات ما يلي:

1 - مهارات جمع معلومات دقيقه حول الموقف الضاغط .

2 - اقتراح طرق للتخفيف من الضغط النفسي من خلال مهارات التجنب لتلك المواقف عندما يكون التجنب أفضل من عما مواجهات مع الموقف.

3 - الاسترخاء العقلي والجسدي.

4 - طلب المساعدة من الآخرين.

ج-التأمل

التأمل: يبنى على تركيز الأفكار، فهو أداء عامه من أدوات التكيف مع الحياة وأشارت الدراسات إلى أسلوب التأمل خاصة خلال الأربع أسابيع الأولى من الممارسة، ويكون كما يلي:

1) اختيار الأداة العقلية (Mental - devise)

وهي عبارة عن كلمه أو عبارة يتم ترديدها أثناء عملية التأمل وتساعد المسترشد على من الاسترخاء والتأمل ويجب أن يختار المسترشد كلمه تساعده على الاسترخاء.

2) التحضير للتأمل:

يحاول المرشد تزويد المسترشد بمعلومات حول إجراءات التأمل الناجح:

1 - توفير بيئة هادئة بعيدة عن الإزعاجات.

2 - أن يتجنب المسترشد التأمل قبل النوم مباشرة.

3 - أن يتجنب المسترشد التأمل بعد الأكل مباشرة.

4- أن يتجنب المسترشد التأمل بعد الشرب مباشرة.

5- أن يتجنب المسترشد التأمل بعد التدخين مباشرة.

6 - توفير مقعد مريح للمسترشد ويفضل أن يكون ذو مسند خلفي ليسند ظهره وبذلك لكثر الراحة.

3) إعطاء تعليمات للتأمل:

يزود المرشد المسترشد بمجموعة من المعلومات التي لها علاقة بخطوات التأمل:

أ - اجلس على الكرسي وأرخي عضلاتك واتخذ أفضل وضع مريح بالنسبة لك.

ب - حاول تأخذ نفس عميق من الأنف وبشكل كامل ولكن ببطئ وأخرجه بشكل مباشر أيضا .

ج - بعد عملية الزفير ردد لنفسك الكلمة التي قمت باختيارها وهي الكلمة المساعدة الاسترخاء ورددها بصوت خافت.

د - أغلق عيونك وابد بالتركيز على عملية التنفس وردد لنفسك الكلمة بعد كل شهيق وزفير ولا تحاول تحريك شفتاك أو لسانك أثناء ترديد الكلمة بل قلها بصوت خافت.

هـ- دع الهواء يأتي إليك واشعر بان الهواء يدخل إلى ذاتك ويخرج منها.

4) تقييم التأمل ومعرفة ردود فعل المسترشد حول الخبرة

لا بد من أن يقوم المرشد بتقييم لمدى ردود الفعل التي تركها الاسترخاء عند المسترشد وخلال تطبيق الإجراء وبالتالي التساؤل حول الخبرة الشخصية مهم جدا " بماذا تشعر؟ وكيف استطعت السيطرة على أفكارك"

5) الواجبات المنزلية والمتابعة

خلال الخطوة الأخيرة يتم نقل التعلم من داخل غرفة الإرشاد إلى خارجها بحيث يشعر المسترشد أن يمارس الاسترخاء مرتين يوميا صباحا ومساءا خلال الثلاثة أسابيع المقبلة (Cormier & Cormier,1985)

د-وقف التفكير (Thought - Stopping)

الأفراد الذين يعوزهم مهارات التوافق مع الضغط النفسي غالبا ما يختبرون سلسلة من الأفكار السلبية القهرية والتي تعمل على التأثير على أنماط سلوكهم وفعاليتهم التكيفية في مواقف الإزعاج. يرتبط أسلوب وقت التفكير بالعالم بيان (Bain) الذي طوره عام (1928) وقد قامت محاولات بهدف تطوير الأسلوب كانت أخرها عام (1974) من قبل (رم وماسترز) يستخدم أسلوب وقت التفكير للعمل على مساعدة المسترشد على التحكم بالأفكار الهدامة للذات وللتخيلات السلبية وتزداد فعالية هذا الأسلوب عند استخدامه مع الأفراد المتأملين أو الأفراد دائمو التفكير بالأحداث الماضية بشكل قهري والتي لا يمكن العمل على إحداث أي تغيير بها، (Crying over spilled Milk) بالإضافة إلى استخدامه مع الأفراد المنشغلين بمجموعة من الأحداث التي لا يمكن أن تحدث ومع الأفراد الدائمين على تكرار العبارات والجمل الهدامة للذات. فالفرد الذي تعوزه مهارات التوافق مع المواقف الضغط النفسي عندما يواجه موقفا (أو قبل مواجهته) قد يعمل على تكرار مجموعة من الأفكار السلبية، وبعض الصور التخيلية والتي تؤدي بدورها إلى ظهور ردود فعل غير تكيفيه كالغضب، الصراخ، العدوان، الانسحاب، التجنب وغيرها من ردود الفعل السلبية وغير المناسبة للموقف وبالتالي فإن أسلوب وقف التفكير كأسلوب علاجي معرفي يحاول مساعدة الأفراد على زيادة التحكم والضبط الذاتي لأفكارهم وبالتالي قد لا يكون هذا الأسلوب فعالا مع الأفراد الذين يفتقرون للقدرة على ضبط أفكارهم. (Cormier & Cormier,1985) وقد أجريت بعض الدراسات حول مدى الفعالية التي

يتمتع بها هذا الأسلوب في علاج المشكلات التكيفية التي يعاني منها الإفراد ، وقد أشارات النتائج إلى فعاليته في علاج نوبات الهلع والقلق الزائد بالإضافة إلى فعاليته في خفض سلوك التدخين وخفض التفكير الوسواسي .

خطوات الأسلوب :

1) إعطاء مبرر منطقي وعرض مختصر للإجراء : قبل البدء بالتطبيق يحاول المرشد إعطاء مبرر منطقي حول أسباب استخدام هذا الإجراء من حيث فعاليته في التعرف على الأفكار والتخيلات الهدامة للذات في مواقف الضغط النفسي ولا بد للمرشد أن يقدم وصفا مختصرا للأسلوب (خلال مواقف معينه لنقل انك تقف أمام مدير بالعمل وهو ينتقدك قد تراودك أفكار مثل: أنا فاشل، أنا سأطرد من العمل.....الخ) هذه الأفكار والتخيلات غالبا ما تكون مزعجه لك وهذا طبيعي بالإضافة إلى أنها تعمل على فقدان لكميات كبيره من الطاقة والتركيز بالبداية اطلب منك الجلوس وتخيل موقف مزعج مع ترك أفكارك تأتي إليك ثم اعمل على مقاطعة أفكارك من خلال كلمة قف بصوت مرتفع أنت تقوم بالعملية بشكل فردي هل هذا واضح).

2) الطلب من المسترشد الجلوس مع ترك الحرية للأفكار بالدخول أثناء التخيل.

3) يطلب المرشد من المسترشد التعبير عن هذه الأفكار والصور بشكل واضح من خلال الصوت الواضح .

4) عندما يبد المسترشد بالحديث حول أفكار السلبية وتخيلاته المخيفة يعمل المرشد على مقاطعته من خلال قول كلمة قف بصوت مرتفع أو الضرب على الطاولة.

5) التدخل المفاجئ لوقف الأفكار قد يساعد على زيادة قدرة المسترشد على التحكم والسيطرة على أفكاره ومنع تسلسلها.

تعتبر الخطوات السابقة من أساليب وقف التفكير الظاهر والواضح بأننا ملزمون بالانتقال إلى مرحلة وقف التفكير الخفي من قبل المسترشد وبشكل مستقل:

1 - المرشد يطلب من المسترشد الاسترخاء والبقاء هادئ مع ترك الحرية للأفكار.

2 - يعلم المرشد المسترشد إشارة (رفع الإصبع مثلا) للاشارة إلى بدء تردد الأفكار السلبية لديه.

3 - عندما يشير المسترشد بإصبعه يعمل المرشد على مقاطعته بكلمة قف.

(Cormier & Cormier , 1985)

هـ - أسلوب التخيل العقلي العاطفي:

أسلوب معرفي أخر يستند إلى نظرية العلاج العقلي العاطفي وهو يهدف إلى مساعدة الإفراد على التعامل الفعال مع مشكلاتهم الحياتية من خلال محاولة إكسابهم مجموعه من المهارات المعرفية في التفكير العقلاني عند مواجهة مواقف المشكلات، ويتفق أسلوب التخيل العقلي العاطفي مع العلاج العقلي العاطفي في الافتراض بان أسباب المشكلات التي يواجها الفرد تكمن في تلك الأفكار والصور التخيلية التي يكون الطابع الخاص لإطاره المعرفي. خلال الأسلوب يحاول المرشد القيام بعدد من الإجراءات مع تشديده مرة أخرى إن هدف الأسلوب هو مساعدة المسترشد على تجميع أكبر قدر ممكن من المعتقدات العقلانية وجعلها من أجزاء النظام المعرفي لديه.

أسلوب التخيل العقلي العاطفي يستند على افتراض قدرة الإنسان على تخيل مواقف ايجابيه أو سلبيه، مريحة أم مزعجه، وبالتالي نرى أن الأفراد المتميزين تتدني قدرتهم التخيلية في التكيف مع الضغط النفسي وقد يبرعون في استخدام قدراتهم التخيلية في إزعاج أنفسهم، وهذا ما يؤدي إلى الفشل الفعلي للأفراد في التوافق مع تلك المواقف وعلى الجهة الأخرى يمكن استخدام تلك القدرات التخيلية في مساعدة أنفسنا لزيادة قدرته التوافقية مع مواقف الضغط النفسي والتوتر، ومن خلال الخبرات العملية يكون أسلوب التخيل هذا فعالا مع المسترشد

القادر على التكيف بشكل جيد مقارنة مع المسترشد ذو القدرات المتدنية للتخيل وحسب (أليس) فان تطبيق أسلوب التخيل العقلي الانفعالي يمر في عدة خطوات:

1) تقديم مبرر منطقي حول الأسلوب مع عرض ووصف مختصر له: (هذا الأسلوب يدعى التخيل العقلي العاطفي وهو يهدف الأساس إلى مساعدتك على اكتساب مهارات جديدة للتوافق مع الضغط النفسي وخفض مستويات التوتر لديك وهذا الأسلوب يتطلب منك قدرات جيده للتخيل فلا بد من قيامك بتخيل مواقف محدده بالبداية سيطلب منك الاسترخاء والجلوس بشكل مريح ثم العمل على إغلاق عيونك والبدء بتخيل للموقف أوصفه لك هل هذا واضح؟)

2) البدء بالتخيل: يطلب المرشد من المسترشد تخيل نفسه ضمن موقف ما من المواقف المثيرة للضغط لديك مثلا (شجار مع الزوجة) ويتم إعطاء المسترشد تعليمات حول ضرورة إعطاء إشارة عندما يصل إلى درجة عاليه من تخيل للموقف.

3) الطلب من المسترشد تغير نتائج الموقف الذي تم تخيله: لا بد من أن يكون تخيل المسترشد في هذه الخطوة لموقف ما يعكس قيامه بسلوك تكيف ضمن الموقف المثير للضغط والتوتر مثلا قد يتخيل نفسه وهو أمام الموقف الضاغط بحالة استرخاء أو هو يردد لذاته عبارات ايجابيه معينة.

4) التساؤل حول كيفية التغير: في هذه الخطوة يتم تغذية راجعة من المسترشد حول ردود فعله نحو الإجراء، هذا التساؤل وهذه التغذية الراجعة تهدف بالأساس إلى حث المسترشد على فهم أسباب تغير النتائج والدور الذي لعبه في تخيل ذاته في مواقف تكيفيه تخيل لذاته في مواقف يفشل بالتوافق معها.

5) الواجبات المنزلية والمتابعة: يطلب المرشد من المسترشد ممارسة التخيل العقلي العاطفي عدة مرات أسبوع ((Dryden, 1995).

ثمانية مهارات عامة لتضيفها إلى مهاراتك

1) استخدام أنظمة الدعم: لا بد من وجود أصدقاء وأشخاص يستمعوا لك وتتحدث معهم بصراحة ومنه دعم انفعالي ودعم بالمعلومات والدعم بالأوقات الصعبة

2) حل المشكلات: لا بد من تطوير الكفاءة الذاتية والمرونة للتعامل مع تحديات الحياة

3) الاسترخاء الذاتي: لا بد من إيجاد وقت تمر فيه بهدوء وان تشعر بالاسترخاء من خلال البيئة والجسم والعقل

4) المحافظة على التحكم الداخلي: من خلال تحمل المسؤولية وان يكون لديك مركز ضبط داخلي.

5) الحديث مع الذات خلال التحديات: حتى تتحدث مع ذاتك بحاجة إلى الإعداد والتحضير للتحديات ومواجهة التحدي وعكس ما الذي تعلمناه والاستفادة من تجاربنا.

6) استخدام الدعابة: وعدم القفز للاستنتاجات السلبية ويؤثر بشكل ايجابي على الناس الذين حولنا .

7) التمارين والتدريبات: يزيد من انتفاع الجسم بالأكسجين واستعادة الشفاء ويزيد من شعورنا بالسيطرة النفسية والتقليل من القلق.

8) تعزيز أنفسنا عند إتمام الانجازات: أن تعزز نفسك على ما تفعله باستمرار وان تضع أهداف لك على شكل خطوات بسيطة قابلة للتحقيق وتعزز نفسك عند إتمام تنفيذ كل خطوة وأفضل مكافأة يحصل عليه الفرد هي المكافأة من الذات على أمور بسيطة .

نتائج إستراتيجيات التعامل

يتعرض الناس كلهم للضغوط بشكل أو بآخر ولكنهم لا يتعرضون جميعاً لمخاطرها بالدرجة نفسها، لأن تأثير الضغوط يختلف من فرد إلى آخر وإن التهديد

ومستواه يختلفان أيضاً من فرد إلى آخر، لذا فإن استجابة الفرد إليها تختلف تبعاً لنمط الشخصية وتكوينه، ونوع البيئة والوسط الاجتماعي الذي يتحرك فيه، ويؤثر في تشكيل شخصيته ونموها وتحديد أسلوب التعامل مع الحدث أو الضغط، وكذلك الحيلة الدفاعية النفسية ومطالبة الشخصية في الرد لإحداث التوازن الداخلي. فالناس يضطربون ليس بسبب الأشياء ولكن بسبب وجهات نظرهم التي يكونوها عن هذه الأشياء، وأسلوب معالجتها بغية التخفيف منها لكي لا تتحول إلى أعراض مرضية تقعد الفرد عن ممارسة حياته العامة. فإذا حصلت الموازنة الصحيحة بين المعنويات والماديات لم تتدهور حالة الفرد الصحية والنفسية والاجتماعية ولم يترد المجتمع، ويستطيع الفرد أن يخفف من تلك الهموم والضغوط. فأساليب التعامل والآليات الدفاعية تساعد الناس كثيراً على خفض القلق وخاصة عندما يواجهون الكثير من المشاكل والهموم، فاستخدام هذه الأساليب أو الآليات الدفاعية إنما هو مناورة مناسبة لتحقيق التوازن الداخلي للإنسان. وقديماً قال (أبيكتموس- 135 ق.م): (لا يفزع الناس من الأشياء ذاتها، ولكن من الأفكار التي ينسجونها حولها) . فاختلاف الأشخاص ينتج - بالتأكيد - عنه اختلاف في رد الفعل الناتج عن الضغوط التي حدثت وذلك يقود إلى أسلوب التعامل مع هذه الضغوط ونوعيتها والطريقة التي يواجه بها كل فرد وبأسلوبه الخاص تلك الضغوط لحلها. ومن الأمور المغرية التظاهر بأن مخاوفنا ومشاكلنا لا تصاحبنا على الدوام، والقيام بإغلاق أعيننا عنها ونحن نأمل أن تبتعد عنا المشاكل والضغوط وتتركنا في حالنا من تلقاء نفسها، غير أن المشكلة هي أنها لن تدعنا وشأننا في هدوء... إنها تحتاج إلى المعالجة والحل. وهذه المعالجة والحلول ما هي إلا مواجهة تتطلب اللجوء إلى أسلوب مناسب أو طريقة مناسبة للتخفيف من هذه المشاكل، لذا فأسلوب المعالجة للضغط هي محاولة يبذلها الفرد لإعادة اتزانه النفسي، والتكيف مع الأحداث التي أدرك تهديداتها الآنية والمستقبلية.

أما إذا عجز الإنسان عن المواجهة وتجنب التصدي للمشاكل أو إيجاد الوسائل والأساليب المناسبة لحلها، وفضل الإبقاء عليها بدون حل، فإنها ستزداد صعوبة وسوءاً، وبالتالي تصعب مواجهتها، وكلما كان تحديد المشكلة بأسرع ما يمكن، بات من الممكن حلها وإيجاد الوسيلة للتخفيف عنها على الأقل، حيث يعدل الإنسان طريقته إلى ما يراه مناسباً للحل. لذلك فإن الإنسان السوي هو من استطاع بحنكته أن يستظل بالوعي دون الانزلاق في شقاء المرض. لذا فإن تفريغ الهموم والمشاكل باستخدام أساليب التعامل معها يمنحنا دفعة قوية للمواجهة عندما نجد ما يلائم تلك المشاكل والضغوط، ويقول الإمام علي(عليه السلام) : (اطرح عنك واردات الهموم بعزائم الصبر وحسن اليقين).

الفصل السادس

التعامل مع الضغوط النفسية في
بعض المشكلات والضغوط

التعامل مع الوحدة

قد تكون الوحدة نشأت بسبب أنفسنا (سبب شخصي) او بسبب المواقف في حياتنا (سبب خارجي).

< لا بد من الاهتمام بالتقييم الأولي للوحدة ماذا تقول لنفسك؟ أنا وحيد دائما لا يوجد احد يهتم بي، حياتي لا تستحق التقدير.

< هناك أنشطة تساعد على الوحدة مثل التلفاز يساعد على الوحدة لا بد من تغيير هذا.

< كن مبادرا: لا بد من تقييم الوحدة كحالة من عدم الرضا ، وبعد أن نقيم الوحدة كحالة من عدم الرضا فإن الوقت قد حان لإجراء تقييم ثانوي للاستقرار على موضوع العمل.

< تنمية المهارات الاجتماعية: يعاني الوحيدين من عجز في المهارات الاجتماعية.

< تعلم أن تكون مستجيبا ومصغيا ومن ضمن الإصغاء المحافظة على الاتصال البصري.

< تحكم بنمط تفكيرك: يعتقد بعض الخجولون أنهم لا يستحقون الاهتمام من الآخرين.

< إدراك قيمة فتح الخطوط: بمعنى التواصل وقد تكون الخطوط مباشرة مثلا هذا الذي لديك جميل جدا، أما غير المباشر هل يمكن أن تعطيني توجيهات، هل يمكن أن تساعدني؟ هل قرأت؟.

< تعلم تحمل الرفض: من الآخرين ولا يعني ذلك انك سيء التخلص من الخجل " الرهاب الاجتماعي ".

الخوف شعور طبيعي لدى الناس، بل لدى جميع الكائنات الحية، وكل إنسان يستجيب لهذا الشعور بطريقة مختلفة، ولكن قد يزيد الخوف عن حده الطبيعي فيصبح عندئذ مرضا، وهو ما يطلق عليه"الرهاب".

قد يصاب الشخص بالرهاب من أشياء عديدة مثل الخوف من الأماكن المرتفعة، أو الأماكن العامة أو الحيوانات والزواحف إلى حد لا يتناسب مع خطورة تلك الأشياء بحيث يتحول من إنسان طبيعي إلى شخص مريض لا يمكنه أداء وظائفه بشكل طبيعي ولا أن يحيا حياته مثل بقية الناس ، ولكن أشهر أنواع الرهاب التي تصيب الشباب هو الرهاب الاجتماعي أو ما يعرف بالخجل.

تعريف الإرهاب الاجتماعي: هو خوف وارتباك وقلق يداهم الشخص عند قيامه بأداء عمل ما - قولاً أو فعلاً - أمام مرأى الآخرين أو مسامعهم ، يؤدي به مع الوقت إلى تفادي المواقف والمناسبات الاجتماعية.

أعراض الإرهاب الاجتماعي:تلعثم الكلام وجفاف الريق، مغص البطن، تسارع نبضات القلب واضطراب التنفس، ارتجاف الأطراف وشد العضلات، تشتت الأفكار وضعف التركيز.

لماذا تظهر الأعراض؟ المصاب بالرهاب الاجتماعي يخاف من أن يخطئ أمام الآخرين فيتعرض للنقد أو السخرية أو الاستهزاء، وهذا الخوف الشديد يؤدي إلى استثارةٍ قوية للجهاز العصبي غير الإرادي حيث يتم إفراز هرمون يسمى " ادرينالين " بكميات كبيرة تفوق المعتاد مما يؤدي إلى ظهور الأعراض البدنية على الإنسان الخجول في المواقف العصبية.

علاج المشكلة:

> أدرك هذا الأمر مبكراً قبل أن يستفحل، ويصبح متأصلاً صعب العلاج.

> تدرج في مقابلة الآخرين والتحدث أمامهم بصوت مرتفع، ويمكن أن تبدأ بمجموعة صغيرة ممن تعرفهم وتحضر كلمة قصيرة تحضيراً جيداً وتتدرب على إلقائها مسبقاً ثم تلقيها عليهم وتكرر ذلك، ومع كل مرة تزيد من عد المستمعين لك حتى تزداد ثقتك بنفسك ويصبح الأمر شيئا طبيعياً بالنسبة لك.

> يمكنك الاستفادة من البرامج النفسية والسلوكية للتغلب على الخجل.

> عزز ثقتك بنفسك وبقدراتك.

> تعلم المهارات التي تمنعك من الوقوع في الحرج في المواقف الطارئة

> مفتاح التغلب على الخجل الاجتماعي هو تحدي الأفكار الخاطئة التي تسيطر على الذهن عند التعرض للمواقف الاجتماعية فإذا تمكن الإنسان من تحدي تلك الأفكار والتغلب عليها فسوف يتصرف تلقائيا بصور طبيعية.

> عالج النقص الجسدي أن أهمية هذا النقص خيالة أكثر منها حقيقية، وغالبا ما تكون قابلة للإصلاح بواسطة الجراحة التجملية أو وسائل التجميل الأخرى، و إذا كنت سمينا أو نحيفا فإن طبيبك سيعطيك أفضل نظام حمية مناسبا لك أما إذا كنت تعاني من عاهة لا يمكن تصحيحها فكن على ثقة في أن أكبر العاهات الجسدية لا يمكن أن تقف حائلا أمام النجاح. والأمثلة التاريخية على ذلك كثيرة.

> عالج الضغوطات في الطفولة، فإذا كان لديك شقيق أكثر ذكاء منك: هل أنت متأكد؟ هل تعرف فعلا ما هو الذكاء؟ ألا تخطئ بينه و بين كثيرة المطالعة والدرس؟ ألم تكن متفوقا على أخيك في نواح أخرى؟ وإذا كانوا ينعتونك بالغبي: ليس لأنك غبي فعلا. بل لأن من كان يفعل ذلك من والديك يعاني هو من عقدة يعكسها عليك، ابحث بعمق وخذ الوقت الكافي للتفكير. ثم ستجد إن السبب يدعوك للإحساس بالنقص وستمحى آثار الطفولة تدريجيا.

> عالج النقص الاجتماعي والذي له أسباب عديدة. و هو يطرأ غالبا عندما يتم الزواج بين شخصين من مستويين مختلفين غير أنه يمكن اجتياز تلك العقبة وبدل أن تعتبر تفوق شريك حياتك عليك عقبة اعتبره هدف تريد الوصول إليه ضع على الورق الفوارق الرئيسية بينك وبينه وستجد أنها ليست بعيدة المنال إذا كانت مسألة علم ففي إمكانك أن تدرس مهما كان سنك واطلب من شريك حياتك أن يساعدك في هذا الترقي و ليكن صديقا لك بدل أن تعتبره منافسا وكذلك يمكنك طلب المساعدة

في ما تريد القيام به من أشخاص تعتبر أنهم يتفوقون عليك و هكذا تكسب أيضا صداقتهم.

مصادر التوتر وضغوط العمل

ضغوط العمل متعددة ولعل من أبرز أسبابها:

1-ظروف العمل المادية: وتتمثل بعدة نواحي مثل:

- بيئة العمل المادية وطريقة تصميم مكان العمل.

- مستوى الإضاءة.

- درجة الحرارة والرطوبة.

2- صعوبة العمل نفسه: ويتمثل ذلك في النواحي التالية:

- عدم معرفة الفرد للدور المطلوب منه .

- عدم وجود وصف وظيفي .

- كمية عمل أكبر من القدرات المتاحة .

3- عدم التوافق بين متطلبات التنظيم ومتطلبات الفرد .

4- صراع الدور: أي التعارض بين توقعات العاملين من التنظيم وتوقعات التنظيم من لعاملين .

5- التنافس على الموارد المتاحة.

6- الاختلاف بين الرؤساء والمرؤوسين بسبب الصراع على السلطة .

7- العوامل الشخصية مثل : وفاة شخص عزيز، قرب الإحالة على التقاعد، الطلاق، النقل من العمل، الزواج.

مؤشرات التوتر وضغوط العمل:

التأخر عن العمل، الاكتئاب، الغياب، عدم التعاون مع الآخرين، الإهمال، مقاومة التغيير، ارتكاب أخطاء في العمل، تبرير الأخطاء، اتخاذ قرارات غير سليمة .

إدارة التوتر وضغوط العمل:

1- التعامل مع الزملاء بطرق إنسانية.

2- أسباب إنتاجية: تعتبر الإنتاجية محصلة لصحة العامل الجسمية والنفسية.

3- أسباب ابتكارية: يرتبط الابتكار والقدرة على تحمل المسئولية بسلامة العقل والجسم

4- أسباب ربحية: يرتبط معدل العائد على الاستثمار والربح بسلامة وصحة الأفراد.

كما يمكن تخفيف التوتر وضغوطات العمل من خلال الوسائل التالية:

1- التعاون مع الآخرين .

2- إعادة تصميم العمل .

3- تحديد الأولويات .

5- تنشيط الدورة الدموية من خلال التمارين الرياضية

6- تنويع المأكولات .

7- المحافظة على الوزن المثالي للجسم .

التكيف مع الصراعات في العلاقات الحميمية

يقصد بالصراع في العلاقات الحم.مية الضغوط التي تحدث بين الأزواج:

الضغوط المتعلقة بالزواج

> التوقعات غير الواقعية مثل توقعات حول الجمال والناحية الجنسية غير واقعية.

> مشكلات الاتصال: وتسبب عدم القدرة على التحدث عن المشكلات وبالتالي عدم القدرة على التعبير عن المشاعر.

> مشكلات مالية: المال فقد ينظر احدهم إلى المال انه مهم جدا يحقق له الرفاهية وحياة ومنزلة أفضل.

< الضغوطات الجنسية: إن التوقعات غير الواقعية عن الجنس ضمن الزواج قد يؤدي إلى عدم القناعة.

< العناية بالأطفال : قد يكون مصدرا للضغوط الجنسية عند الراشدين بسبب ما تتطلبه العناية من الإشراف والرعاية المستمرين.

< العناية بالوالدين المسنين: فقد يجد الزوجين وقتا صعبا في التكيف مع الحالة العقلية للوالد ، كما يجد العديد من الأبناء أن رعاية الوالدين تعتبر مقيدة ومحددة لوقتهم وحريتهم الخاصة.

يستخدم الناس أربعة استراتيجيات للتعامل مع الصراعات في زواجهم:

< التفاوض ومناقشة الأشياء.

< المقارنات المتفائلة بأزواج آخرين.

< الإهمال وإقناع الذات أن الصراعات غير ذات أهمية.

< الاستسلام فيحتفظ بعدم القناعة لذاته ولا يتصل مباشرة مع الشريك.

ومن المفترض تعلم المهارات التالية التي تساعد في التعامل مع الصراع الحميمي:

< مهارة اتخاذ المسؤولية الفعالة: في حدود المعقول.

< مهارة إعادة تقويم توقعاتنا.

< مهارة الحساسية تجاه جوانب التغيير بمعنى لا بد من التفكير بالتغيير

< مهارة ممارسة التحمل والصبر لان الآخر لديه جوانب نقص

< مهارة موازنة السلبيات والايجابيات

< مهارة عدم المبالغة في مخاوفنا مثل الغيرة

< مهارة الحصول على الدعم من الآخرين

< التعامل مع الغضب بشكل بناء

< مهارة الاتصال بشكل بناء

< مهارة إنهاء العلاقة في حالة قمنا بموازنة البدائل ووجدنا أن عواقب إنهائها أفضل من الإبقاء عليها.

التعامل مع الخسارة (الموت) coping with Loss

> الخسارة جزء محتوم من الحياة وتشتمل على مجموعة من الأحداث تتراوح من إنهاء العلاقات والانفصال حتى الموت. ولكن الموت فاجعة وهو حدث حزين مؤلم. في هذا الموضوع سوف نبحث الموت من وجهة نظر الطفل، وما هو الموت بالنسبة للطفل وما مدى تأثيره عليه، وما هو الفرق بين مفهوم الموت لدينا وبين مفهوم الموت لدى الطفل. هناك ثلاث حالات من الموت يمكن إن تواجه الطفل، أي حالات يتعرض فيها الطفل إلى مفهوم الموت، وهي:

> موضوع الموت بشكل عام، فقد يشغل الطفل موضوع الموت بشكل عام وان لم يصبه أو يصب احد أقربائه، وهنا تدور في رأسه أفكار وأسئلة وتخبطات حول معنى الموت. إن انشغاله هذا ينبع من كونه يسمع أشياء كثيرة لها علاقة بالموت مثل الأحداث في الأخبار، الثار، الحوادث، موت حيوان وغيره.

> نظر الطفل للموت كنتيجة التعرض له، وان لم يكن بصورة مباشرة مثل: موت أب صديقه، موت احد أبناء صفه، موت جاره، موت شخص معروف لدى والده وغيره. في هذا الحالة وبالإضافة إلى تخبطاته وأسئلته المتعلقة بظاهرة الموت تنشا لديه انفعالات شديدة وبلبله عنيفة كونه يعرف الميت ولا يعلم كيف يتعامل مع عدم وجوده.

> نظرة الطفل للموت نتيجة لتعرضه لحالة موت بشكل مباشر في حالة فقدانه احد أفراد عائلته (أب، أخ، أخت، أم..). وفي هذه الحالة يتعرض الطفل لصدمة شديدة قد تؤدي إلى مشاكل نفسيه مستقبليه إذا لم يكن هناك من يساعده في التعامل مع هذه الحالة. وعلى الرغم من إن رد الفعل النفسي والعاطفي لدي الطفل هو كرد الفعل لدى الكبار، إلا إن الكبار يميلون إلى عدم الاكتراث بهذه النقطة ولا يحاولون مساعدة الطفل في التعامل والتعايش مع هذه الحالة. فالكبار لا يعترفون في غالب الأحيان بحاجات الطفل العاطفية، ولا يسمحون له بأن يحزن بطريقته

الخاصة على من فقده من أقربائه. إن هذا السلوك ليس فقط عند الإباء وإنما أيضا عند أشخاص مهنيين مثل: معلمين، معلمات البستان، أخصائيين اجتماعيين.. والذين هم أصحاب مهن تساعد الطفل على التعامل مع حالات الموت.

مساعدة الطفل في حالات الموت:

> ينظر الطفل إلى الموت من زاويتين مختلفتين: من الناحية العقلية ما هو الموت ؟ ما هي العلاقة بين الحياة والموت؟ هل يفقد الميت جميع حواسه وصفاته الحية؟ هل سيعود الميت يوما ما؟ لماذا يتم دفن الميت؟ لماذا يموتون؟ ماذا يشعرون في داخل القبر؟ ومن الناحية النفسية: كيف يشعرون حينما يموت قرب؟ ماذا يشعرون حينما يبعثون الميت إلى المقبرة؟ من هو المذنب في الموت ؟ على البالغين مساعدة الصغار في التعايش مع الموت في كلتا الحالتين، عليهم مساعدة الطفل على فهم الموت بصورة صحيحة وعليهم إن يساعدوه في التعبير عن إحساسه وعواطفه في حالة الموت بصورة طبيعية.

> إن الناحية العقلية والنفسية متممة الواحدة للأخرى، فإذا سمح للطفل بالتعبير عن إحساسه تجاه الموت والإجابة على تساؤلاته عن الموت، وإشباع حب الاستطلاع لديه عن حالات الموت وشرح ماهية الموت بصورة تلاؤمه وخاصة في حالات التي يكون فيها الطفل هادئا ومحبا للمعرفة، ما يعطيه حصينا قد ينفعه إذا تعرض لحالة موت معين وهذا تماما كما تعطي الجسم حقنة تطعيم ضد مرض معينا . فأنت بشرحك لطفلك وبالسماح له بمعرفة ماهية الموت فانك تعطيه تطعيما كي يستطيع التعامل مع مثل هذه الحالات .

إن الموت حق، وهو شيء طبيعي، وليس لنا سيطرة على الموت ولا نعلم متى سنموت وكيف "وما تدري نفس ماذا تكسب غدا وما تدري بأي ارض تموت". كما ولا نستطيع الهروب منه أو الملاذ إلى شيء يحمينا منه لقوله تعالى: {أينما تكونوا يدرككم الموت ولو كنتم في بروج مشيدة}.

الخسارة هي جزء محتوم من الحياة وتشتمل على مجموعه من الأحداث تتراوح من إنهاء العلاقات والانفصال حتى الموت، الأنواع المختلفة من الخسارة تعني أشياء مختلفة لأشخاص مختلفين ومع ذلك هناك بعض الأشياء المشتركة فيما يتعلق بالمرور خلال الخسارة بالنسبة لنا، ويجب أن تجعل الخسارة خبره إنسانية ، ولذلك من المهم فهم هذه الخبرة ومحاولة التعرف على الخسارة كجزء من الحياة، لأنها تصيب كل شخص منا في كل مكان من العالم.

ولتقبل الخسارة والتعامل معها يمكن عمل ما يلي:

أولا: تقييم الخسارة: apprising A Loss

أول ردة فعل اتجاه الخسارة هو أن تقوم بتقييم أولي، وبسبب أن الخسارة عاده ما تكون مؤلمه وصادقة وغير متوقعه فان تقييمنا الأولي يكون تقريبا أوتوماتيكيا (غير مدروس)، أن التقييمات الأولية يمكن أن تساعدنا في التحرر من أحداث الحياة التي لا تستحق أن نحزن عليها، وبما أنا معظم الخسارات غير مزعجة، فمن المرغوب به أن تتقبلها كمشاكل حقيقية، وان تمر بمراحل ملائمة من الحزن، وعندما ننكر أهمية الخسارة نخدع أنفسنا بأننا لم نختبر تجربه مهمة الحداد والقبول بما حدث لنا .

الحزن هو عمليه نشطه حيث يتأثر بمجموعه من المشاعر ويأخذ وقتا لانجاز مهمات محدده .

ثانيا: كن منفتحا لخبرة الحداد :

خبرة الحداد The Experience of mourning على الرغم من كونها خبرة غير سارة من المهم أن ننظر إليها كجزء من الحياة، يشاركنا بها الجميع، كما أن خبرة الحداد على الخسارة تؤثر على مشاعرنا وأجسامنا وأفكارنا حتى سلوكنا.

أ) المشاعر: نتجه للخسارة غالبا ما تختبر الأفراد المشاعر المختلفة التالية :

1) الحزن: ربما نشعر بالفراغ والوهن والاكتئاب والميل إلى البكاء بشكل غير متوقع غالبا من الضروري السماح لأنفسنا بالشعور بالألم للخسارة فبل الانتقال لمرحله القبول وإعادة الرضا .

2) الغضب: قد نشعر بالخيبة بسبب شعورنا بعدم عدالة الخسارة وحقيقة إننا لا نستطيع السيطرة عليها يجب أن نجتنب تحول الغضب تجاه أنفسنا وإدراك ذلك أيضا إننا لا نستطيع السيطرة على الخسارة ولكننا نستطيع السيطرة على الحزن.

3) الشعور بالذنب: نشعر بالذنب لكوننا لسنا مثالين وبسبب عدم قدرتنا على منع الخسارة من المهم معرفة أننا غير معصومين عن الخطاء وإننا نعيش في عالم لا يستطيع التنبؤ بما سيحدث به.

4) القلق: ربما نتساءل هل نستطيع تحمل الخسارة ؟ يجب أن نواجه حقيقة كوننا عرضه للموت كلنا أمل أن مهارات التعامل التي تعلمنها في الفصل الثالث سوف تساعد في تقوية شعورنا بالكفاءة الذاتية.

5) الوحدة: الشعور بالفراغ والحزن والقلق.

6) الإجهاد (الإعياء): قد نشعر بالتعب والانهماك وهذا رد فعل طبيعي للتوتر ولا يجب رؤيته على أنه علامة للعجز أو الضعف.

7)الصدمة : ربما نشعر بالصدمة إذا كانت الخسارة مفاجئة وغير متوقعة وكما سنرى أن الصدمة وعدم التصديق واللامبالاة تعتبر المرحلة الأولى من الحزن .

8) الراحة (الفرج): من المهم التعرف على بعض الخسارات كخليط من الحزن والراحة ولا يجب أن نشعر بالذنب لشعورنا بكلا الشعوريين .

ب) ردود الفعل الجسمية:

المشاعر التي نختبرها بعد الخسارة غالبا ما تؤثر بنا جسميا، ومن ردود الأفعال الجسمية المتوقعة فراغ في المعدة ،ضيق في الصدر، شد في الحلق، حساسية كبيره للإزعاج، ضيق في التنفس، ضعف العضلات، جفاف في الفم ، وقلة الطاقة .

ج) الأفكار:

هناك بعض الأفكار التي نميل إليها بعد تجربة الخسارة وتقسم إلى:

1) عدم التصديق: ويحدث أثناء المرحلة الأولى من الحزن فمن الصعب تقبل الخسارة في البداية .

2) الارتباك: قد نشعر بالارتباك ونجد صعوبة في أن تبقى تفكيرنا مركزنا على الموضوع واحد من المهم إعطاء أنفسنا فرصه وان لا نتوقع أن تكون أداءنا على المستوى الطبيعي.

3) الانشغال: ربما يصبح تفكيرنا مركزا بشكل كامل على الخسارة وعلى الأمنيات والرغبات في العودة إلى الماضي والانشغال شائع خلال هذه المرحلة الثانية من عمل الحزن

4) التخيلات: قد تتخيل كيف كانت الأمور فبل الخسارة وتظاهر أننا عدنا بالى الماضي أو أن الشخص الذي فقدناه ما زال هنا أنماط التفكير هذه متوقعه وهي جزء من ألمرحله الثانية من الحزن.

ج) السلوكيات: Behaviors

الخسارة تؤثر أيضا على سلوكياتنا كما هو الحال في الإحساسات الجسمية من الأفضل أن نستشعر هذه التغيرات السلوكية حتى لا تبدو بشكل مخيف أو غير طبيعي (شاذة):

1) النوم: من الشائع بعد الخسارة أن تكون لدينا مشاكل في النوم.

2) الأكل: أنماط الأكل تتأثر أيضا بعض الناس يأكلون أكثر ويعظهم يجدون صعوبة في تناول الطعام.

3)الانسحاب الاجتماعي: ربما يكون مفيدا في البداية أن تقضي الوقت لوحدنا مع المشاعر وأفكارنا لاحقا في الحزن سوف نكون مستعدين لدفع أنفسنا وأفكارنا لاحقا في الحزن سوف نكون مستعدين لدفع أنفسنا للانخراط في النشاطات الاجتماعية.

4) الأحلام: من الشائع رؤية الأحلام المتعلقة بالشخص الذي خسرناه.

5) النشاط: سوف نختبر تغيرات في النشاطات ربما نشعر بأننا غير موجودين ومثيرين لشفقة ونشعر بعدم الارتياح ونجد صعوبة في البقاء هادئين من الضروري منهم أن هذه التغيرات بأنها طبيعيه .

6) البكاء: وهو رد فعل طبيعي للخسارة إذا كان البكاء أمام الآخرين غير مريح نحتاج لقضاء وقت محدد لوحدنا للتعبير عن الحزن.

ثالثا: التعرف على مراحل الحزن عمل الحزن كمهمات مسؤولين عنها .

مراحل عمل الحزن: stages of Grief work

من المراحل التي يعمل فيها الأفراد أثناء محاولاتهم الوصول إلى نقطة الرضا بعد تعرضهم للخسارة الفترة الزمنية أو الوقت الذي نحتاجه لإنهاء مراحل الحزن والدرجة التي نكون فيها قد تغلبنا على الحزن مسالة فردية، ويجب أن نجد نمط العمل خلال الحزن الذي يكون مناسبا لتحقيق حاجاتنا.

> الصدمة وعدم التصديق واللامبالاة والشعور بالذهول من الصعب تقبل الخسارة تتظاهر بأنها لم تحدث حقيقية اهتمامنا المباشرة هو السيطرة على مشاعرنا المؤلمة.

> البحث والاشتياق: نتساءل لماذا هذا يحصل لنا ؟ نشعر بالغضب لعدم قدرتنا على عكس الخسارة نتمسك بالاعتقاد أن الأمور سوف تنتهي كما كانت عليه سابقا.

> اليأس وعدم التنظيم :-نشعر بالاكتئاب حول الحقيقة الخسارة ونعلم أنه لا يوجد أمل لأن تصبح الأمور أفضل .

) التقبل وعدم التنظيم:- نتخلى عن الآمال الكاذبة ونتقبل الخسارة كحقيقة وندفع أنفسنا للاستمرار في الحياة ونبدأ بوضع الخطط.

> هوية جديدة :- تتكيف مع الاختلافات التي طرأت على حياتنا ونتعرف على كيفية التعامل معها، ونتعرف على كيف نصبح بعد الحز، وندرك مدى نضجنا كنتيجة لتعرضنا للحزن.

رابعا: اخذ الوقت لإنهاء المهمات الأربعة من الحزن :-

مهمات عمل الحزن: Tasks of Grief work

لآن لدينا مهمة بعد الحداد الذي يتبع الخسارة، من المهم النظر إلى هذه المهمات التي نحن مسؤولين عنها. وقد وضع warden أربع مهمات لإنهاء الحزن بعد الخسارة:

> تقبل حقيقة الخسارة: من المؤلم مواجهة الحقيقة القائلة بان الخسارة حقيقة وأننا لا نستطيع العودة إلى الماضي وتقبل ذلك، نحتاج إلى وقت نستطيع أن نسهل ذلك على أنفسنا من خلال رؤية أنفسنا كيف سنشعر بعد التحرر من الحزن، ويكون من خلال:

1- عدم تجاهل أهمية الخسارة، والبقاء أحياء في هذا العالم يعني السماح لأنفسنا باختبار تجربة الحداد والحزن.

2-تحديد وقت نكون فيه مستعدين تماما للتخلي عن الأهداف والخطط والرغبات التي تقوي الأمل الكاذبة بأن الخسارة سوف تنعكس أو تنقلب.

> اختبار الألم والحزن:- من المهم السماح لأنفسنا باختبار أو المرور في الحداد أو الحزن، في بعض الأحيان من الصعب إنهاء هذه المهمة بسبب شعور الأفراد من حولنا بعدم الارتياح، ولا يسمحون لنا بأخذ الوقت الكافي للشعور بالألم والحزن، ويجب أن توازن ما بين حاجاتنا لنكون وحدنا وبين حاجتنا لتلقي الدعم من الآخرين.

> التكيف مع حياه جديدة:- تختلف حياتنا ما بعد الخسارة وليس هناك وسيلة للتخلص من هذا الأمر، ويجب تقبل أن الحياة تتكون من فصول وتتطلب منا تعلم مهارات جديدة (وتتبنى خبرات جديدة)

> الاستمرار في الحياة:- عند الدخول في هذه المهمة نكون جاهزين لتقبل الخسارة وأنه آن الأوان للاستمرار في حياتنا وهذا لا يعني أنا نسينا الأشخاص والأحداث الماضية وإنما يعني أننا جاهزون لبدء جزء جديد من حياتنا.

> الحزن غير المحلول:- unresolved Griefهناك العديد من الأسباب التي تجعل الأفراد يجدون صعوبة في إنهاء الحزن بعد المعاناة من الخسارة.

أولا:-يكون من المغري تجنب الحزن والعمل الصعب الذي يتطلبه .

ثانيا:- هناك مقاومه لترك أحدهما يغادر. الناس ممن لديهم حزن غير محلول يعانون على المدى الطويل بسبب أن لديهم أعمال غير منتهية، ويجب التخلص منها قبل الاستمرار في الحياة ومن أعراض الحزن غير المحلول ما يلي:

1)نشاط زائد بدون الإحساس بالخسارة.

2) تطوير أمراض نفسيه أو جسميه.

3)عدم الاستقرار في العلاقات مع الأصدقاء والأقارب .

4) عدائية تجاه الأفراد المرتبطين مع الخسارة .

5)انسحاب اجتماعي.

6)اكتئاب، توتر، حساسية، أرق.

7) الشعور بحداثة الخسارة رغم مرور وقت طويل على حدوثها.

8) الذنب وتقريع الذات .

9)قلة العناية بالذات .

عرف راندوRando أنماط من الحزن غير محلول:-

> الحزن غير الموجود:- الشعور بالحزن والحداد شعور غير موجود (غائب) كلما كان الخسارة لم تحدث الفرد في مرحلة ألصدمه والإنكار التام .

> الحزن المفروس:-من المحتمل أن يحد الفرد على جوانب معينه من الخسارة دون أخرى (لا يحد على الخسارة ككل وإنما كأجزاء) الشخص الحزين مراقب ولا ينجح في إكمال جميع مراحل الحزن.

> الحزن المتأخر:- الحزن يبقى لفترات طويلة أي خسارات أخرى أو أحداث ضاغطة في الحياة الأفراد تطلق أحزان متأخرة لسنوات عديدة بعد حدوث

الخسارة في هذا ألنقطه يستطيع الفرد إما إنهاء الحزن أو تجنبه أو إبقاءه غير محلول .

> الحزن المتناقض:- هناك ردود فعل غير متساوية عندما تكون المشاعر محددة مسيطرة على حياة الفرد توصله إلى نقطة عدم الاكتمال للحزن (مثلا توجيه كل الطاقة نحو الغضب أو الذنب وتصبح جزء من الحياة).

> الحزن غير المشارك به:- يحدث عندما تكون الخسارة غير متوقعة ومأساوية، ورد الفعل يكون حادا بحيث يصعب على الفرد البدء بمهمات الحزن، وهنا الفرد يحتاج إلى الدعم والتشجيع .

> الحزن المزمن:- الشخص يمر بالخسارة ولكنه لم يبدأ بالحزن والحداد ويستمر الحزن والحداد إلى النقطة التي يطور فيها الفرد ردود فعل مرضية مثل الاكتئاب والهلع .

> الحزن المختصر:- وهو الشكل الأقصر من أشكال الحزن ويحدث عندما يكون لدي الفرد الوقت الكافي في الاستعداد لحدوث الخسارة.

الحزن غير المحرر: disenfranchised Grief

وهو الحزن الذي يتعرض له الأفراد الذين يعانون من خسارة لم يعلن عنها بشكل مفتوح ولم يحد عليها بشكل عام ولم يدعم اجتماعيا من الأمثلة علية:-

> موت الحبيب: الأشخاص الشاذون يجدون صعوبة في الحداد على موت المحبوب بسبب عدم قبول ذلك من قبل عائلاتهم الوضع أكثر صعوبة إذا مات الحبيب بسبب الايدز بسبب الخوف من العار .

> موت الشريك (المطلق): وهو مرتبط مع العديد من مشاعر الصراع حيث يتضمن غضب وكرة غير منتهي هنالك خلافات مع عائلة الشريك كل هذه الظروف يمكن أن تحد من التعبير عن الحزن.

> موت طفل قبل الولادة (الجنين): نحن لسنا مؤهلين للحداد على الطفل غير المولود إذا حدث الموت في المستشفى هنالك دعم قليل من

الممرضات والأطباء بسبب انشغالهم بالإضافة إلى ذلك لا ينظر إلى الجنين على انه شخص حقيقي يحتاج إلى وداع رسمي .

> الأطفال الذين يعانون من الخسارة : الأطفال أيضا لا يتاح لهم التعامل مع الخسارة بسبب حماية الراشدين لهم من الحزن والأسرة وبما أن الخسارة لا يمكن تجنبها يجب تعليم الأطفال كيف يتعاملون معها بشكل فعال .

هناك ثلاثة عوامل تؤثر في نجاح الحزن (مقدار الحزن) .

1) طبيعة العلاقة بالشخص الذي خسرناه: مثلا إذا كنا نعتمد على الشخص الذي خسرناه بشكل كبير يكون م الصعب الشفاء من فقدناه ويكون لدينا رغبه قويه بعدم التخلي عنه ويكون لدينا شعور بالعجز أيضا من الصعب الشفاء من الخسارة شخص عندما تكون العلاقة مع هذا الشخص غير واضحة غامضة . علاقات غير واضحة تكون فيها مسائل الالتزام والثقة غير منتهية (غير محلوله) وفي العلاقات التي تسبب الكره والغضب والعدوانية عندما يموت هذا الشخص فان هذه المشاعر تزداد الم وغالبا ما تتفاقم .

2) فجائية الخسارة: من السهل الشفاء من الخسارة إذا كان لدينا الوقت للتحضير لها، عندما تكون الخسارة متوقعة فإن الكثير من الحزن ينتهي قبل أن تحدث الخسارة، والخسارة غير المتوقعة تعتبر صادمة لأنها تذكرنا بالطبيعة غير المتوقعة لهذا العالم .

3) نظام الدعم: نظام الدعم الجيد يفعل الكثير لمساعدتنا في الشفاء من الخسارة، نظام الدعم يمدنا بالرعاية ويقوي شعورنا بقيمة الذات والثقة بأنفسنا .

4) إيجاد معنى للموت: Finding a meaning for death من السهل التعامل مع الموت عندما يكون له معنى، في بعض الثقافات الموت مقبول وينظر إليه على انه شيء محتوم (مقدر) وجزء طبيعي من دورة الحياة الموت، وقد اندمج مع الأنماط اليومية في حياتنا، وفي ثقافات أخرى ترى

الموت كتحدي، يؤمنون بحياة ما بعد الموت ويقومون بشعائر لتحضير الناس لحياة جديدة بعد موتهم ورحيلهم عن هذه الأرض، بينما ما زالت بعض الثقافات تنكر الموت، هنالك رفض لمواجهة حقيقة وحتمية الموت الأفراد في هذه الثقافات التي تنكر الموت غالبا ما يكون لديهم ميل لعدم إنهاء أو حل الحزن المرتبط بالموت بسبب عدم وجود معنى للموت .

من فوائد الموت (تقبل الموت) :-

1) الموت يساعدنا على أن نعرف قيمة الحياة.

2) يجعلنا نشعر بقيمة أننا أحياء.

3) الموت يمدنا بالقوة لاتخاذ قرارات مهمة.

4) الموت يعطي معنى للشجاعة والاستقامة يسمح لنا باختبار قناعاتنا الإيمانية بكفاءة.

5) الموت يظهر لنا قيمة الصداقة والحب في حياتنا .

6) الموت يسمح لنا برؤية انجازاتنا بأنها ذات قيمه ومعنى.

خبرة الطلاق

الطلاق هو خبرة غير سارة وتجبرنا على عمل تغييرات وتكيفات هامه في حياتنا ومن هذه التكيفيات (المتطلبات) :

1) التعامل مع الوحدة .

2) إيجاد معنى جديد للحياة.

3) التعامل مع الغضب

4) التعامل مع الشعور بالذنب وانخفاض تقدير الذات .

5) إيجاد مصادر جديدة للحب والرعاية.

هنالك عدد من التكيفات الرئيسية التي ترتبط بالطلاق وهي :

1)إيجاد وضع جديد للحياة.

2)كسب استقرار مادي .

3) تدبر المسؤوليات كاب مفرد (أب أعزب).

أربع مراحل لخبرة الطلاق، هنالك أربع مراحل يمر بها الأشخاص من بداية إلى النهاية الطلاق:

1) فترة ما قبل المناقشة: يبدأ الشريكان بالشعور بعدم الرضا عن علاقاتهم تصبح العلاقة متوترة الزوجان يتشاجران ويبدؤوا بالابتعاد عن بعضهم البعض ويحتاجون للإرشاد لإنقاذ الزواج.

2) فترة المناقشة: خلال هذه المرحلة يقرر الزوجان إما الاستمرار في الإرشاد لإنقاذ زواجهم أو التحرر والطلاق هذه الفترة صعبة لأنها توجد مناقشة مضمونة وكل النقاشات تتطلب محاولات جدية ومهمة، هنالك شعور أو راحة بان النقاشات قد عملت وهنالك قلق حول المستقبل المجهول .

3) التفاوض: التفاوض عادة ما يتم بمساعدة المعالجين والمحامين للأفراد الذين يتلقون الإرشاد من اجل إنقاذ زواجهم، وقد يتلقون طرقا تساعدهم في الإبقاء على الزواج، أو عقدا يبين توزيع منصف وعادل للمسؤوليات المثالية بين الزوجين ومسؤولية رعاية الأطفال في حالة وجودهم.

4) التسوية والإنهاء :بلورة التسوية بعد الطلاق شيء صعب الشعور بالذنب الوحدة والغضب يحدث بين الزوجين يستطيع كلا الزوجين التعامل مع هذه المشاكل للاستمرار في الحياة والوصول إلى التسوية لتنظيم الأمور المالية وتربية الأولاد.

التحديات التي تواجه الأفراد أثناء التعامل مع الطلاق أو الانفصال .

1) تقييم مدى رضانا عن هذه العلاقة .

2) تصميم خطوات فعالة لمواجهة المشكلة

3) التعرف والتعامل مع المشاعر الحزن والأسى والوحدة والغضب

4) وضع خطة لدعم أنفسنا ماليا

5) تعلم كيفية العيش بشكل مستقل

6) إيجاد الوسائل لتلقي الدعم العاطفي والرعاية.

7) الحفاظ على تقدير ذات مرتفع والشعور بالكفاءة والجدارة.

8) إيجاد نشاطات ذات معنى تساعدنا للاستمرار في حياتنا .

عمليات الحداد:- عملية الحداد على الطلاق ضرورية من أجل الوصول إلى مرحلة التسوية والإنهاء. واستخدام مهارات تعامل جيده Good coping skills عادة ما يساعد الأشخاص على التعامل مع خبرة الطلاق آو الانفصال، حيث يمتلك هؤلاء ما يلي:

1) لديهم مصادر غير معتمده على الآخرين .

2) يعرفون كيف يضعون الخطط أو تحمل مهمات الحياة اليومية.

3) لديهم نظام دعم اجتماعي غير معتمد على الشريك.

4) يعرفون كيف يتمتعوا بالبقاء لوحدهم ويستطيعوا التمتع بفكرة (البقاء وحيدين)

5) لديهم مرونة كافية لتبني وضع جديد .

6) مهارات حل المشاكل لإيجاد مسار عمل جديد في الحياة.

7) تعلم كيف تركه يذهب :Learning How to Let go .

إحدى أهم المهمات الصعبة لإنهاء أو التسوية عندما نخسر شخص ما هو ترك هذا الشخص يذهب نقدم عدد من الاقتراحات حول كيفية تركه يذهب ونستمر في حياتنا بعدما يتركنا شخص ما.

1) تقبل الحقيقة التي تقول أننا لا نستطيع أن نمتلك الآخرين عندما نخسر شخص ما نصبح غاضبين، ونصاب بالإحباط كشعورنا بأن ذلك الأمر، غير عادل ويجب أن تتقبل الحقيقة القائلة بأن العلاقات هي هبة من

الحياة وليس حق لنا. التخلي عن الرغبة في امتلاك الآخرين ليس سهلا لأننا نتمنى أن نسيطر أو نتحكم في نتائج علاقاتنا مع الآخرين، ومع ذلك فعندما نتخلى عن رغبتنا في الامتلاك سوف نتخلص من عبئ هائل وكبير، نحتاج إلى أن نتذكر عدم وضع أنفسنا في المكان غير المناسب أو الطلب من أنفسنا امتلاك القوة للحصول على أشياء وليست لنا أصلا.

2) التحرر من الإدمان : علاقات الحب كالإدمان (كما وصفها كل من كابتس ووندر) لأنها تعودنا على أن نستمد معظم إشباعاتنا واحتياجاتنا من شخص واحد وعندما يغادر هذا الشخص نصاب بالخسارة كيف نستطيع أن نعوض كل هذه الأشياء عندما يذهب هذا الشخص؟ هناك خطوتين:

أ)كن فلسفي: تذكر أن الرضا الذي حصلنا عليه هو فائدة من فوائد الحياة وليس حق لنا لا يوجد هنالك قانون يقول أننا يجب أن نحصل على الرعاية والاهتمام عندما نريد ذلك، هذه حقيقة قاسية تقييمنا الأولي للخسارة سيكون أكثر فعالية إذا استطعنا أن نضع رغباتنا ومتطلباتنا وتوقعاتنا في إطار محدد .

ب) أبدل الرعاية المفقودة: نحتاج لإيجاد وسائل بديلة للحصول على الرعاية التي كان الشخص يمدنا بها يمكننا أن نستخدم نظام الدعم المتوفر لدينا، يمكننا أن نتبادل الاهتمام مع الآخرين الذين نعرفهم يمكن أن نبدأ علاقات جديدة، يجب أن نفهم أن الحصول على الرعاية لا يتضمن لنا أن نشعر بالراحة فورا، ليس من السهل أن نبدل شخص بعدما تعودنا على أسلوبه أو طريقته في عمل الأشياء، الشيء المهم هو أن نرى أنفسنا كأفراد يفهمون أن الخروج من الإدمان عمل صعب، وبأننا نستطيع النجاة بدون الحصول على الرضا الفوري .

3) فكر بعقلانيه: أثناء الخسارة نطلق أفكار غير منطقيه (غير عقلانيه) نشعر بأن الخسارة غير عادلة، نشعر بالغضب والإحباط نحو أنفسنا وبأن الحياة لا تستحق أن تعاش ،هذا هو الوقت للنظر إلى نظرية العلاج العقلي العاطفي لابرت أليس، نحتاج إلى تحليل العواطف ونستطيع السيطرة على أفكارنا من خلال الاستراتجيات التالية:

أ) أوقف الأفكار: نستطيع أن نلبس مشد مطاطي على المعصم وعندما نبدأ بالتفكير غير منطقي أو غير واقعي نشد المشد المطاطي ونخبر أنفسنا (توقف) هذه بعض من أنماط الأفكار اللاعقلانية التي نخبر أنفسنا بها بعد الخسارة.

1)سوف أكون لوحدي إلى الأبد .

2)لا قيمة لحياتي الآن.

3)أنا كبير لأبدأ من جديد .

4)هذا ليس عدلا .

5) لو أنني قمت بالأشياء بشكل مختلف.

هدف وقف الأفكار هو إمساك أنفسنا عندما نبدأ بالتفكير بطرق تؤدي بنا بشكل مؤكد إلى الاكتئاب والحزن تعلم أن تتعود على الأفكار المنطقية والعقلانية التالية:

1)أنا الآن اشعر بالوحدة ولا أحب ذلك.

2)أنا لا أتمتع بحياتي في اللحظة الحالية (الآن) .

3)سوف تختلف حياتي الآن، فالخسارة ليست سارة ولكنها جزء من حياتنا.

4)لا استطيع التحكم بحياة الآخرين .

كما نرى هذه الأفكار العقلانية لا تعدنا نجعل كل شيء مشع ووردي، ومن السخيف أن نخبر أنفسنا بعد الخسارة بأن كل شيء جيد وحسن.

الهدف من التفكير العقلاني هو استخدام الطاقة العاطفية لدينا لاختيار مشاعر غير سعيدة ومنطقية، لا نريد أن نعقد مأساتنا بوضع متطلبات لحياتنا لا نستطيع تحملها في الواقع .

ب) ضبط المثيرات:

إذا شعرنا أننا ببساطة يجب أن نأخذ الوقت للتفكير بشكل عقلاني خلال الحزن نستطيع أن نستخدم أسلوب ضبط المثيرات، حدد نقطه محددة فقط واستخدمها للتفكير غير العقلاني نقوم بجدولة أوقات محدده كل يوم عندما نذهب إلى هذا الواقع ونفكر بطريقة غير عقلانية، نحن هكذا نسمح لأنفسنا بالتفكير في هذه الأفكار فقط خلال الوقت المحدد، وفي بقعتنا المحددة وخلال باقي اليوم يجب علينا أن نوقف الأفكار (وقف الأفكار).

ج) تبني نظرة متوازنة:

لدينا ميل لتعظيم الشخص الذي فقدناه نركز على جميع الأشياء الجيدة وننسى أنه كان لديه سيئات وأخطاء، من المؤثر أن نتذكر الأشياء الجيدة للشخص الذي فقدناه، ومع ذلك يجب أن نكون حذرين في أن لا نبالغ أو نضخم مأساتنا، وإقناع أنفسنا بأن هذا الشخص كان مثاليا ورائع جدا وأننا لا نستطيع التخلص أو الشقاء من هذه الخسارة . اقترح كل من كابتس ووندرر أن نعمل قائمه بسيئات أو أخطاء الشخص نحتاج إلى إقناع أنفسنا بالحقيقة وان نفهم بأننا على الرغم من أننا نفقد هذا الشخص فإن حياتنا ما زالت تستحق العيش .

6) قول الوداع الأخير:

طريقة منهج (واندرر و كابتس) لقول الوداع الأخير تسير كما يلي: نجمع كل الرسائل والصور وغيرها من الأشياء المتعلقة بالشخص الذي فقدناه خلال مرورنا بالمرحلة الأولى من الحزن نخبئ هذه الأشياء في هذه النقطة يكون من المؤلم لنا أن ننظر إليها بعد ذلك، عندما نصبح جاهزين لتقبل الخسارة والاستمرار في حياتنا نخرج هذه الأشياء للوداع الأخير، هذا اليوم يسمى يوم الانفجار لأن هذه الأشياء ترتبط بمشاعر قوية نحن في هذه المرحلة نكون مستعدين للتعامل مع المشاعر من

الحزن الحقيقي لأننا نحتاجها في التخلص من متطلباتنا وتوقعاتنا غير العقلانية، عندما ينتهي وقت يوم الانفجار يمكن أن نحتفظ بهذه الأشياء أو التخلص منها بالطريقة التي نراها ملائمة، سوف نبقى نتذكر الشخص الذي فقدناه ولكننا نعلم انه قد آن الأوان للبدء بجزء جديد من حياتنا .

7)التعرف على فرديتنا:-Recognizing our individuality

الحداد على الطلاق هي خبرة شخصية، ومن المهم التعرف على قدراتنا في التعامل مع الطلاق بطريقتنا، وخبراتنا في التعامل مع الطلاق تعتمد على فرديتنا، ومن المفيد التعرف على ظرفين للتعامل مع الطلاق :

1- الألم والاكتئاب أمر غير محتوم : على الرغم من أننا نتعامل مع الخسارة بمشاعر الحزن والاكتئاب إلا أن ردود الأفعال هذه غير محتومة، ومن المحتمل أن نواجه بعض الخسارات بهدوء وبالمحافظة على مشاعر ايجابية حول أنفسنا والآخرين ، ويجب أن نتذكر أن الفشل في مواجهة الشعور بالحزن والاكتئاب يعد لا شيء بالضروري، فليس من الضروري دائما أن نختبر الحزن والاكتئاب للتعامل مع الخسارة بطريقه مرضية .

2- بعض الخسارة في الطلاق لا يمكن حلها نهائيا: من الخطأ الافتراض بأننا نستطيع أن نحل كل الخسارات بشكل تام، في حين أنه من المهم أن نسوى الخسارات بشكل متوازن من اجل الاستمرار في حياتنا، وربما تبقى بعض الخسارات تؤثر علينا من وقت لآخر، ومن الشائع أن نرى الأحلام الذكريات والانتكاسات التي تجلب لنا مشاعر الحزن بعد سنة من حدوث الخسارة، هذه الانتكاسات لا يجب أن تكون إشارة على الضعف.

7) فهم كيف نقدم الدعم:Understanding how to offers a support

فهم كيف نقدم الدعم يسمح لنا أن نكون مساعدين للآخرين الذين يعانون من الطلاق، وتجعلنا نتعرف على مقدار حاجاتنا للآخرين في وقت الطلاق .

التعامل مع الاكتئاب والفشل

> الاكتئاب Depression

إذا كان الفرد مكتئباً - يتصف بالانسحاب والنكوص ولا يبالي بنظافة جسمه، ويصرخ، ولا يتكلم ....

رغم ما في الاكتئاب من تدمير وتخريب، فإنه مع ذلك يشير إلى الطبيعة الحساسة للفرد، وتلك نقطة غالباً ما تنسى، ومن السهل أن يصاب الفرد المتخلف عقلياً بالاكتئاب أكثر مما يصاب به الآخرون، وقد يرجع ذلك إلى صعوبة فهم الأفكار المجردة مثل الموت، إن لدينا طرقاً كثيرة للتعامل مع غير المعروفين أو المجهولين ولدينا مزيد من الفرص لتلقى الدعم من الآخرين، ومن المهم جداً أن نظهر التسامح والتعاطف والدفء، وفي الواقع فإننا نصبح بصورة مؤقتة مصدر الدعم العاطفي للفرد ووسيلة الفرد للخروج من الاكتئاب .

وللتعامل مع الاكتئاب يمكن عمل ما يلي:

> التعرف على الأحداث غير السارة التي تقع خارج سيطرتنا ولا فائدة من التفكير فيها

> تقوية العلاقات الشخصية مع المهارات الاجتماعية والمفاوضات والتأكيد

> تعديل التقييم الأولي مثل أنا فشلت وهذا يعني أنني غبي

> المحافظة على الإحساس بالضبط وهذا يتطلب التركيز على التفاؤل وبأن الأحداث نتحكم بها من الداخل وليس من العالم الخارجي

> تعديل التقييمات الأولية غير العقلانية

> استخدام حل المشكلات

> أن تصبح مشغولا من خلال أنشطة تعمل على تغيير المشاعر

> تطوير الكفاءة الذاتية من خلال مواجهة تحديات ذات معنى

> التعامل مع الفشل كفرصة لتطوير أفكارنا

> إعطاء أهمية لجهدنا وأفكارنا

> وضع الأهداف التي تجعل حياتنا ممتعة وناجحة

ظاهرة الانتحار:

تعريف الانتحار:

1 - الانتحار هو اختيار الموت عندما يستطيع الشخص اختيار الحياة وهو ناتج عن رفض معين للواقع أو حالة توتر شديدة.

2 - الانتحار هو المسار الأخير في نعش الصحة النفسية والعقلية ويأتي في الدرجة الخامسة والأخيرة في تصنف خطورة المرض النفسي.

3 - الانتحار هو الوسيلة الوحيدة للموت والتي يقوم فيها القاتل بقتل نفسه عمداً عندما لا يرى أمامه غير هذه الخطوة للخروج من ظلمة الحياة وسوادها.

عندما درست هذه الظاهرة من قبل علماء الاجتماع وعلماء النفس فإنهم يقولون بأن هؤلاء المنتحرين أو من قاموا بقتل أنفسهم قد مروا قبل انتحارهم بتجارب أليمة حطمت قدرتهم ورغبتهم على الاستمرار في الحياة.

يصنف عالم الاجتماع إميل دركهايم يرى أن هناك أنواع من الانتحار هي:

أ - الانتحار الاناني.

ب - الانتحار الايثاري.

ج - الانتحار الذي ينطوي على التفكك الاجتماعي.

أما النظرة السيكولوجيه للانتحار فهي ترى أن الانتحار هو تحول الطاقة العدوانية عن الشخص الذي تسبب في الإحباط للتحول إلى معاقبة الذات (فرويد) كما ترى دراسات علم النفس التي تمت على ظاهرة الانتحار بأن هذه الظاهر ربما تكون من منتحرين لدهم رغبة في الحياة أو ربما يرتكبون الانتحار بدون معرفه إذا كانوا يريدوا الحياة أو الموت.

أنواع الانتحار في المنظور النفسي:

1. الانتحار المقصود وهو نابع من اليأس ورفض الواقع وتم عن سابق إصرار وتخطيط

2.الانتحار غير المقصود ويكون القرار نابع من تأثير الكحول أو جرعه كبره من المخدرات.

3. الانتحار تحت ضغط حالات نفسية وعقلية كأن يسمع أصوات تريد منه الانتحار ويشعر بأنه مطارد ويحاول الهروب بالانتحار.

4 .الانتحار الجماعي وأصحابها يتصفون بان لدهم شيء داخلي مختلف وهدف واحد هو الموت ولديهم طقوس دنيه وتحضيرات له ويكون لدهم حالة تماهي.

5. الانتحار في مرحلة الطفولة يقصد به الانتحار في الفئات العمرية دون 15 سنة وهي حالات نادرة وعفوية تكون نتيجة تأثر الطفل بالخيال حينما يرى أفلاماً أو يقرا قصص خيالية.

6.الانتحار في مرحلة المراهقة: تعتبر مرحلة المراهقة بأنها المرحلة الحيوية والنشاط وهي في نفس الوقت فترة التناقضات واستيقاظ الغرائز والتخلي عن مرحلة الطفولة والحماية والاتكال وقد يشعر المراهق بأنه غير جاهز لهذه المرحلة وبهذا يصاب بخيبة أمل وضغوط شديدة قد تدفعه للانتحار.

هناك أسباب عده للانتحار منها:

1- تعرض الشخص لكارثة مالية.

2- إصابة الشخص بمرض خطير.

3- خلافات عائلية.

4- حالة اليأس والفقر.

5- الرسوب في الامتحانات.

6- حزن وفشل عاطفي.

إشارات التحذير من الانتحار

الكآبة المتزايدة، الملل المتواصل، الهروب، الشعور بالتفاهة والإحباط، الانسحاب عن الأصدقاء والنشاطات المعتادة، السلوك العنيف والعدواني والثأر، تهديدات خاصة بالانتحار، التوقف فجأة عن الصداقات   علاقة حب فاشلة، إهمال غير معتاد في المظهر الشخصي، صعوبة في التركيز، الشكوى من أعراض جسمية كالصداع والإعياء، قد يوزع ممتلكاته المفضلة، تغيير جذري في الشخصية، إعطاء تعابير لفظية مثل لا فائدة ولا شيء يهم.

التكيف مع مسببات الضغط في الطفولة

يمكن استخدام أسلوب العوامل الخمسة RS من اجل التعامل مع الضغوط التي قد تصيب الأطفال وتتضمن العوامل الخمسة التالية:

1) إعادة التفكير: مساعدة الأطفال على اختيار الطريقة التي ينظر من خلالها إلى مسببات الضغط في حياته Rethink.

2) التخفيض: مساعدة الأطفال في أن يقللوا مسببات الضغط من خلال أساليب مثل إدارة الوقت Reduce.

3) الاسترخاء: مساعدة الأطفال من خلال الاسترخاء وتزويدهم بفرص للنشاط Relax.

4) الإطلاق والتحرير: مساعدة الأطفال في التحرر من نتائج الضغوط النفسية والشد العصبي من خلال تعليمهم مخارج صحية وآمنة كالتمارين الرياضية Release.

5) إعادة التنظيم: العمل مع الأطفال في بناء أساليب حياة صحية ومتكاملة في المجالات العقلية والعاطفية والجسمية والروحية والاجتماعية Reorganize.

إدارة الغضب

يقصد بالغضب عاطفة سلبية مصاحبة لحالة جسمية عاطفية سلوكية، ولا بد من عمل ما يلي:

1) الاعتراف بوجوده وعدم إنكاره

2) تحديد المصدر: فهم ما الذي يغضبك؟ مثل دفع فاتورة الحساب والتركيز على أسئلة ماذا بدلا من لماذا؟

3) حدد واعرف ردة فعلك واكتب استجابتك للغضب في مفكرة خاصة

4) كن فعالا في إدارة الغضب من خلال التعرف على الناس والمواقف والأماكن التي تثير غضبك

5) لا تستسلم للغضب غير المسيطر عليه: فالتنفيس غير المسيطر عليه أحيانا يعزز غضبنا ويجعلنا نشعر بسوء جسمي انفعالي اكبر ويخلق جو من التوتر

6) حاول أن تتخلص من غضبك بطريقة صحية مثل: خذ فسحة بالخارج، تعرف على معتقداتك واستبدلها السلبية، اهجم على المشكلة وليس على الفرد، تعامل مع الغضب فورا وبعدما تهدأ حاول حل المشكلة ولا تترك الغضب يدمر جسمك، استخدم جسمك للتنفيس السريع مثل الضرب على كيس ملاكمة.

نوبات الغضب الشديد Furies

> إذا كان الفرد لا يمكن إعادة توجيهه في الوقت الحالي، إذا أمكن، حاول أن تعيد توجيه الفرد بهدوء وبطريقة بعيدة عن التدخل والتطفل.

> إذا لم تتمكن من ذلك في الحال، فعليك أن تحمي نفسك والفرد والآخرين من خلال التنظيم البيئي حتى تخبو جذوة الغضب، في ذروة الغضب، لا تعاقب الفرد، ولتلزم الهدوء والسكون.

> وبينما ينحسر طوفان الغضب ويخبو لهيبه، فلتحاول إعادة توجيه الفرد برقة نحو مهمة أو نشاط لتحاول إحداث المكافأة.

> وأثناء إعادة التوجيه، ركز على المشاركة بحيث تصل المكافأة إلى ذروتها.

> ثم ركز على المنع أو الوقاية من خلال تحديد العلامات والنذر السلوكية والنفسية التي تؤدي إلى نوبات الغضب الشديد .

وليس من الضروري أن نعاقب الفرد على غضب عاطفي، إن المهم هو أن نساعد الفرد على أن يعرف أننا نرمز إلى الأمن والأمان، إذا ضرب الفرد نفسه فمن الأفضل بكل بساطة أن نتعقب ونتتبع سلوك العدوان على الذات، بمعنى أن تستخدم يديك وذراعيك لتلقى الضربة وإعادة توجيه الفرد، إذا أفلت الفرد منك، فعليك أن تبتعد عن مدى يديه بهدوء، بمعنى أن تتحرك وتنتقل إلى الجانب الآخر من المنضدة أو الكرسي (إذا كان ضرورياً)، ولكن استمر في التركيز على إعادة التوجيه ومنح المكافأة، ومن المهم أن نستمر في تذكير أنفسنا بأن ردود أفعالنا المرتكزة على قوة نسقنا القيمي هي التي سوف تؤدي إلى زيادة أو نقص نوبة الغضب لدى شخص آخر .

التعامل مع الألم الجسدي

عندما يواجه الأفراد ألم جسدي، فإن البعض يمتلك مهارات مناسبة للتعامل معه، بينما يهوله آخرون، ويسبب لهم ضغطا زائدا يؤثر في مدى قدرتهم على التكيف، ويمكن التعامل معه من خلال:

1) إدارة الذات: فكر بأشياء أخرى، اعمل شيء ممتع لك، استرخي، امشي، اهتم بنشاطات في البيت والعمل.

2) العلاج الطبي: استخدم الثلج، تنشط أنعش مساحة الألم، اذهب للسرير، اعمل حمام.

3) الدعم الاجتماعي: تحدث مع أصدقائك وأسرتك، كن محاطا بالآخرين، اجعل الآخرين يعرفوا انك مريض.

4) التشتت: يركز على سيطرة الانتباه بأشياء أخرى، والتركيز على الأفكار السارة كالتفكير بالذكريات السارة او عمل خطط ممتعة ، والتركيز على العمل من خلال التركيز على أشياء أخرى مثل تكرار بعض الكلمات.

5) التخيل الإبداعي: وفيه من خلاله تخيل أن الجزء الذي يؤلمك لن يستمر طويلا في جسدك (العزل) تخيل نفسك تمتلك صفة جيدة ، تخيل انك مخدر.

6) المحافظة على حس الفكاهة: الضحك أسلوب جيد لتشتيت الانتباه.

التعامل مع قلق الامتحان

يعتبر القلق من الامتحانات من المشكلات النفسية الشائعة، وفيه يعاني الطالب من التوتر النفسي والإحساس بالخطر الوشيك، ويختلف الأشخاص في تعاملهم مع هذا القلق، وبعضهم يتكيف معه بشكل إيجابي كأن ينظم أوقاته وينكب على دراسته وحفظه ويسيطر على الأفكار السلبية التي تراوده " قدر الإمكان "حول أدائه في الامتحان وحول النتيجة والمستقبل. والحقيقة " إن قليلاً من الخوف والقلق لا بأس فيه " لأنه طبيعي والقلق الطبيعي ينشط الجهود الإيجابية للإنسان كي يتعامل مع الأمور الهامة والصعبة ومن ثم السيطرة عليها والنجاح فيها.

وبعضهم يغلبه القلق ويبقى باستمرار متوتراً عصبياً قليل النوم والأكل كثير الشرود والشكاوى وتتناقص إنتاجيته وأداؤه ومن الأعراض المرضية الشائعة في هذه الحالات الصداع ونقص الشهية وآلام البطن والإسهال المتكرر والغثيان والتقيؤ.. إضافة للدوخة والدوار والإحساس بعدم التوازن أحياناً أو بشكل متكرر. وخفقان القلب وآلام الصدر. وهناك أعراض أخرى مثل الآلام العضلية المتنوعة والشعور بالتعب والإعياء وغير ذلك، وأما الأعراض النفسية الصريحة فهي الترقب والخوف وتوقع الفشل والرسوب وصعوبات النوم والأحلام المزعجة والكوابيس، إضافة للعصبية والنرفزة والتوتر ونقص التركيز والمثابرة وغير ذلك، وكل ذلك من

أعراض القلق المؤقت والعابر، ولكنه يستدعي العلاج والدعم النفسي والاستشارة النفسية إذا كان شديداً ومستمراً ومعطلا.

ويرتبط القلق من الامتحان بتكوين الشخصية وحساسيتها وقيمها وتاريخها وثقتها بنفسها وقدرتها على التنافس وإثبات الذات.. والشخصيات المتوازنة تتعامل بشكل ناجح مع القلق ، بينما تضطرب الشخصيات النرجسية، أو المدللة غير الناضجة، أو الخيالية في طموحها

وأيضاً يرتبط القلق بالظروف الشخصية والأسرية والضغوط التي يتعرض لها الطالب من الأهل ومن المجتمع الكبير، والتخويف الشديد من قبل الأهل يعتبر ضغطاً إضافياً على الأعصاب وعلى تحمل أزمة الامتحان، وكذلك جو الاستنفار في المنزل وقلق الأهل الواضح وتضخيمهم للمخاطر المرتبطة بالامتحان والحديث عنه طول الوقت. مما يتطلب مراجعة الأهل لأساليبهم وتعديل الأفكار الخاطئة المقلقة والمخيفة وتبني أفكاراً صحية وعملية وواقعية، وأن يأخذ الطالب بأسباب النجاح من حيث بذل الجهد في الحفظ والاستذكار والدراسة وبشكل مناسب دون إفراط أو تفريط.

كما أن طبيعة الامتحان نفسه وتفاصيله لها دور واضح في زيادة الضغوط ونسبة القلق والخوف والتوتر، والاختبارات الحاسمة والتي تحدد مستقبل الطالب المهني والحياتي مثل امتحان الثانوية العامة ترتبط بكمية أكبر من القلق، وكلما زاد الغموض والعشوائية المرتبطة بالامتحان ونتائجه وكيفيته وتفاصيله كلما كان القلق أشد، مما يطرح أهمية القيام بالتدريب والتعرف على الامتحان وأسلوبه وأسئلته بشكل كاف وصحيح، وأيضاً يطرح أهمية التواصل بين الهيئات المسئولة عن إعداد الامتحانات وتحضيرها وإجرائها، وبين الطلبة.

والامتحان ليس حلبة صراع مستحيل ضحيته الطالب المعذب العاجز، حين يؤكد الامتحان على جهله ونقصه وضعفه، بل هو مقياس منطقي للتحصيل والمعرفة المفيدة والتقييم الدراسي والذي يهدف إلى إعطاء كل ذي حق حقه. ولابد من تطوير الامتحانات باستمرار وتعديل ضغوطها بما يتناسب مع الحاجات الواقعية والتطورية للمجتمع وأجياله، ومع الصحة النفسية للجميع.

أعراض الحالة :

> التوتر والأرق وفقدان الشهية، وتسلط بعض الأفكار الوسواسية الملحة قبيل وأثناء ليالي الامتحان.

> الشعور بالضيق النفسي الشديد قبل وأثناء تأدية الامتحان.

> تسارع خفقان القلب قبل وأثناء الامتحان مع جفاف الحلق والشفتين وسرعة التنفّس وتصبّب العرق وارتعاش اليدين وعدم التركيز، وبرودة الأطراف، وألم البطن، والغثيان، وكثرة التبول.

> كثرة التفكير في الامتحان، والانشغال قبل وأثناء الامتحان في النتائج المرتقبة (لانشغال العقلي في الامتحان، ونتائجه المتوقّعة).

وهذه الأعراض والسلوكيات الفسيولوجية والانفعالية والعقلية تربك الطالب وتعيقه عن المهام الضرورية للأداء الجيد في الامتحان لكونها مرتبطة بوسيلة التقييم (الامتحان) ومقرونة بالرهبة والخوف، وقد تكون معززة من قبل الأسرة والمدرسة باعتبار أن نتيجة الامتحان ستؤدّي إلى مواقف مصيرية في مستقبل الطالب.

وسنحاول في السطور الآتية إيجاد أفضل الطرق الإرشادية للتعامل مع حالات قلق الامتحان التي تعتري بعض الطلاب.

1- النوم النوم النوم: خذ قسطا وافرا منه في الليلة السابقة للامتحان حتى تدخل الامتحان هادئ الأعصاب قوي التركيز.

2- التغذية: عليك بتناول وجبة خفيفة قبل ذهابك للامتحان فهي ستزود المخ بالطاقة اللازمة للتفكير وستريح في نفس الوقت معدتك القلقة.

3- تجنب المأكولات الدسمة ولا تملأ بطنك.

4- تجنب الإكثار من القهوة والشاي: صحيح أنهما منبهان للجهاز العصبي لكن زيادة التنبيه هنا غير مطلوبة ويكفي كوبا واحدا من أي منهما.

5- الحركة: لاشيء أفضل من الحركة والتمارين الرياضية في تخفيض التوتر والقلق. إن كنت تستطيع القيام ببعض التمرينات الرياضية قبل الامتحان فهذا يعطيك راحة ويقلل الضغط، وإلا فيكفي أن تتحرك وتمشي في فناء المدرسة او الجامعة خلال الساعة التي تسبق الامتحان

6- قبل الامتحان: توكل على الله واذهب مبكرا وخذ معك أقلام وأدوات إضافية احتياطا.

7- لا تبحث عن ولا تستمع إلى أي أسئلة قبل دخولك، لأنك لو سمعت سؤالا لا تعرف إجابته فإن ثقتك بنفسك ستهز وستدخل في حلقة مفرغة من التوتر والقلق مما سيؤثر على إجاباتك في الامتحان.

8- يفضل أن تترك كتبك في البيت فالمذاكرة حتى آخر لحظة قد تكون مشوشة وتؤدي إلى تداخل المعلومات وتطاير الأفكار .. لكن إن كنت ممن تعودوا عليها فعليك أن تكتفي فقط بقراءة العناوين ورؤوس الأقلام والأشكال التوضيحية.

9- أثناء الامتحان:عند استلام ورقة الأسئلة قل: (بسم الله الرحمن الرحيم ولا حول ولا قوة إلا بالله العلي العظيم- اللهم لا سهل إلا ما جعلته سهلا - حسبنا الله ونعم الوكيل - على الله توكلنا) وكن على ثقة تامة بأن الله معك ولن يخيب رجاءك.

10- أيضا ضع ساعة يدك أمامك وقم بتقسيم وقت الإجابة حسب عدد الأسئلة حتى لا يطغى سؤال على آخر.

11- أيضا ابدأ بالإجابة عن الأسئلة السهلة: هذا سيؤدي إلى استرخائك وزيادة ثقتك بنفسك إضافة إلى انك ستضمن منذ البداية درجات أكيدة.

12- انس كل من حولك من الزملاء وما قد يحدث منهم من كلام او ضوضاء وركز على ورقتي الأسئلة والإجابة فقط.

13- لا تخف وتقلق إذا رأيت زملاءك يكتبون وأنت لازلت تفكر في الإجابة، إجابتك بالتأكيد ستكون أكثر تركيزا ودقة منهم لأنك أمضيت وقتا أطول في التفكير فيها وترتيب أفكارك مما سيجعلها تحوز الدرجات الأعلى.

14- لا تنزعج إذا رأيت زملاءك قد قاموا وسلموا أوراق الإجابة وأنت لازلت تكتب، فمعظم من ينهي الامتحان مبكرا لا تكون درجاته عالية وعليك أن تستغل ما بقي من الوقت في التفكير والإجابة لزيادة حصيلتك من الدرجات.

15- إذا انتابتك لحظات قلق أخرى أثناء الامتحان كرر الدعاء السابق ثم ... - أغمض عينيك - خذ نفسا عميقا إلى الداخل - امسكه بقدر ما تستطيع - أخرجه ببطء ... هذا التمرين البسيط يساعد على الاسترخاء والتركيز

لحياة أكثر بساطة

يميل مجتمعنا إلى مساواة النقود والتملك المادي والانجازات ذات السلطة مع الحياة الجيدة ومنذ الطفولة يحثنا الآخرون على الذهاب للمهن والبحث عن النقود والقوة والمركز الاجتماعي ونتعام بالتالي إلى أن نتنافس في كل شيء ودائما نتوقع المزيد والأكثر والأفضل في كل شيء ، وأحيان كل هذه الأمور تدفعنا لخلق حياه بعيده عنا ونصبح نعيش من اجل الآخرون والبعض رفض أن هدف الحياة يجب أن يكون هو الغزارة المادية وأشار البعض أن الحياة البسيطة ترتبط بالتحرر من عبء الحياة والعيش برفاهية أكثر يرتبط مع نوعية الحياة وعمل خطط بسيطة واقل ربح وتعزيز شخصي أكثر بالمقابل ومن القيم التي يمكن أن يمتلكها أولئك الذين يبحثون عن الحياة البسيطة :

> إزالة التملك الزائد والأنشطة التي تكون عبارة عن نتاج جسدي أو غير منظمه ذهنيا وضع قيود للأمور المادية التي يحتاجها واكتساب الأساسي فقط.

> حفظ مصادر الأرض أو العودة إلى الأرض وإدارة المواد الخاصة.

< الانجذاب إلى ما هو ذا معنى والعمل المرضي الذي يستخدم من قبل الشخص بشكل فريد.

< استثمار الوقت لتطوير علاقات معززه حميمية .

< استكشاف الشخص لروحانيته.

< أن يصبح الشخص أكثر مسالمة عن طريق أن تعلم أن يعيش في الحاضر .

< أن يصبح أكثر وثوقا بذاته .

< أن يهتم بالرعاية الجيدة لصحته وجسمه.

< أن يعتمد اقل على استخدام وسائل المواصلات.

< وكل منا يمكن أن يجد طرقا ليعيش بها أكثر بساطة في حياته وليقلل الضغط ويكون سعيد عند وجود نمط للحياة لديه وعندما يتجه لحياته ببساطه وهذا لا يعني أن تغير اتجاه حياتك وتركيزك على حياتك كل ما هنالك يتطلب أن تعود إلى أنشطتك ومسؤولياتك وهذا قد يستلزم عمل خطه جديدة لحياتك بحيث تبسط الأمور عند النظر إلى قيمك وأهدافك.

المراجع العربية والانجليزية

المراجع:

- إبراهيم، عبد الستار (1998) الاكتئاب، اضطراب العصر الحديث، عالم المعرفة، الكويت.

- إبراهيم، لطفي عبد الباسط. (1994) مقياس عمليات تحمل الضغوط" كراسة التعليمات" مكتبة الأنجلو المصرية، القاهرة.

- أسعد، يوسف ميخائيل، (1986) علم الاضطرابات السلوكية، مؤسسة النوري للطباعة، دمشق - سورية.

- إسماعيل، بشرى. (2004)ضغوط الحياة والاضطرابات النفسية، مكتبة الانجلو المصرية، القاهرة.

الاماره، سعد. فنيات التعامل الضغوط النفسية stress

- جرجس، ملاك (1983) سيكولوجية الإدارة والإنتاج، الدار العربية للكتاب، تونس.

- الخطيب، جمال و الحديدي، منى. برنامج تدريبي للأطفال المعاقين.

- دافيدوف، ل.لندا ، (1983) مدخل علم النفس، ترجمة سيد الطواب، دار ماكجروهيل، القاهرة، مصر.

- الداهري، صالح. (2005) علم النفس الإرشادي، نظرياته وأساليبه الحديثة، دار وائل للنشر، عمان: الأردن.

- داود، نسيمة.(1995). الضغوط التي يعاني منها طلبة الصفوف من السادس وحتى العاشر في المدارس الأردنية وعلاقتها بمتغيرات الجنس والصف.مجلة دراسات :العلوم الإنسانية، المجلد الثاني،العدد السادس.

- زهران، حامد عبد السلام، (1987) الصحة النفسية والعلاج النفسي، عالم الكتب، القاهرة، - مصر.

- زيور، مصطفى (1986) في النفس، دار النهضة العربية، بيروت - لبنان.

- ستورا، جان بنجامان (1997) الإجهاد، منشورات عويدات، بيروت - لبنان.

- سري، إجلال. (1990). التوافق المهني لدى مدرسي ومدرسات المواد المختلفة في التعليم الإعدادي والثانوي، مجلة كلية التربية، جامعة عين شمس، عدد(14) 353.

- شاتييه، جان. تخلص من خجلك في ثلاثة أسابيع

- الشيشتاوي، هشام.(1993).مصادر الضغط النفسي التي يتعرض لها الأطفال في الصفين الخامس والسادس في محافظة عمان العاصمة كما يدركها الأطفال والمعلمون والمرشدون.رسالة ماجستير غير منشورة،الجامعة الأردنية، الأردن.

- شيفر، شارلز وميلمان، هوارد(2001)، مشكلات الأطفال والمراهقين وأساليب المساعـدة فيها،(مترجم)، منشورات الجامعة الأردنية، الطبعة الثالثة

- الصغير، محمد. مجلة شباب

- ضمرة، جلال.(1998) أثر برنامج إرشاد جمعي في تحسين مهارات الأطفال للتوافق مع الضغط النفسي وتحسين مستوى تكيفهم، رسالة ماجستير غير منشورة، الجامعة الأردنية.

- عبد الجواد، وفاء (1994). فعالية برنامج إرشادي في خفض الضغط النفسي لدى عينة من المعلمين، رسالة دكتوراه، جامعة عين شمس: القاهرة.

- عبد المعطي، حسن مصطفى(1994) ضغوط أحداث الحياة وأساليب مواجهتها- دراسة حضارية مقارنة في المجتمع المصري والاندونيسي، المجلة المصرية للدراسات النفسية، ع8، ص47-288.

- عثمان، أكرم مصباح.(2002)الخطوات المثيرة لإدارة الضغوط النفسية، دار النشر: دار ابن حزم إصدار مركز التفكير الإبداعي سلسلة علم النفس التربوي

- عربيات، أحمد.(1994).مصادر الضغط النفسي لدى المراهقين كما يدركها المراهقون والمعلمون والمرشدون.رسالة ماجستير غير منشورة، الجامعة الأردنية، الأردن.

- الغرير، احمد.(1999). فاعلية برنامج في الإرشاد النفسي في تخفيف الضغوط النفسية لدى معلمات التربية الخاصة في الأردن، رسالة دكتوراه منشورة، جامعة القاهرة.

- الفرماوي، حمدي وأبو سريع، رضا. (1993). الضغوط النفسية "تغلب عليها وابدأ الحياة"، مكتبة الأنجلو المصرية، القاهرة.

- فهمي، مصطفى. 01995) الصحة النفسية ودراسات سيكولوجية التكيف، مكتبة الخانجي: القاهرة.

- ليدن، لوري إيه. روبستاين(2004)، دليل إدارة الضغوط استراتيجيات للتمتع بالصحة والسلام الداخلي، مكتبة جرير، ط1، المملكة العربية السعودية.

Aldwin, M.(1994). Stress, Coping and Development An Integrative Perspective the Uilford

R. (1986): Development of the stress concept in M.H Appley ،and H & Trumbulle ،M ،Appley.press

.13-16 ،New York ،Dynamics of stress: plen WM Press ،Trumball (Eds) ، and R

Cliffs ،New York ،(1990): Psychology of Adjustment: Personal growth in changing world ،Attwater E

.109-116 ،Prentice-Hill

traveling new roads". In the future ،M.D. (1987): "The journey of a teacher birding gaps ،Barringer

.160-179 ،Sympos ،of special education proceedings of The Council for Exceptional Children

al. (1985): Perceived stress and satisfaction of direct-care staff members in ،R. et ،J ،Bersani

90. ،American Journal of Mental Deficiency. Vol. ،community residences for mentally retarded adult

.(3). 289-295

British Journal of Educational ،R. (1993): Teacher stress and cognitive style ،M. G. & Riding ،Borg

.(63). 271-281 ،Psychology

L. (1990): Role-related stress in special education teachers of students with emotional ،S ،Breaten

.3. 355-A ،Vol.53. No ،Dissertation Abstract International ،and behavioral disorders

B. M. (1984): The general academic self - concept nomological "New York" A Review of ،Burns

.54 (3). 427-450 ،Educational Research

Byrne D.G &; Mazanov J (2002) Sources of stress in Australian adolescents: factor structure and

.(pp. 185-192(8 ،Number 4 ،Volume 18 ،Stress and Health ،stability over time

.((2 ends ،London ،Corgi Book ،G.N. (1988): Stress Management ،E. & Ronald ،W ،Charles

S. (1988): Psychosocial processes and "stress a theoretical formulation. International Journal ،Cohen

.471-297 ،4 ،of Health Services

.UN. 4 ،D. (1993): "Dictionary of Counseling". Whurr Publishers Ltd ،F. & Windy ،Colin

Cormier, W,& Cormier, S.(1985): Interviewing Strategies For Helpers: A guide to Assessment,

.   Treatment and Evaluation, Brooks/Cole Publishing Company

V. (1987): Group versus; individual decision-making: An Experimental Analysis: Social ،R ،Davis

.Work With Groups. Vol. 10. 2. 95-110

al (1989): Psychology of human relations and work adjustment: Mc Graw-Hill ،V. ET ،R ،Davis

.Book Co

.Dyrden,W.(1995). Brief Retinal Emotive Behavior Therapy, John Wiley &Sons

A. (1980): The leisure counseling and consultation. Personal and ،P ،B. & Bloland ،P ،Edwards

...6 ،58 ،Vol ،Guidance Journal

The ،M.J. (1986): Social support and occupational stress. In special education teachers ،Fimian

.52. 5. 436-442 ،Vol ،Council for Exceptional Children

gender and personality factors in teachers: British ،R. (1993): Stress levels ،D. & Abouserie ،Fontana

.63261-270 ،Journal of Educational Psychology

J. (1989): "Sources of burnout among educators" Journal of Organizational ،D. & Sarros ،Frieseon

.179-188 ،Behavior. 10

A.A (1981): "Employee withdrawal and Job satisfaction in community ،M.J. & Baumeister ،George

،6 ،85 ،residential facilities for mentally retarded persons". American Journal of Mental Deficiency

.639-647

Thompson. (1985) Stressful Life Events and ،Gerald Hickson and juliette ،Walker ،J Lynns ،Green

.pp.19-22 ،VOL.75 ،Journal of pediatrics ،Somatic Complaints in Adolescence

burnout and P. (1985): A study of interaction of levels of occupational stress degree of ،Holt

62- ،8 ،37 ،International ،Abstract ،personalities hardness in female elementary teachers. Dissertation

.A

F.C. (1991): "Teacher stress": Issues and international review". Educational ،S & James ،Jenkins

.23-29 ،29 ،Research

C.S & Collen W.C. (1989). : Multicultural experiences for special educator". Teaching ،Jill

.60-64 ،fall ،Exceptional Children

developmental view John Wiley & ،an interdisciplinary ،D.C. (1990). Adulthood and Aging ،Kimmel

.Inc ،Sons

Kleinke, Chris L. Coping with Life Challenges. Brooks/ Cole Publishing Company. Pacific Grove, California.

Kyriacou, C. (1987): Teacher stress and burnout: An international review, Educational Research, 29, 132-146.

Landon, T. & Massinger, J. (1989): Teacher tolerance ratings on problem behaviors". Behavioral Disorders 14, 4, 236-249.

Lazarus, RF (1966) Coping and Mediator of Emotion. Journal of personality and social psychology. VOL. (54), PP (466-475). (NO (3).

Lazarus, R.S. & Folkman, S. (1988): Coping as a mediator of emotion. Journal of Personality and Social Psychology" Vol. 54, 466-475. 3.

Lazarus, R. S. (1995): Psychological stress in the workplace. In R. Crandall & P.L. Perrewe (Eds) Occupational Stress 3-14.

Litt M. & Turk, D. (1985): Sources of stress and satisfaction in experienced high school teachers, Journal of Educational Research, (78). 178-185.

Lupi, M.H (1983): Stress management workshop for promoting coping behavior in special educational teacher. Dissertation Abstract International. 44, 6, A (755).

Malachi, C. & Jackson, S. E. (1981): The measurement of experimental burnout, Journal of Occupational Behavior, Vol.2. 99-113.

Matteson, M.T. & Invancevich J.H. (1987): Controlling work stress, San Francisco, M.T. Jossey-Bass.

Mc Afce J.K. (1987): "Emerging issues in special education tort liability implications for special education and teacher trainers" Teacher Educational and Special Education, 10, 3, 47-57.

Mikail, A. (1985): Stress apsychophysiological conception, In Alan, Monat and Richard S. Lazarus (ends) Stress and coping, Columbia University New York.

Minner, & Lepich, J. (1993): The occupational stress of first-year urban and rural special educational teacher. Journal of Rural Special Education Quarterly, 12, 3, 33-35.

Morganett, R. S (1990): Skills for living: Group counseling activities for young adolescents. Research press, Chompaion, Illinois.

Muhlen K

.727 ،24 ،Vol ،A. ET. al. (1975): "Perception of life change events by the elderly" Nursing Research ،

.Routledge ،S.J. (1990): Anxiety and stress management. New York ،T.J & Enright ،Powell

M. (1992): An analysis of the occupational stress of teachers of the behaviorally disorders ،Pullis

.191-201 ،3 ،7 ،Journal of Behavioral disorders ،and strategies for coping ،effects ،source

F. P. (1992). Human Development. A life-span approach. Macmillan publishing company ،Rice

L. (1997): Progressive relaxation and guided imagery as audiocassette interventions to ،Robert

April ،15 ،Vol. 57 ،reduce teacher stress. Dissertation Abstracts International

Occupational stress levels among rural teacher in the areas of mental :(S. (1993 ،T. & Wiley ،Russell

learning disabilities and emotional conflict. Journal Offural Special Education ،retardation

. .30-40 ،2 ،12 ،Quarterly

Research ،N. (1989): Stress - coping strategies identified for school age children's perspective ،Ryan

.12...2 .110-120 ،Vol ،in Nursing and Health

W.M ،2nd Ed ،al. (1990): Personal adjustment and growth: a life - span approach ،A.B. ET ،Schwebel

.130-178 ،New York ،Co. Brown Publishers

.Selye. H. (1976): "The stress of life" Mc Gorw Hill Co. New York

and future" InC. cooper (end's) stress research: ،Selye. H. (1983): "The stress concept: Past present

.New York: Wiley ،Issues for the 80's (1-20)

Sharf, S.(1996). Theories of Psycholotherapy and Counseling: Concept and Cases, Brook/Cole

.Publishing Company

.Vol.5.32 ،Journal of Education ،N. (1984): Stress and professional burnout capstone ،Stephen

J. (1984): "An evaluation of teacher stress and job satisfaction". Education ،G.W & Huberty ،Sutton

.189-192 ،2 ،105

Paper printed at ،W.R (1984): Occupational stress among exceptional education teachers ،Thomas

.and D. C ،Washington ،the annual convention of The Council for Exceptional Children

Trindall. C. (1989): ""Stress in teaching and teacher across main stream and special education".
Education Research. 31، 52-58.

Wagenaar، J & Laforge J. (1994): Stress counseling theory and Practice: A cautionary review. Journal of Counseling & Development، Vol. 73. 13-32.

Wills, F& Sanders,D.(1997). Cognitive Therapy: Transforming The Image, Sega Publications.

Witmer، J.M. (1986): Stress coping: further consideration، J. Counseling Psychologist، 562-14 (4). 566.

Woolfe& Dryden.(1996). Hand book of Counseling Psychology, Sage Publications.

Printed in the United States
By Bookmasters